学科素养下 小学语文课堂教学深度学习探究

XUEKE SUYANG XIA XIAOXUE YUWEN KETANG JIAOXUE SHENDU XUEXI TANJIU

刘兴艳 著

北京燕山出版社
BEIJING YANSHAN PRESS

图书在版编目（CIP）数据

学科素养下小学语文课堂教学深度学习探究 / 刘兴艳著 . — 北京 : 北京燕山出版社 , 2023.10

ISBN 978-7-5402-7109-1

Ⅰ . ①学… Ⅱ . ①刘… Ⅲ . ①小学语文课—课堂教学—教学研究 Ⅳ . ① G623.202

中国国家版本馆 CIP 数据核字 (2023) 第 203431 号

学科素养下小学语文课堂教学深度学习探究

作　　者：刘兴艳
责任编辑：王月佳
出版发行：北京燕山出版社有限公司
地　　址：北京市西城区椿树街道琉璃厂西街 20 号
电　　话：010-65240430（总编室）
印　　刷：长沙鸿发印务实业有限公司
开　　本：787mm × 1092mm　1/16
字　　数：314 千字
印　　张：15.375
版　　次：2023 年 10 月第 1 版
印　　次：2023 年 10 月第 1 次印刷
定　　价：46.00 元

前　言

随着新课改的不断深入，国家对于学生的教育越来越重视，打破传统应试教育模式中只注重对学生理论知识的灌输，改革后，更注重对学生学科核心素养及各方面能力素养的培养，以打造一个全面健康发展的学生新样貌。语文学科核心素养的培养和深度学习都注重于学生在实际生活与学习中自主能动力的养成与否，同时，还要同步发展学生的辩证思维、逻辑思维和解决问题的能力。核心素养的培养非一日之功，因此教师要引导学生通过深度学习和自主学习来培养自身的各项能力和核心素养。

第一章主要从内涵价值、结构体系、形成机制和培育路径四个方面对小学语文学科核心素养的理论进行概述；第二章主要论述了小学语文课堂教学设计的理论以及基于核心素养小学语文课堂教学设计存在的问题及原因，并进一步给出了小学语文教师基于核心素养应如何提升课堂教学设计能力；第三章主要论述了深度学习视域下小学语文识字教学的理论、存在的问题及优化路径；第四章主要论述了深度学习视域下小学语文古诗词教学的理论、存在的问题及改进策略；第五章主要论述了深度学习视域下小学语文阅读教学的概念、理论、存在的问题及改进建议；第六章主要论述了深度学习视域下小学语文文言文教学的概念、理论、存在的问题及改进建议，并分析了部编版小学语文文言文的选文及其教学价值；第七章主要论述了深度学习视域下小学语文课堂提问的概念、理论、存在的问题及优化策略；第八章对背诵进行了概述，并论述了深度学习视域下小学语文背诵教学存在的问题及改进建议；第九章主要论述了深度学习视域下小学语文教师语言策略的概念、理论、存在的问题及改进方法。

编写过程中限于作者水平，书中难免存在不足之处，敬请读者批评指正。

编者

2023 年 10 月

目 录

第一章 小学语文学科核心素养研究

第一节 小学语文学科核心素养的内涵价值 3
第二节 小学语文学科核心素养的结构体系 8
第三节 小学语文学科核心素养的形成机制 18
第四节 小学语文学科核心素养的培育路径 26

第二章 基于核心素养的小学语文课堂教学设计

第一节 小学语文课堂教学设计相关的理论基础 35
第二节 基于核心素养小学语文课堂教学设计存在的问题及原因 39
第三节 基于核心素养小学语文教师课堂教学设计能力的提升策略 41

第三章 深度学习视域下小学语文识字教学

第一节 小学语文识字教学的理论基础 51
第二节 小学语文识字教学存在的问题及其思考 58
第三节 深度学习视域下小学语文识字教学的优化路径 60

第四章 深度学习视域下小学语文古诗词教学

第一节 小学语文古诗词教学的理论基础 73
第二节 深度学习视域对小学语文古诗词教学的意义 81
第三节 深度学习视域下的小学语文古诗词教学的现状及成因 85
第四节 深度学习视域下的小学语文古诗词教学策略 91

第五章 深度学习视域下小学语文阅读教学

第一节 概念界定与理论基础 103

第二节　深度学习视域下的小学语文阅读教学存在的问题及原因……107
第三节　深度学习视域下的小学语文阅读教学对策及建议……111

第六章　深度学习视域下小学语文文言文教学

第一节　概念界定与理论基础……121
第二节　部编版小学语文文言文选文及教学价值分析……125
第三节　深度学习视域下小学语文文言文教学存在的问题及成因……134
第四节　深度学习视域下小学语文文言文教学建议……141

第七章　深度学习视域下小学语文课堂提问研究

第一节　概念界定与理论基础……153
第二节　深度学习视域下小学语文课堂提问存在的问题……161
第三节　深度学习视域下小学语文课堂提问优化策略……171

第八章　深度学习视域下小学语文背诵研究

第一节　背诵概述……183
第二节　深度学习视域下对小学语文背诵的要求……193
第三节　深度学习视域下小学语文背诵的问题及建议……196

第九章　深度学习视域下语文教师语言策略研究

第一节　概念界定与理论基础……211
第二节　深度学习视域下语文教师语言策略存在的问题及原因……222
第三节　深度学习视域下语文教师语言策略的改进方法……226

参考文献……226

第一章　小学语文学科核心素养研究

第一节　小学语文学科核心素养的内涵价值

一、小学语文学科核心素养的内涵分析

厘清小学语文学科核心素养的深刻内涵，是研究的首要环节和根本基础，下面从以下两个方面来分析小学语文学科核心素养的深刻内涵。

（一）小学语文学科核心素养的内涵

学科核心素养从字面构成来看，就是“学科＋核心素养”，先有学科，后有核心素养，“学科”作为形容词对“核心素养”这一中心词加以修饰和限定。所以，学科核心素养是指学习者（主要指学生）通过对一定学科系统、完整地学习之后生成的能够反映该学科独有特征的关键能力和必备品格。如果说学科核心素养是核心素养的学科具体化表现，那么小学语文学科核心素养就是学科核心素养的学段具体化。具体来讲，小学语文学科核心素养是指小学生通过对小学语文这门学科系统完整地学习之后生成的能够反映小学语文学科独有学科特质的关键能力与必备品格。关于小学语文学科核心素养的内涵，需要特别说明以下两个问题。第一，学科性是小学语文学科核心素养内涵的第一要义，也就是说小学语文学科核心素养是小学语文学科本质的深刻体现。具体来讲，小学语文学科核心素养的内涵要体现小学语文学科的研究对象和基本问题、关键知识和核心内容、基本学科方法和思想、终极育人价值与追求。第二，对小学语文学科核心素养内涵的理解不能够简单地停留在“名词释义”层面，也就是说小学语文学科核心素养既是学科理论上的“专有名词”，更是学科教学上的“实践目标”。应当明确只有把小学语文学科核心素养真正落实到学生身上，其内涵才会既有理论意义上的科学性，又具有实际意义上的表现力。

（二）小学语文学科核心素养的特征

1. 小学语文学科核心素养的基础性

小学语文是基础性学科，因此基础性是其学科核心素养的重要特征之一，具体体现在以下三个方面。第一，从知识的获得来讲，小学语文学科核心素养指通过小学语文学科的学习，学生获得拼音、字词、句子、篇章、语言、修辞、文学等语文学科基础知识以及相关的其他基础性科学文化知识，为其成人成才奠定文化基础。第二，从学习能力的培养来讲，通过小学阶段的语文学习，学生获得了一定的语文学习习惯，掌握了基本的学习方法，为更高层次的语文学习和其他学科的学习奠定良好基础。第三，从人的全面发展来讲，小学是人生中最重要的奠基时期，获得扎扎实实的语文素养能为学生的全面发展以及长远发展打下坚实的基础。

2. 小学语文学科核心素养的综合性

从系统论的角度来讲，综合性价值的发挥与体现从来不是系统中某一个或者某几个要素在单独起作用，而是系统内诸多要素彼此协调，相互配合的共同作用结果。小学语文学科核心素养不是任何一个素养成分的单独表现，而是有关小学语文知识、小学语文学科能力以及小学语文学科人文精神与价值的深刻统一。小学语文知识可以看作其学科核心素养的外显特征，而小学语文学科能力以及小学语文学科人文精神与价值则是其学科核心素养的内隐实质。因此也可以说，小学语文学科核心素养是其学科外显特征和内隐实质的综合性表现。

3. 小学语文学科核心素养的阶段性

阶段性的特征体现在两个方面。第一，从小学语文学科的角度来讲，小学语文学科核心素养不是与生俱来的，而是在语文学习过程中一点一滴慢慢形成的，是从拼音识字到遣词造句再到作文交际的变化过程中逐渐形成的语文品格和能力。此外，小学语文课程是一个系统，每个学段都是这个系统的有机组成部分，每个学段都有自己的学习目标和任务，既有纵向的延伸，又有横向的拓展，是一种螺旋上升的态势，因此每个学段对学生相对应的素养要求也不尽一样，既有量上的区别，又有侧重点上的不同。第二，从学生发展的角度来讲，小学阶段学生的发展是身体和心智逐渐趋于成熟完善的过程，相应的语文学科核心素养要求也应当是由简单到复杂、由不全面到全面、由零散到系统的变化过程。

4. 小学语文学科核心素养的关联性

关联性针对小学语文学科核心素养的存在及发展方式而言。小学语文学科核心素养不是单一的、封闭的存在与发展，而是以一种关联性的方式存在并发展着。这种关联性首先表现在学科关联性上。小学语文学科核心素养的落地生根要求在学科教学过程中既要打破单元主题界限，实现单元主题间融会贯通、彼此联动的“学科内”有机联系，又要冲破学科界限，形成各个学科互为资源、互为补充、协同发展的“大课程”模式，实现学科间的有机联系。

关联性还体现在文化关联性上。强调小学语文学科的文化育人价值一方面体现在对数学、科学等文化的描述以及解释性作用上，另一方面还体现在与数学、科学等文化内容相互渗透，最大限度地发挥“全学科”的文化育人价值。

二、小学语文学科核心素养在教育教学中的价值定位

（一）小学语文学科核心素养为学校探寻育人理念提供思路

第八次基础教育课程改革提出的“三维目标”一直是广大一线教师制定教学目标的准则，学生发展核心素养体系框架的出台以及专家学者们对语文学科核心素养的提炼，为小学语文教学提出了以“语言、文字、文章、文学、文化”为维度的全方位、立体式的育人目标。较之于以往的“三维目标”，小学语文学科核心素养视域下的教学目标更具有指向

性、内在性和终极性的意义。作为小学语文学科核心素养主要构成的关键能力和必备品格，就是将“三维目标”中的知识、技能和过程、方法提炼成能力；把情感、态度、价值观提炼成品格，在内在和外延上都有所超越“三维目标”，是“三维目标”的延伸与升级。“从‘三维目标’走向‘核心素养’，是学科教育在高度、深度和内涵上的提升，是学科教育对人的真正的回归。”

从“三维目标”到“核心素养”的转变，从本质来讲是学校育人理念的转变。因此，小学语文学科核心素养对学校教育教学的价值表现之一就在于能够引领学校确立育人新理念，这种引领主要表现在以下三个方面。

第一，确立学科核心素养指引下的小学语文课程校本化育人目标，探求属于自己的语文课程育人理念和方向，也就是说，小学语文学科核心素养能将小学语文课程育人理念和学生发展核心素养有效结合起来，一并优化、整合，凸显学校新时代育人理念，形成特色。

第二，能够引发对学校教育哲学的重新思考。众所周知，学校的育人理念要以学校的教育哲学为前提和基础，小学语文学科核心素养强调包括知识能力、技能方法、情感态度等在内的全方位、多维度、立体式的素养体系，关乎学生成人成才的多方面素养要求。因此，对小学语文学科核心素养的关注和深入挖掘能够进一步激发学校对于教育哲学的思考，引领学校在尊重学校教育哲学的基础上，把握学校教育教学基本原理，重视对学校教育教学基本矛盾关系的关注和研究。

第三，对一线语文教师来讲，小学语文学科核心素养能有效促进其教学理念发生转变，这种转变是包括教学认识论、本体论、价值论、方法论在内的立体式、深层次、全方位的转变。教师教学理念发生转变，就能准确把握不同学科之间的张力，探寻平行学科之间的内在联系与沟通，打破学科界限的束缚，开阔教学视野，形成一种“大语文”课程观。

（二）小学语文学科核心素养是核心素养落地的有效抓手之一

“工具性”和“人文性”是小学语文学科的本质特征，也是学生发展核心素养的语文学科表现。所谓“工具性”，有以下两层含义：第一，小学语文学科是一门基础学科，是学习其他学科的工具与基础，是获得认知的最基础工具；第二，语文学科是表情达意的工具，学生通过对语文知识（字词句篇段）的学习，不仅可以获得语文知识，提高语言理解力，还可以在学习过程（听说读写书）中提高思想认识，受到情感上的启迪和熏陶。因此，语文学科的“工具性”不仅体现在认知上，还体现在表情达意、情感价值的塑造上。如果说“工具性”关乎语文学科的外在意义与价值、关乎学生的“学习生命”，那么“人文性”就是关乎语文学科的内在意义和价值。“人文性”核心价值就是“人文精神”，是语文学科特有的“精气神”，强调对学生的“精神生命”和“社会生命”的塑造与感化，其价值就在于使人的思想情感、道德品质、社会意识等更加进步和完善。小学语文学科核心素养涉及学生的“文化基础”“自主发展”“社会参与”三大方面的素养，“三维一体”，强调“工具性”和“人文性”具有同等的育人价值，二者不是二元独立的关系，而是彼此关联、共同推进，少其一都不可的关系。学生在获得“文化基础”的过程中也潜移默化地促进其“自主发展”和“社会参与”素养的获得，也就是说在字、词、句、篇、段的学习过程中，在听、说、读、写、书的操练过程中同时也培养了情感态度以及价值观等其他素养的实现。同时，学生在“自主发展”和“社会参与”的过程中也是奠定“文化基础”，不断提高自身文化修养的过程。

按学科教学是当前中小学进行教育教学的基本模式，具体学科也就成了学校教育教学的基本抓手和根本依托。中小学教育教学目标和所有的课程教学改革理念只有落实到具体的学科层面才能落地生根，否则再先进的教育教学理念、再务实的育人目标也都是“纸上谈兵”。相应的，核心素养的培养和落实也要分解和体现到学科核心素养之中，依托各学科核心素养形成的合力并以此为落地生根的抓手，否则核心素养对于学校的教育教学也只是“空中楼阁”，无法落到实处。如果说把核心素养看作学校育人目标的具体化，那么相应的学科核心素养就是核心素养的具体化。学生发展核心素养指向学生基本的、整体的、全面的发展，处于学生综合素养体系中的核心地位，相应的，小学语文学科核心素养处于学生发展核心素养的下位，指向了素养体系的核心。小学语文课程设计与教学的过程既承担着学科教学目标的实现和学科核心素养的形成，又要关注学生的一般发展和学生发展核心素养的培养。因此，对小学语文学科核心素养的重视与培养，将成为核心素养落地以及小学语文课程教学改革的有效抓手之一。

（三）小学语文学科核心素养是小学语文学科教育的灵魂所在

“素质教育”长期以来一直是小学语文学科教学的主题，也是小学语文学科教学的灵魂所在。强调把全面提升学生的综合素质、实现学生的德、智、体、美全面发展作为根本性要求，以尊重学生的主体性和主动精神，注重开发学生的智慧潜能，形成学生的健全人格为根本特征。“素质教育”发展到今天，取得了显著的成果，但也不可否认，成绩的背后也存在一些不足之处，如德、智、体、美发展不协调、不全面，可持续发展能力不够强，个体发展水平差异较大，总体发展水平还不够高等。小学语文学科核心素养在“素质教育”成果的基础之上，将开启又一轮语文课程改革的序幕，能站在新时代教育的“制高点上”不断丰富和完善“素质教育”，继续推动着“素质教育”改革与发展继续高质量前进。

小学语文学科教育教学的内容是学科知识与学科活动，但目的和落脚点是学生的全面发展，因此，小学语文学科教育教学怎样实现由“学科”向“学生”的转变，是语文学科教育教学的关键和难点所在。小学语文学科核心素养指的就是受过小学语文学科教育之后学生所展现出来的知识、行为、习惯、能力、素质、形象、气质和情感，这正是语文学科教学的终极价值和灵魂所在。传统语文学科教育注重在语文学科本身上下功夫，教师也往往只在学科知识的“量”（内容的多少）和“质”（内容的深浅）上下功夫，虽然对学科知识点和内容体系了然于胸，但对学科本质和学科所追求的育人价值没有过多的思考，对学生通过语文学科的学习应该获得怎样的品格和形成哪些能力也缺少系统性思考，加之在应试指挥棒下，语文学科和学科教育严重“工具化”，而小学语文学科核心素养正是尝试破解这一问题的一把关键钥匙。因此可以说，小学语文学科核心素养是新时期小学语文学科教育的灵魂所在，只有以此为依托，才能正确引领小学语文学科教育教学的深化改革，全面发挥学科的育人功能。

第二节　小学语文学科核心素养的结构体系

一、小学语文学科核心素养的建构

想要深入探究小学语文学科核心素养的建构，首先，需要明确小学语文学科核心素养的建构依据；其次，需要厘清小学语文学科核心素养的建构思路；最后，需要明确小学语文学科核心素养的基本表述方式。

（一）小学语文学科核心素养的建构依据

1. 语文学科理论

学科核心素养由学科和核心素养构成，所以，具体的学科理论应该是构建相关学科核心素养的首要理论依据，语文学科理论是构建小学语文学科核心素养的首要理论基础，需从语文学科的定义、本质、育人价值几个方面来进行探讨。

关于语文学科的定义，自“癸卯学制”萌生现代教育制度以来，经历了从“国语”“国文”到“语文”的发展变化历程，名称的变化一直让语文学科没有一个明晰明确的定义。从认识论的角度看，如果没有一个明确的概念界定，就不能很好地去认识事物，尽管定义不清晰、不明确，但语文学科有自己的内涵和外延，其概念是客观存在的。朱光潜在《文学与语文（上）：内容、形式与表现》中提到，语言是形式、内容和内涵三位一体的，语言文字是形式，语言文字所传递的故事是内容，故事所承载的人文思想是内涵，学生在学习语言文字的过程中发展其“言语生命”、在理解文本内容的过程中发展其“精神生命”、在感受文本思想内涵的过程中发展其“社会生命”，这三种“生命”发展与中国学生发展核心素养结构系统下的“文化基础”“自主发展”“社会参与”各自关联，“言语生命”是“文化基础”的基石、“精神生命”是“自主发展”的灵魂、“社会生命”是“社会参与”的内核，由此可见，语文学科的概念属性和基本课程形态是构建小学语文学科核心素养最直接、最原始的依据。

语文学科的本质是什么呢？得先从学科本质谈起，学科本质即一门学科的根本属性，主要体现在以下几个方面：一是学科的研究对象和基本问题；二是核心的学科概念和范畴；三是基本的学科方法与思想，其核心是学科思维方式；四是核心的学科价值与精神。关于语文学科的学科性质，《义务教育语文课程标准（2022版）》（以下简称《课标》）中有具体的描述：“语文课程是一门学习语言文字运用的综合性、实践性课程……工具性和人文性的统一，是语文课程的基本特点。”“字词句篇、听说读写”的学习与运用，是语文学科工具性的体现，通过语文学科的学习提高自身文化修养、促进自身精神成长是语文学科人文性的体现，然而工具性和人文性并不是相互对立、彼此不相关的，而是“你中有我，我中有你”的关系，没有了人文目的（语文学科精神追求），就失去了工具性（语文学科知识和技能学习）的意义；同样，失去了工具性，也就到达不了“人文的彼岸”，语文学科就失去了它的内在价值追求。只有将工具性和人文性深刻统一，才能将语文学科知识与技能、过程与方法、情感态度与价值观深刻统一起来，贯穿语文教学的各个环节，才能实现学科教学培养学生必备品格和关键能力的育人要求。

关于小学语文学科的育人价值，既要注意其基础性，又要彰显其独特性。基础性是指学生要获得在语言、文字、文章、文学、文化方面的基础知识（字、词、句、篇、语言、修辞、逻辑、文学的知识积累，以及相关的文化知识积累）和基本学力，培养学生的“人文底蕴”和“科学精神”，奠定“文化基础”，同时也为更高层次的语文学习打下良好基础；“独特性”是指语文学科的精神特质，真正彰显语文学科对于学生发展的独特价值，这种独特价值是其他任何学科都给予不了的学科“精气神”——文学素养提升和人文精神熏陶，发展学生的“精神生命”和“社会生命”，培养学生“自主发展”和“社会参与”的核心素养，从而实现培养“全面发展的人”的育人目标。

2. 小学语文教学的发展目标

小学语文教学的发展目标主要体现在以下五个方面。

第一，发展学生的语言能力，即培养和提高学生正确地理解和运用祖国语言文字的能力。“理解语言是吸收的过程，一是理解口头语言，即听的能力；二是理解书面语言，即读的能力。运用语言是表达的过程，一是口头表达，即说的能力；二是书面表达，即写作能力。概括起来，就是发展学生听、说、读、写的能力。因为理解和运用书面语言，就必须识字、写字，因此，发展学生的语言文字能力应包括识字、写字、听话、说话、阅读、作文六种语文能力。”《课标》也强调语文课程是一门学习语言文字运用的课程，可见，培养并发展学生的语言能力是小学语文课程教学的基本目标。

第二，发展学生的思想、情感及审美能力。和其他学科一样，小学语文学科同样具有教育性，它所承载的语文学科知识具有一定的思想内涵、人文情意以及审美价值，因此，通过语文教学，可以端正小学生的思想意识、锤炼其人文情意、提高其审美能力。首先要培养和发展学生热爱祖国语言文字及优秀文化的情感；其次要使学生从语文学科的学习中体悟一些伦理道德和思想品德；最后还要不断培养和发展学生的创新精神和创新能力，以满足未来社会发展对开放型、创造型人才的培养要求。只有发展学生的思想、情感以及审美能力，才能实现语文学科人文性的育人目标，也才能实现语文文字“形式”“内容”和“内涵”的深度统一。

第三，发展学生的思维能力。语言的性质和小学语文学科的性质决定了语文教学对于发展学生思维能力的特殊意义。发展小学生的思维能力，主要是培养发展他们的想象思维能力和逻辑思维能力。想象思维能力能够激发学生探索的热情和兴趣，具备了这种能力，学生才能在阅读中深入理解具体的情境、事物和人物的形象，也才能在说话和作文中创造出具有感染力的语言文字。发展学生的逻辑思维能力也同等重要，具备这样的能力能使学生在说话中条理清楚、主次分明；在写作中能要点突出，结构合理。

第四，发展学生的认知能力。不论学习哪一门学科，都要以认识世界的科学方法为指导，还必须经过反复练习，使方法变成习惯，因此，发展学生的认知能力，必须使学生掌握一定的学习方法、养成良好的学习习惯。小学语文课的学习方法，就是识字与阅读、作文与说话的方法，这些方法能够帮助学生更好地学习和运用语言文字。小学阶段是学生良好学习习惯养成的关键时期，要善于引导和帮助学生形成良好的学习习惯，并能持之以恒，为高阶段乃至终身学习奠定基础。

第五，丰富学生的知识领域。语言是文化、情感、思想的载体，同样也是知识的载体，所以小学语文学科的教学，还要注意丰富学生的知识领域，要让学生从字、词、句、篇、段的学习中，从听、说、读、写的操练中获得一定的知识，这包括语文基础知识和其他科学文化知识，只有这样，才能实现文字、文学和文化相统一的教学过程，也才能真正将知识和能力转化为素养。

3. 中国学生发展核心素养

学科核心素养由学科和核心素养构成，如果说语文学科理论是构建小学语文学科核心素养的首要理论基础，那么中国学生发展核心素养体系就是构建语文学科核心素养的第二理论基础。在中国学生发展核心素养基本理论框架引导下，挖掘现行义务教育语文课程标准中核心素养所涉及的内容以及体现出的理念，对于构建小学语文学科核心素养能够提供最直接的理论证据。

（1）现行义务教育语文课程标准中所提及的中国学生发展核心素养内容分析。第一，各种学生发展核心素养成分在现行义务教育语文课标中被提及的频率较高，共365次，反映了现行义务教育语文课程标准对发展和培养学生核心素养的重视。第二，各种学生发展核心素养成分在现行义务教育语文课程标准中被提及的侧重点表现比较明显。其中“语言素养”“学习素养”“交流沟通”“创新与创造力”“国家认同”“价值观”等关涉语文学科知识、能力、方法、态度以及价值观的素养成分比重较大。突出反映了学生发展核心素养作为新的育人目标对义务教育语文课程目标的设置、教学内容的选择与实施提出了新的要求和参考。第三，学生发展核心素养较之于“三维目标”所要求的知识与能力、过程与方法、情感态度与价值观学生发展目标，其内涵和外延更为深刻和广泛，它是相关知识与能力、方法与技能、态度价值观以及情绪的“融合体”。

（2）现行义务教育语文课程标准中所提及的中国学生发展核心素养理念分析。

①小学语文学科本位的素养观。学科性是小学语文学科核心素养的首要特征，现行的义务教育语文课程标准既涵盖了比较广泛的符合学生一般发展的素养类型，又加入了一些符合小学语文学科特殊育人目标的素养类型。如“语言素养”“学习素养”“交流沟通”“创新与创造力”“人文素养”“国家认同”“价值观”等，体现出了一种较为明显的小学语

文“学科本位”素养观。

②“工具性”和“人文性”相统一的素养观。从现行义务教育语文课程标准中所提及的中国学生发展核心素养内容来看，体现小学语文学科“工具性”的素养，诸如“语言素养”“学习素养”“交流沟通”“创新与创造力”等被提及的频率很高；同时，体现小学语文学科“人文性”素养，诸如“人文素养”“国家认同”“价值观”等被提及的频率也相对较高，体现出了一种“工具性”和“人文性”相统一的素养观。

③综合性的学科素养观。除了体现“工具性”和“人文性”相统一的素养观之外，还有体现语文学科能力的“团队合作”“问题解决能力”“主动研究”“反思能力”等素养类型，以及体现语文学科精神的如“艺术与审美能力”“多元文化”等素养类型也被提及，这是一种体现小学语文学科能力、学科精神的综合性学科素养观。

（二）小学语文学科核心素养的建构思路

明确了小学语文学科核心素养的建构依据，就要以此为依据探寻小学语文学科核心素养的建构思路。综合已有研究可以发现，有关学科核心素养的建构思路有多种，例如根据语文学科教学“三维目标”和《课标》，提炼出核心知识、核心技能和核心情感态度；再如根据“中国学生发展核心素养”框架体系提炼研制出相应的学科核心素养体系框架。

这里主要以“从一般到特殊”的演绎路线为建构小学语文学科核心素养的主要思路。“一般”是指小学语文学科核心素养的建构在方向和思想上要体现核心素养育人要求的精神和本质，即指向学生的“一般发展”，这里的一般发展一方面是指学生在知识、技能、方法、意志品质、性格、情感态度以及价值观等领域内的全面发展，是指向学生终生发展和可持续发展，是和单方面、片面、阶段性发展相对立的。另一方面，这里的“一般发展”也指向一般的语文学科，即小学语文学科核心素养的建构要符合语文课程与教学的一般育人目标与要求，不能仅局限于小学语文学科之内。“特殊”是指小学语文学科核心素养的建构要在小学语文学科的特殊性上下功夫，要挖掘小学语文学科对于学生发展的独特价值，体现小学语文学科本质、功能、价值和作用。“从一般到特殊”的建构途径不仅坚持小学语文学科教学以人为本，促进学生一般发展的理念，还反映出了小学语文学科独有的学科特色和内涵，既包括小学语文学科能够落实的核心素养，又包括其独特的核心素养。

（三）小学语文学科核心素养的表述方式

小学语文学科核心素养的命名与各要素的界定是建构所面临的基本问题。有研究者采用功能型与专题型综合的命名方式，即素养既建立在某种主题之上，又建立在某种功能之上，例如选取“语言”这一专题，再加上对其功能的表述“运用”，就形成了“语言运用”这样的表述。这样的表述方式符合一般语文学科素养的阐述，小学语文学科核心素养的基本表述方式还要从小学语文学科的本质、功能及其价值出发，提炼出富有学科特色的表述方式。以小学语文学科“核心概念”作为小学语文学科核心素养的基本表述方式，其优点体现在以下几个方面。

第一，符合核心素养的表述方式。“概念”是人们对客观事物的共同本质特点进行抽象的一般性概括和总结，是人们对客观世界由感性认识上升到理性认识的思维过程。“核心概念”更是一种高度形式化、兼具认识论与方法论意义、普适性较强的概念。核心素养结构体系下的六大素养及其十八个要点都是关于人的终身发展和可持续发展的必备品格与关键能力的高度凝练和科学概括。因此，可以用“核心概念”作为小学语文学科核心素养的基本表述方式。

第二，能反映小学语文学科本质。“核心概念”指向学科核心内容和教学核心任务，能将学科关键思想和相关内容联系起来，因此，它能反映小学语文学科本质。

第三，“核心概念”能够聚焦学科核心内容，明确教学核心任务。学科核心素养在教学层面可以看作全新的学科教学目标，因此以“核心概念”作为表述，可以清晰明确地表述教学目标，有助于教师进行高效的教学设计，学生也获得了明确的学习目标，在核心概念的引导下逐步学习相关知识内容，做到有的放矢。

第四，“核心概念”助力实现学科核心素养。从教学内容来讲，学科“核心概念”聚焦学科核心知识内容、指向教学关键任务，学科核心知识是学科核心素养最主要的体现，教学关键任务是实现学科核心素养的主要驱动。因此，对学科“核心概念”的挖掘也就是对学科核心素养的挖掘。

二、小学语文学科核心素养的构成要素及其内容表述

小学语文学科核心素养的构成要素是诸多关涉其本体问题中的最核心问题，是小学语文学科核心素养结构体系的“生命”所在。确定了小学语文学科核心素养的建构依据，厘清了建构思路，采用了合理的表述方式，进而要进行其构成要素的分析及其内容的表述。

（一）小学语文学科核心素养的构成要素

1. 要素的甄别

（1）依据现有的研究成果。中国学生发展核心素养，以科学性、时代性和民族性为基本原则，以培养“全面发展的人”为核心，分为文化基础、自主发展、社会参与三个方面。综合表现为人文底蕴、科学精神、学会学习、健康生活、责任担当、实践创新六大素养，具体细化为人文积淀、理性思维、乐学善学、珍爱生命、社会责任、劳动意识等十八个基本要点。小学语文学科核心素养要素的甄别需要以此为基本方向和思路，这样才能符合学生发展核心素养的一般要求。依据《普通高中课程标准·语文》中对语文核心素养的界定，小学生的语文核心素养应当主要包括“语言建构与运用”“思维发展与提升”“审美鉴赏与创造”“文化传承与理解”四个方面。小学语文学科核心素养要素的甄别也要在此基础上加以辩证选择与演绎，这样才能符合语文学科的特殊素养要求。

（2）依据《课标》。《课标》明确提出语文课程要发展学生的语文素养，但是对素

养要素只是笼统地表述，操作性不强。北京师范大学林崇德教授团队的研究成果提炼出了核心素养在义务教育阶段语文课程标准中提及的频率，依频率的由高到低依次为语言素养、学习素养、交流沟通能力、创新与创造力、健康素养、信息技术素养、国家认同、团队合作、问题解决能力、价值观、计划组织与实施、艺术与审美能力、自信心、独立自主、人文素养、情绪管理能力、科学素养、多元文化、主动探究、实践素养、伦理道德、反思能力、自我管理、社会参与与贡献。依据这些语文学科核心素养，根据小学语文学科基础工具学科的学科特质和小学语文教学发展目标，选取其中最基础、最核心的要素，加以演绎，提炼出小学语文学科核心素养要素。

2. 基本结构

以中国学生发展核心素养的三个方面为基准，构建小学语文学科核心素养“一体两翼”的基本结构体系。“一体”指“文化基础”，旨在培养与发展学生的“言语生命”，发展语言能力是语文学科的首要目标，要以其作为统整力，统一其他各项目标，只有这样才不至于顾此失彼，才能使小学语文学科核心素养整体落实，达到优化；“两翼”分别指“自主发展”和“社会参与”，旨在培养发展学生的“自我生命”和“社会生命”。文化基础、自主发展、社会参与三个方面构成了小学语文学科核心素养总体框架，有效整合了个人、社会和国家三个层面对学生发展的要求，与我国治学、修身、济世的文化传统相呼应，符合 21 世纪中国学生发展核心素养的一般要求。

“一体两翼”三个维度指向学生的一般发展和语文学科育人目标的一般要求，依据“从一般到特殊”的构建思路，对三个维度加以演绎与丰富，提炼出三个维度分别对应的六大素养，凸显小学语文学科特质和特殊的育人价值，指向学生的特殊发展。这六大素养分别是语言能力、文化知识、学习能力、思维发展、文化传承、情感体悟。六大要素下分别对应两个要点，共十二个素养要点。

（二）小学语文学科核心素养构成要素的内容表述

1. 语言能力

语言理解：理解语言是吸收的过程，包含两个方面：理解口头语言，即听的能力；理解书面语言，即读的能力。

语言运用：运用语言是表达的过程，包含两个方面：一是口头表达，即说的能力；二是书面表达，即写作能力。

2. 文化知识

语文知识：语文自身所蕴含的本体知识，包括拼音、汉字、语法、修辞、文体等语文本体知识。

其他知识：由语文学科衍生出来的其他科学知识，包括自然科学知识（天文、地理、海洋）和社会科学知识（人文历史、政治经济）。

3. 学习能力

学习习惯：不论是拼音、识字、阅读、作文、口语交际，仅仅理解是不够的，还必须反复练习、形成习惯。如保持正确的读书、写字、用笔的姿势习惯；勤于朗读和背诵，形成语言的敏感性和勤开口的口语习惯；学做学习笔记、善于归纳和纠错。

学习方法：小学语文课的学习方法，即写字与阅读、作文与说话的方法。不管哪种方法，都需要以认识世界的科学的方法作为指导，学会使用分析与综合、抽象与概括、比较等学习方法。

4. 思维发展

形象思维：想象力会激发学生探索的热情和兴趣，发展学生的形象思维能力，主要是要逐渐解决学生在语文学习中遇到的一些基础性问题。如在阅读中不善于联系情景、事件和任务、在说话和作文中语言单调乏味。

逻辑思维：发展学生的逻辑思维，就是要逐渐解决学生在听说读写中不分主次、抓不住重点、条理不清、重复啰唆、不会概括文章要点、不会编写作文提纲等能力欠缺的问题。

5. 文化传承

文化理解：作为一种文化构成，小学语文必须存活于“文化”之中，重视语文文化、中华传统文化、现代文化、多元文化向语文教育教学的回归。

文化认同：学生通过语文学科的学习认识中华文化的丰厚与博大，吸收中华文化智慧；把语文学科的学习过程看作体验认识中华文化的过程。

6. 情感感悟

审美能力：通过对语文的学习和语言文字的日积月累，感受祖国的语言文字之美、优秀文化之美、自然之美以及人物的精神之美。

伦理道德：在语文的学习中，还要让学生领悟一些伦理道德，使之从小养成尊老爱幼、合作互助、诚实友善等美好思想品德。

三、小学语文学科核心素养的结构关系

小学语文学科核心素养作为一个结构整体，各个构成要素彼此之间不是孤立存在的，而是存在着一定的关系。从小学语文学科核心素养体系整体来讲，小学语文学科核心素养体系既体现了一般意义上的学生适应终身发展和社会发展所需的品格与能力，又折射出了小学语文特殊的学科本质和育人追求。从素养的构成本身来讲，六大素养在内容表述上相互区别、各有指向；在内涵实质上核心一致、融会贯通；在体系运行中相互影响、彼此牵制。

（一）小学语文学科核心素养之“一体”

“一体”指“文化基础”，旨在发展和培养学生的“语言能力”和奠定“文化知识”的基础。它是贯穿于整个小学语文学科核心素养结构体系的一条主线，也是整个结构体系的基础所在。“自主发展”和“社会参与”都以学生的“文化基础”为基本基础，并在“文

化基础”的获得中得以实现。

“文化基础”是“自主发展”的前提和必要。第一，语言和思维具有统一性。语言是思维表达和输出的载体，思维的表达和输出需要借助于语言才能得以实现。“思想拿不出来，定型成为语言，才能拿得出来，说出来可以让人家听见、写出来可以让人家看见”。由此可见，良好的语言表达能力和文字写作能力能够让学生的思维表达更加清晰准确，实现“言以达意”的目的。拼音、识字、阅读、写作、口语交际等既有各自的知识体系，又彼此联系成为整体的小学语文知识体系，只有掌握其各自及其整体的知识内涵，才能在学习中形成合适的学习习惯和科学的学习方法。第二，学生只有以一定的语文知识和其他文化知识为积淀，才能形成良好的学习习惯和掌握科学的学习方法。

“文化基础”是“社会参与”的载体。一方面，语言是“文化传承”的载体，学生是通过语言文字来了解民族文化的，在语言文字的学习过程中形成文化的积淀，也是通过语言文字来表达对民族文化的理解和认同的。另一方面，“文化基础”是学生“情感体悟”的准备和起点。对于小学生而言，语言文字和一篇篇课文是他们情感体悟的启蒙和起点，他们能从语言文字的描述以及课文的记述中感受人物的形象美和精神美、山川河流的自然美、文化知识的科学美，获得审美的初步体验，也能从课文内容和各种知识中领悟做人的思想和道理，为领悟一些基本的伦理道德奠定基础。

（二）小学语文学科核心素养之“两翼”

两翼指“自主发展”和“社会参与”，这是建立在“文化基础”素养的基础之上的，同时也是对“文化基础”这一素养的升华与发展。

“自主发展”包含学生“学习能力”和“思维发展”两个方面的素养。一方面，学生具有了良好的学习习惯和科学的学习方法，并加以不断练习，会促进学生更好地获得语文知识和其他科学文化知识。另一方面，良好的思维习惯和科学的思维方式能促进学生语言能力的进步与提升。学生掌握了一定的逻辑思维和形象思维能力，才能做到听话有重点、说话有条理、阅读有主次、写作有逻辑、语言表达丰富而生动。

“社会参与”包含“文化传承”和“情感体悟”两个方面的素养。“文化传承”这一素养，要求小学语文必须存活于“文化”之中，重视语文文化、中华传统文化、现代文化，以及多元文化向语文教育教学的回归。学生通过语文学科的学习认识中华文化的丰厚与博大，吸收中华文化智慧，把语文学科的学习过程看作体验认识中华文化的过程，在语文的学习过程中不断增进对语言文字的理解和对语言文字学习、运用的情趣，从心灵深处激发学生对语言文字的热爱。“情感体悟”这一素养，要求通过鉴赏、评价、作文等形式表现语言文字及文学作品的内在美，提升学生对语言感受、语言理解及情感体悟的能力。通过对语文的学习和语言文字的日积月累，感受祖国的语言文字之美、优秀文化之美、自然之美以及人物的精神之美，激发学生对美的感悟和追求。

“自主发展”和“社会参与”两者之间也是彼此影响、相互促进的关系，学生思维能力和学习能力的提高与发展，能够增进对优秀文化的理解与认同、能促进基本伦理与道德的获得。学生有一定的文化积淀和情感体悟也能促进其思维能力和学习能力的提高与发展。因此，二者是相互促进，和谐发展的关系。

四、小学语文学科核心素养结构体系的要点分析

明确了小学语文学科核心素养的划分维度、甄别出其构成要素、明晰了其结构关系，再对其结构体系的要点进行分析，既是对小学语文学科核心素养结构体系理论上的进一步解释与说明，也是对其培养与落实实践层面上的方法论阐述。

（一）小学语文学科核心素养是全体学生共有的素养

小学语文学科核心素养具有基础性的特征，所以它应该是所有学生应具备的共同素养，是每个学生在接受义务教育小学阶段的语文教育后都应获得的素养。学生在接受小学语文教育之后在“文化基础”维度上要获得一定的语言能力（听说读写）和文化知识（语文知识和其他学科知识）；在“自主发展”维度上要获得一定的思维（逻辑思维和形象思维）能力，并且学会学习（掌握科学的学习方法和培养良好的学习习惯）；在“社会参与”维度上获得文化传承（文化理解和文化认同）的素养，并获得初步的情感体悟（审美能力和伦理道德）。以上三个维度下的六大素养是学生在接受小学语文教育后应当必备的共同素养，各学段在素养获得的纵向程度上虽有不同，但在横向覆盖面上却都是一样的，都要获得知识技能、过程方法、情感价值观“三维一体”的素养，否则就不能够真正落实小学语文学科核心素养的特殊育人要求。

（二）小学语文学科核心素养在培养中需要有学段意识

小学语文学科核心素养具有阶段性的特征。首先，从学生发展的角度来讲，小学阶段学生的发展是一个身体和心智逐渐趋于成熟完善的过程，相应的素养要求也应当是由简单到复杂、由低级到高级、由掌握不准确到比较准确的变化过程。其次，语文课程是一个系统，每个学段都是这个系统的有机组成部分，每个学段都有自己的学习目标和任务，既有纵向的延伸，又有横向的拓展，是一种螺旋上升的态势。最后，从小学语文学科的角度来讲，小学语文学科核心素养不是与生俱来的，而是在语文学习过程中一点一滴慢慢形成的，是从拼音识字到遣词造句，再到作文交际的变化过程中逐渐形成的语文品格和能力。

小学生身心发展和认知在每个学段有不同的特点，语文教学的目标和内容在各个学段也不尽相同，所以语文学科核心素养在各个学段培养的侧重点也就有所不同。《课标》明确划分了小学三个学段在识字与写字、阅读、写话或习作、口语交际、综合性学习五个方面的学段目标与内容。如在识字与写字方面，三个学段在识字数量、识字方法、写字姿势等方面有不同的标准和要求。需要注意的是，任何一个学段的结束都不意味着对语文学科核心素养培养的完成，而是为下一学段更加丰富的语文素养的获得奠定基础，因此，小学语文学科核心素养在培养落实中需要有学段意识，在不同的学段关键期突出培养的侧重点。

（三）小学语文学科核心素养在落实中需要具体细化

小学语文学科核心素养作为小学语文课程教学全新的教学目标，最终要在语文教育教学实践中得以落实，构成小学语文学科核心素养的每一个要点要想真正有效实现，还需要在落实过程中进行细化，根据语文课程性质，最直接有效的细化方式是细化为“语文系统知识”“语文技能与方法”和“语文情感与态度”三个方面。如“语言运用”作为小学语文学科核心素养基础中的基础，在落实过程中可以进行细化培养。具体来讲，在语文系统知识层面，主要是指对标点符号、语言修辞、语法规则、语文常识等这些语言知识和语言材料，对其进行记忆、理解、运用并迁移；在语文技能与方法层面，主要是指对修辞逻辑、语法规则、语言学习方法的掌握能力、运用听说读写四种表情达意方式的能力；在语文情感与态度层面，主要是指理解和运用语言所衍生的情感态度以及价值观念，对语言运用的惯性、自觉和创新，对语言现象的兴趣和敬重以及对语言艺术的理解与感受。需要指明的是，不是所有的素养要素都要进行细化培养，要根据每一个素养要素的指向和实现难易程度来辩证细化培养，从而避免交叉重复。

第三节　小学语文学科核心素养的形成机制

对小学语文学科核心素养的形成机制的理解主要体现在以下三个方面：第一，小学语文学科核心素养形成的影响因素有哪些；第二，这些影响因素之间的运作，即影响因素之间体现出一种怎样的特有秩序；第三，影响因素对小学语文学科核心素养形成的功能。学科知识是基本依托、学科活动是关键路径、学科教师是主导条件、学科评价是根本保障。在小学语文学科核心素养“发生—发展—形成”的时间轴上，四个影响机制既各自对应着小学语文学科核心素养“发生—发展—形成”的各个不同阶段（学科知识是发生的基点、学科活动和学科教师是发展的关键、学科评价是形成的保障），又同时作用于小学语文学科核心素养“发生—发展—形成”的各个不同阶段。

一、小学语文学科核心素养形成的基本依托

小学语文学科核心素养不可能凭空形成，学科知识是其形成的基本依托。那么，什么样的学科知识，或者说选择怎样的知识结构并加以组织和实施，才能有利于小学语文学科核心素养的形成。余文森教授提出了“学科大概念”“学科知识结构”“学科情景”等几种学科最本质、最有价值也最能促进学科核心素养形成的知识组织和实施形式。

（一）学科大概念

“概念”是人们对客观事物的共同本质特点进行抽象的一般性概括和总结，是人们对客观世界由感性认识上升到理性认识的思维过程。小学语文学科大概念可理解为指向学科核心知识内容、学科教学核心任务，反映学科思维、学科方法，并能体现学科精神特质的特殊的、关键的概念形式。这种特殊的、关键的概念在形式上可能表现为一个学科概念、一个定义、一个结论或观点，也可能是一个学科主题或者学科理论。但其内涵和外延已远远超越了简单的名词意义，具有较强的学科教学实践价值。具体来讲，小学语文学科大概念较强的概括性和总结性能使零碎、散乱的学科知识有效整合起来，对学科知识、方法、思维等提供强有力的解释和综合考察。教师和学生可以此为“概念锚点”，有效洞悉和迁移学科知识、准确把握学科教学方法、深刻领会学科思想和精神实质、广泛深入地挖掘学科内核，从而在教学中真正落实小学语文学科核心素养。

小学语文学科大概念主要有以下几种表现形式。

1. 语文学科基本概念

相关的语文概念应该是小学语文学科大概念最基本、也最主要的表现形式。“大概念”观下的语文学科概念应当由“核心概念”和“分解概念”组成。核心概念指那些关涉学科核心知识、核心思想、关键内容以及教学核心任务的概念形式；分解概念指核心概念内涵

下的一系列“子概念”形式。如“思维发展”属于小学语文学科核心概念，而“思维发展”又可分为“形象思维”“逻辑思维”和“创新思维”，这些可看作分解概念。

2. 语文教学主题

从当前小学语文教材编排体系来看，以“单元”组织教学是语文教学的基本形式。每个单元都有一定的教学主题，“大概念”观下的小学语文教学主题应当打破各个相对独立的单元主题界限，系统整合各个单元相对零散的教学主题。如“爱国”“诚信”等单元主题可以“核心价值观”作为“大概念”进行整合教学。

3. 反复出现的教学话题

小学语文学科作为一门基础性人文学科，有一些永恒不变的教学话题，如“友爱”“善良”“正义”“奉献”等。以这些永恒不变的话题作为语文学科的大概念，不仅能很好地统摄教学内容、贯通各个单元主题，更能够引领学科教学迎合时代主旋律，让师生在语文教学当中感悟社会主义核心价值观的精神内核并积极践行，培养学生发展核心素养。

4. 语文学科专业理论

工具性是小学语文学科的主要特征之一，因而小学语文学科具有较强的实践性，所以掌握一定的语文学科专业理论对于提高语文教学的实践价值有着很大的指导意义。如在进行说明文教学时，需要引导学生掌握一定的说明方法；在进行应用文教学时，需要学生学会一定的文本格式，这些都可看作专业理论性的语文学科大概念。

（二）学科知识结构

知识是无限的，而教学的时间和空间却是有限的。在通常的教学情况下，教师和学生面对的知识内容往往要比自身能够处理和吸收的内容要多，而且教学呈现给学生的知识似乎都是同等重要，要求学生全盘吸收。挖掘小学语文学科核心素养、培养学生终生发展的必备品格和关键能力，需要教师对知识内容做出合理选择，明确教学重难点，突出关键知识和教学核心任务，架构学科知识框架，确定教学的优先次序。这种重点突出、有优先次序的学科知识框架可以用三个互相嵌套的圆圈来描述。

最外层的圆圈表示小学语文学科所涉及的所有可能的知识内容，如小学语文学科自身所蕴含的本体知识，包括拼音、字词、语法、修辞、文体、文学等语文本体知识，还有小学语文学科衍生出来的自然科学知识（天文、地理、海洋）、社会科学知识（人文历史、政治经济）等其他科学知识。这些知识内容一般会在同一单元或不同的几个单元中分布学习和进行考察，由于教学时间和空间的有限性，教师不可能向学生教授所有的知识内容，所以中间的圆圈选择需要教师教授和需要学生掌握、完成的主要知识内容。如字词的发音、书写、含义的理解、迁移并运用；修辞的基本用法、句子的语法结构；文章的阅读、分析与感悟。这些重要的知识内容明确下一步的教学目标，指向教学核心任务，对语文知识体系具有较强的关联和传递能力。在前需知识的基础上，这些重要的知识内容能加深学生对知识的理解力和迁移创造力，如理解拼音、字词、语法、修辞、文章、文学等语文学科本体知识之间是什么关系；学会从字词到文段，再到文章、文学的基本创造方法；理解语文学科本体知识和衍生出来的其他科学文化知识之间的相互关系；学会语文学科本体知识和其他科学文化知识之间的双向转化学习。在最内层的圆圈里，选择了可以揭示小学语文学科核心教学任务、体现小学语文学科思想方法、凸显语文学科精神特质，处于学科中心的可迁移任务作为主要内容，如语言能力、文化知识、学习能力、思维发展、文化传承、情感体悟都是围绕着小学语文学科的核心任务（学科核心素养）而教学的，在进行相关的教学和迁移中能把握小学语文学科核心任务，挖掘学科核心素养。

（三）学科情景

学科情景指的是学科知识产生、发展以及更新的条件、背景和过程，是学科知识发生并发挥作用的一定环境的学科性描述。从教学的角度讲，它是对促进学生学习、理解、消化、建构学科知识的具有社会化色彩的学习环境的概括。如果说学科知识是形成小学语文学科核心素养的基本依托，那么学科情景则是学习并掌握语文学科知识的基本依托，因此可以认为学科情景也是学科知识的一个重要组成部分，它是语文学科知识转化为语文学科核心素养的中间桥梁。

学科情景关涉知识的产生与来源，学生的学习不能仅局限于了解和知道学科知识是什么、怎么应用，还要尝试通过对学科及学科知识的追本溯源，让学生了解学科知识的产生和来源。汉字的造字艺术和方法，这是汉字来源的一个情景；成语有的出自历史典故，有的出自神话故事，有的出自坊间故事，这是成语来源的情景；字组成词、词组成句、句组成段、段组成篇，这是有关文本结构与逻辑的一个情景；作文素材要注意留心观察身边的人、事、物，这是语文学习方法的一个情景；语文课既是一门工具学科，也是一门人文性学科，这是语文课程基本性质的一个情景……对语文知识的产生与来源的不断追问与探索，也能在很大程度上激发学生学习语文的兴趣，唤醒他们的想象力，对知识的应用和迁移尤为重要。

最后需要说明的是，小学语文学科知识是学生学习的对象和材料，对于知识的选取与教学一定要遵循量力性、适度性的原则。一方面，超出学生认知能力和接受范围的知识不仅不能促进小学语文学科核心素养的形成，反而还会在一定程度上有碍于学生的发展。另一方面，过分浅显易懂的知识也无法激发学生的求知欲望，不能较好地满足学生发展的需要，同样也不利于小学语文学科核心素养的形成。

二、小学语文学科核心素养形成的关键路径

学科活动指学科教学主体完成学科教学所需要的一系列学科课堂内外的认知和行为的互动。如果说学科知识是形成小学语文学科核心素养的基本依托，那么学科活动，尤其是具有多重问题情境的活动，就是形成小学语文学科核心素养的关键路径。小学语文学科教学的实质是学科活动，包括教师教的活动和学生学的活动，其中学生学的活动是主要和根本。

不管是哪一种学科活动，都对学科核心素养的形成与落实有着积极的教学论价值与意义。

（一）学科活动融合学科知识与体验和行动

小学语文学科核心素养的形成与发展是知识内化与外化共同作用的结果。也就是说，小学语文学科核心素养是知识内化与外化的合一、是活学与活用的合一。学科活动能为学生的学习提供这样的机会，将知识内化与外化、活学与活用有机结合在一起。

首先，学生的体验和感悟是小学语文学科活动的本质特征，从这一点来讲，学科活动能将学科知识与学生的生活世界融合起来，带来生活意义上的体验与感悟。这种真实的体验与感悟不仅能帮助学生将抽象、难以理解的学科知识融入学生习以为常的真实生活情境之中，在真实的生活感悟和体验中感知知识的生活意义和实践意义，激发学生探寻知识本源的热情与欲望。同时，这种体验与感悟又能将真实鲜活的生活情境融入抽象的学科知识之中，让学生学会用学科知识解答生活情境中遇到的各种问题，提高学生知识迁移、运用的能力。在这里，体验与感悟直接激活了学生的生活经验和生命感受，沟通了学生的经验世界与学科知识，直接激发学生在掌握学科知识的同时去追问和领悟知识所蕴含的生活价值，从而使知识的内化与外化、活学与活用的合一成为可能。如“习作”教学，生活中的景物、人物、事物是最鲜活的素材，学生身边的好人好事是最真实的情感体悟，家长的一言一行是最好的道德榜样。

其次，学科活动能将学生的认知与行动有效结合起来。借助于在学科活动中形成的感知力，学生在原有认知结构的引导下能进行与学科活动相关的具体行动，同时又能把在行动中产生的新知识和新的感知力内化在自己的原有认知结构中。正是这样的体验与感悟，能促使学生在运用知识的过程中进行着相关行动，同时又在行动的过程中巩固旧知识、产生新知识，真正做到知行合一。

只有将知识运用的“思维过程”和体验感悟的“行动过程”真正融合起来，学生的必备品格和关键能力才能同时生成。学科活动恰恰就是这样的“融合器”。正是学科活动，学生才得以实现“外部体验过程”的内化和“内部思维过程”的外化两个双向转化，学生对知识的掌握、理解、运用并迁移创新，语文学科能力形成和语文学科态度、情意的发展才能得以实现，才能将学生的“生活世界”与“自我世界”融为一体，使学生在体验与感悟语文学科活动的同时认识并反思自我，通过自我的反思和成长，又能提高对学科活动的认识能力和行动能力，所以，语文学科活动帮助学生既建构着生活的意义又建构着自我的意义，从而不断生成学生的关键能力和必备品格。

（二）学科活动联动并聚集学科核心素养

小学语文学科活动是以“语言”为核心的活动。从目标方面来讲，旨在实现小学语文学科教学目标，即对“工具性”的掌握并运用和对“人文性”的体验与感悟；从内容方面来讲，是以听、说、读、写为主要内容的活动；从开展形式来看，分为“课堂活动”和“课外活动”两种基本形式；从实践途径来看，“综合性学习”是其主要载体；从教学运作机制来看，是将知识与能力应用于实践，并在实践中反思与进步的过程；从知识的获得来看，是“显性知识”和“缄默知识”的同时获得过程；从素养实现和生成机制来看，是将知识与能力转化为素养的过程。小学语文学科核心素养的形成与发展不是各种素养成分的简单组合，而是各种素养成分协同联动和有机组合而成的产物。各种素养成分与学科核心素养本身之间不是简单的影响、制约和促进关系，而是一种交互整合、协同联动、共同发展的关系。更为具体地讲，知识、技能、方法、情智、态度、价值观等各种学科素养成分都会在一定程度上同时作用于学生学科核心素养发展的不同方面。小学语文学科活动的目的与特点决定了各种学科活动与学科活动的各个方面能与各个方面的语文学科素养成分产生协同联动、相互聚集、共同发挥效应，共同作用于学生的语文学科核心素养发展之中。

一方面，“口语交际”“综合实践”“学科游戏”等各种不同类型的语文学科活动在语文学科核心素养育人目标的统领下相互配合、彼此协调，共同作用于学生的学科关键能力和必备品格发展。另一方面，语文学科活动的各个方面共同作用于学生的学科核心素养发展。语文学科活动中产生的各种问题情境、发生的各种“人际关系”、使用的各种学习方式和展开的各种思维过程等都会在语文学科核心素养育人目标的统摄下相互配合、彼此协调，共同作用于学生的学科关键能力和必备品格的形成与发展。

三、小学语文学科核心素养形成的主导条件

小学语文学科教师是学科核心素养形成的主导条件，要从知识能力教学走向素养教学，教师首先得具备核心素养。教师的核心素养体现在学科素养和教育素养两个方面。

（一）教师的学科素养

小学语文教师学科素养主要表现为教师为了完成学科育人目标，在教学过程中理解具体学段的学生的生理和心理特点，注重学生人格与文化的培养应具备的知识与能力以及情感方面的素养体现。痴迷与深爱所教学科，能够使教师在学科教学中体验到意义、价值、激动和欢乐，这就是教师学科素养的表现。小学语文学科教师所具备的学科核心素养体现在学科知识、学科意识、学科能力、学科态度几个方面。

1.“专、通、精、深”——语文教师应有的知识素养

“专”指小学语文教师要掌握一定的小学语文本体性知识，即学科专业知识，包括拼音、遣词造句、修辞、语法逻辑、文体、儿童文学等，这是小学语文教师展开教学的必备知识和基本条件，除此之外，小学语文教师还需要掌握一定的教育学知识和儿童心理学知识，辅助于语文教育教学工作。“通”指通识性知识，指小学语文教师除了掌握一定的语文学科知识、教育学知识和儿童心理学知识之外，还需要知道一些其他学科的知识，包括自然、科学、历史、政治等，对这些方面的知识虽不要求教师“博古通今”“精通熟练”，但需要知道和了解基本的事实性知识，让语文课有“人文”气息，充满“语文味”。“精”一方面指小学语文教师对学科知识的学习在内容上要精选，抓住关键和核心，多学经典，

帮助自己学科核心素养和关键能力提升，另一方面指语文教学实践中对知识的应用要精确，哪怕是一个字词的引用都要认真严谨，引导学生从小树立科学严谨的知识观。“深”指小学语文教师对知识的讲授要有深度，形成“深度教学”的课堂教学氛围，激发学生的探究欲和想象力，加深对知识的理解，培养“深度学习”的好习惯。

2. 睿智敏感——语文教师应有的学科意识

作为一名小学语文学科教师，应当具备比较睿智敏感的学科意识。在课堂教学上，这种睿智敏感的学科意识首先能促使教师深刻、独到、广博地“驾驭”语文学科知识，以比较敏锐的眼光和思维系统把握语文学科知识之外的，或潜藏于语文学科知识之中的学科文化、学科精神、学科观念、学科思想和学科方法。这种睿智敏感的学科意识除了表现在对学科知识的系统把握上，还体现在教师对教学主体（教师和学生）的判断上，透过学生的言语行动去把握他们的心理活动、捕捉心理信号，并给予及时有效的反馈应对，从而保证良好的教学效果。同时，这种睿智敏感的学科意识也能在无意识状态下促使教师注意到语文教学环境中的任何“风吹草动”和学生的一举一动，及时有效地采取课堂应对策略。在课堂以外的语文教育教学活动实践之中，这种睿智敏感的学科意识体现得尤为明显，能够促使教师随时随地发现生活中的教育素材，并将其巧妙地转化为语文课堂教学的材料。这种睿智敏感的语文学科意识，更重要的意义在于引领语文教师在教学中能够教给学生治学的严谨、做事的规范和对生活的热爱与关心。

3. 注重细节——语文教师应有的学科能力

学生的语文能力、语文素养需要在语文课堂的每一个细节里适时锤炼，因此，语文教师必须注重语文课堂里的每一个细节。第一，要注重备课的细节。教师需要根据教授内容，灵活制定切实可行的教学目标，应用文体类的课文应当多关注过程与方法目标，抒情类课文应当多关注情感态度价值观目标，而不是习惯性地不加选择地套用“三维目标”。另外，学情分析、教具准备也要注重细节，虽不能面面俱到、尽善尽美，但也要在关键地方凸显教师的“良苦用心”。第二，要注重教学设计的细节。好的教学设计是对“知识—能力—情感”的循环渗透，哪怕是一个很简单的字词教学，关注细节的教学设计一定是渗透着对学生能力的培养和情感的传递。同样，情感的升华也会关注到对知识的巩固和对能力的锤炼。第三，要注重教学过程的细节。进教室“问好”、板书书写、提问方式、评价用语等一言一行、一字一句都透露着教学的细节，教师只有关注这些细节，才能让语文课堂充满活力与灵性，更重要的是，教师的这种情怀体现着对学生语文素养的关注和人格修养的教育。

4. 朴实无华——语文教师应有的学科态度

小学语文是儿童的语文，天真烂漫是儿童的基本性格，小学语文应当以儿童为中心，凸显其真实、朴实、扎实的学科育人目标。语文课堂不是教师的表演课，更不是教师才艺展示的场所。教师也不能将课堂当作自己施展个性、锻炼自我的“演兵场”，更不能借以“我的课堂我做主”“我的学生我做主”堂而皇之的名义进行不切实际的“个人秀”。语文教师要将课堂还给学生，以朴实无华的态度上好每一节课。每一个字、每一个词都要引导学生认认真真地写，不潦草、不带笔；每一篇课文都要让学生认真清楚地读，不拖腔、不拿调；每一篇作文都要让学生认真地构思、真实地写，不图辞藻华丽、不追求天马行空；每一个口语交际都要真实有效地开展，不走过场、不搞形式。听说读写是小学阶段最朴素的语文课程内容，紧紧抓住听说读写，并贯穿于每一节语文课当中，就是语文教师最朴素的语文态度。朴实无华的做人态度也是学生发展核心素养的题中之义，教师以一种朴实无华的教学态度对待每一节课，传递给学生的不仅是真实、朴实以及扎实的语文学科知识，更重要的是通过教师在语文课堂上的一言一行教会学生比知识本身更重要的东西，而这也正是语文课的终极育人追求所在。

（二）教师的教育素养

教师的教育素养是指教师在教育教学实践中生成的，并能适应未来教育教学挑战的包括教育方法、教育智慧等在内的能力与品格。在新时代背景下，小学语文教师的教育素养应着重强调以下几个方面。

1. 信息素养

从小学语文教师专业发展的角度来看，信息素养至少表现为以下内容：

有获取信息的意识。“眼观六路，耳听八方”，有意识并主动积极地从教育教学实践以及生活当中查找、探寻有利于教学的信息素材。

有分析、辨别信息的能力。“慧眼识珠，科学分析”，能对所获得的信息进行有选择性的接收并进行辨别和分析，选取最关键、最有用的信息素材，选以致用，服务教学。

有效利用信息的能力。教师能够利用选择的信息表达个人的思想和观念，并能将其有效地转化为教学素材，拓展教学的可能性，助力小学语文学科核心素养的实现。

2. 跨学科素养

跨学科素养首先要求教师要系统把握本学科专业知识和学科内部结构系统，然后以核心素养为依托，在探究小学语文学科核心素养的基础上，促进自身教学观念深层次、全方位的转变，准确把握不同学科之间的张力，探寻平行学科之间的内在联系与沟通，打破学科界限的束缚，开阔教学视野，形成一种“大语文”课程观。除此之外，教师还应该对生活中的各个层面（时事政治、经济文化、风土人情、自然景观等）所涉及的各种知识有所把握，并细心研究如何将这些知识文化有效贯穿于语文教育教学实践当中，如何从学科交叉处提出探究性问题，激发学生学习兴趣，全方面提高学生的小学语文学科核心素养。

3. 创新迁移素养

创新迁移素养包含“发散创新”“批判赏析”以及“内化完善”三个等级层次。“发散创新”要求教师的教育教学能够举一反三；运用汉语言文字规律创造性地解释和化用，提倡有创意的表达和教学方法；不断拓展知识层次，并能联系语文知识和现实生活解决具体的教学问题。“批判赏析”要求教师对语文知识和语文教学有自己的感受、领悟和评价；

批判教授和传递课内外文本的思想内容、结构安排和语言表达：鼓励独立思考和质疑探究，加深对文本折射出的时代精神的认识和思考，并辩证性地评价和吸收传统及当代多元文化。“内化完善”要求教师理解吸收古今中外优秀文化，提高自身文化修养，促进自身精神成长；有自己的情感体验，从而对学生对自然、社会以及人生的认识与理解提供有益的启示；不断借鉴学习，总结经验，探索适合自己的教育教学方式。

第四节　小学语文学科核心素养的培育路径

明确了小学语文学科核心素养的形成机制，接下来需要探讨的是小学语文学科核心素养如何落地生根的问题。

一、探求小学语文学科核心素养的校本化育人目标

面对小学语文学科核心素养，学校应该达到何种课程育人目标，是一个应该最先值得思考的问题。在探究语文课程理念和学校教育哲学的基础上，学校要积极探索小学语文学科核心素养的校本化育人目标，探求属于自己的课程育人模式和理念。

（一）实现小学语文课程育人理念和核心素养的有效结合

把小学语文课程的育人理念和学生发展核心素养有效结合起来，是探求小学语文学科核心素养校本化育人目标的第一步。学校要在原有语文课程育人理念的基础上，依据学生发展核心素养对人才培养的新要求，继续丰富并创新小学语文课程育人理念，将语文课程育人理念和学生发展核心素养一并整合、优化，制定课程育人目标、形成课程育人体系。这种整合和优化体现在语文课程育人理念和学生发展核心素养双向互动的两个方面。一方面，语文课程的育人理念要忠实于并最终指向学生发展核心素养的培养与发展，不管是课程目标的制定、课程内容的组织与实施，还是课程活动的开展，每个课程教学环节都要为培养和发展学生的核心素养而服务。学校应为每一个人创建一个智力和精神的基础，这一基础对掌握其他的知识和技能是必不可少的。这也正印证了学校课程育人理念和方向对学生培养与发展的重要性。另一方面，学生发展核心素养要为实现语文课程育人目标和理念提供“理论”和“技术”上的帮助，既要构建学生发展核心素养引领下的语文课程体系，又要探索学生发展核心素养视域下课程教学新模式。只有二者彼此“发力”、相互融合，才能找到整合和优化的关键点，也才能找准小学语文学科核心素养的校本化育人目标。

（二）实现小学语文学科核心素养和学校教育哲学的合理对应

学校教育哲学是学校奉行的教育理念和追求的教育信条的深刻体现，其主要内容是学校的使命、发展愿景和育人目标。探求小学语文学科核心素养校本化育人目标，还需要实现语文学科核心素养和学校教育哲学的双向对应。一方面，小学语文学科核心素养是可教可学的，是在一般的语文课程教学中完成培养的，而语文课程的教学要以学校的教育哲学为前提和基础，因此，教学中对语文学科核心素养的研究与培养也要合理把握学校教育教学基本原理，重视对学校教育教学基本矛盾关系的关注和研究。学校所信赖的教育和社会哲学可以做教育目标来源的第一道筛子。另一方面，在学校的教育哲学的引领下，小学语文学科核心素养对语文教学既要有实际教学实践上的帮助，又要有思想意识、理念方向上

的启迪。因此，只有将小学语文学科核心素养和学校教育哲学合理对应，才会实现小学语文学科核心素养在教学实践和思想理念上的全方位校本化育人目标。这样也才能避免让小学语文学科核心素养变成一种空洞的“文本”或者纯粹的“技术活”，使小学语文课程真正体现学校的基本育人价值、精神向往和理想追求。

（三）实现小学语文学科核心素养育人目标的校本化表达

小学语文课程的育人理念和学生发展核心素养有效结合起来，为探索小学语文学科核心素养校本化育人目标提供了理论上的第一步；小学语文学科核心素养和学校教育哲学的双向对应，又为探索小学语文学科核心素养校本化育人目标创造了实践上的参考和依据。完成了以上两个过程，接下来需要实现小学语文学科核心素养育人目标的校本化表达。作为语文课程教学育人新目标，小学语文学科核心素养的校本化育人目标主要体现在以下三个方面。第一，小学语文学科核心素养的育人目标的培养与落实不能仅体现在国家课程上，地方课程与校本课程也应当是题中之义，既有一般性的育人目标，又涵盖人才培养与发展的特殊要求，表达了其统领性校本化育人目标。第二，小学语文学科核心素养引领下的语文课程教学改革，其改革任务更加明确、改革价值更加突出、改革方向也更加清晰，因此能以语文课程教学改革更好地推动学校的教育转型，培养新时代社会主义建设者和接班人，表达了其引领性校本化育人目标。第三，学校以研究和发展小学语文学科核心素养为依托，积极探求小学语文课程与教学育人理念的广度与深度，才能把学生真正置于课程与教学的正中央，促进学生的全面发展，表达了其深领性校本化育人目标。

二、构建落实目标的“一体多元”课程模式

为学生提供怎样的教育经验才能达到小学语文学科核心素养的校本化育人目标，在课程育人目标、方向和理念的指引下构建“一体多元”课程模式是一条可行之路。

（一）“一体多元”课程模式的基本内涵

“一体”指促进学生一般性、整体性发展的国家语文课程，强调要优化和整合国家层面的基础性课程，打好“文化基础”，获得较为朴素的文化素养。“多元”是指能够实现学生个性全面发展的除国家语文课程以外的其他课程类型，包括数学、科学、艺术、历史等小学主要国家课程门类，也包括地方性课程以及学校自主研发的校本课程和“班本课程”，这些课程是对“一体”的补充、创新和发展，以实现学生“自主发展”“社会参与”的综合性素养。“一体”既是“基础”，又是“引领”，优势在于在发挥“文化奠基”的主导性作用下，还能以国家课程的“权威”对构建和发展地方性、校本性语文课程类型提供方向上的引领。“多元”课程既是“补充”，又是“发展”，特点在于在国家课程的基础上和引领下，能及时有效地补充相关内容，以增强语文课程教学对发展学生语文学科核心素养的针对性、时效性以及全面性。

我们的目标是塑造既有广泛的文化修养又在某个特殊方面有专业知识的人才，他们的

专业知识可以给他们进步、腾飞的基础，而他们所具有的广泛的文化，使他们有哲学般深邃，又有艺术般高雅。“一体多元”的小学语文课程结构模式，能最大限度地体现小学语文学科核心素养在语文课程教学中的灵魂所在，彰显其作为课程“DNA”的核心价值作用，能真正体现出小学语文学科的课程观念、生本观念以及实践观念，也才能真正实现小学语文课程在知识、能力、方法、情智、态度以及价值观等方面的系统育人功能。

（二）“一体多元”课程模式的建构思路

把握“课程整体”是构建小学语文“一体多元”课程模式的基本思路。这种“课程整体”建构思路主要体现在以下两个方面。第一，从小学语文课程构成本身来讲，国家语文课程和地方性、校本性以及“班本性”语文课程是一个课程整体。小学语文学科是以“主题单元”的形式呈现其学科文本结构的，这样的学科文本结构具有一定的内在逻辑关联：各个主题单元之间不是线性的单调排列，而是彼此关联的有机组合。在各个主题的统摄下，各个单元又形成了一系列彼此关联的“子”课程。整合优化地方性、校本性以及“班本性”语文课程，是对这一系列“子”课程的补充和扩展，同这些“子”课程一起形成“多元”合力，使国家语文课程既能聚焦核心问题、指向核心素养，又能拓展发散，螺旋式提升语文学科的育人功能。第二，从现有的小学语文各学科来讲，也就是从“学科间”来讲，小学语文学科不是孤立存在的个体，而是和数学、科学、美术、历史等平行学科彼此关联存在的，语文学科是学习其他学科的基础，其他学科又为语文学科提供丰富的学习资源。从这方面来讲，所有学科又构成了一个宏观意义上的课程整体，在这个课程整体中，语文学科就要借助于其他学科的“力量”，实现“学科间”的彼此融合发展，真正体现语文课程“大视野”“大包容”的学科优势，凸显“大语文”课程观。实现“学科内”国家语文课程和地方性、校本性以及“班本性”语文课程的有机联系以及“学科间”语文课程和数学、科学、美术、历史等平行学科的有机联系，才能真正建构“语言、文字、文章、文学、文化”等在内的全方位、立体式的“一体多元”课程模式，也才能真正为实现小学语文学科核心素养提供更加广阔的视野和机会。

（三）“一体多元”课程模式的实践探索

为落实培养学生核心素养的育人目标，很多学校在教学实践中对“一体多元”课程模式进行了积极的探索，积累了许多成功的经验。北京某小学完成了语文学科的“学科课程标准—质量目标指南—学科教材—课堂乐学手册—学科教学”体系的构建，其中“质量目标指南”为实现语文学科课程标准、学科教材、语文学科教学之间的有机联通搭建了沟通的桥梁。“质量目标指南”依据国家现行语文课程标准，在系统分析基本学情和学力的基础上，首先确定了语文学科教学目标，梳理分析了各年级各学段学生应达到的学习水平，然后对所使用的教材内容进行细化分层，区别使用，最后又相应地补充丰富的课程资源，有效整合，助力语文课程的教学。另外，南京市某小学也对建构“一体多元”课程结构模式进行了很好的探索，其“12岁以前的语文”独具特色，致力于对学生语文核心素养的培养。

“12岁以前的语文”在遵循儿童认知心理发展规律的基础上，构建了以国家课程为主体，以“国学经典、古典诗词、儿童文学及社会生活”为主要补充内容的“一体多元”课程模式。“国学经典、古典诗词、儿童文学及社会生活”等“多元”课程类型和国家课程相互渗透、彼此补充、多向融合、立体发展，在回溯母语习得规律的基础上，旨在培养学生对文化的理解和认同、塑造学生的家国情怀和文化人格。还有浙江省杭州市某小学“构建素养本位的时代课程3.0的实践研究”也是很好的案例，“素养本位的时代课程3.0”由基础类和拓展类两种课程类型组成，其中基础类课程根据相应的学情和学历分为奠基性基础课程和资优性基础课程，旨在培养学生较为扎实的一般素养与能力。拓展类课程根据学生的个体发展水平和兴趣爱好不同又分为体艺类拓展课程和综合类拓展课程，在学生获得不同层次的基本素养与能力的基础上，实现学生的全面发展。

三、探索“一体多元”课程模式的实施理路及教学策略

（一）“一体多元”课程模式的实施理路

如何有效组织并实施“一体多元”语文课程，使其为培养落实小学语文学科核心素养发挥价值，“课程整合”是一条可行的理路，整合的具体途径有两条，一是语文学科内渗透式整合，实现语文课程“一体”的基础性育人价值；二是学科间融合式整合，实现语文课程“多元”的综合性育人价值。

1. 学科内渗透式整合

学科内渗透整合是指以“主题优化”的形式重新优化组合原有教学内容，在原有单元主题的基础上，可根据不同的主题和教学情境对课程内容进行适度的顺序调整，形成新的教学主题或教学模块，并以此统揽全册，指向核心内容、聚焦学科核心素养。在这一过程中可对原有教学内容在“量”上进行适度增减，也可在结构上进行适当重组，使教学内容更加集中、重难点更加突出、教学核心任务更加明确。如在低学段，可根据原有的课程内容以及学生认知特点进行“模块教学”，如拼音模块教学、识字写字模块教学、短文阅读模块教学、看图写作模块教学等，由简到难、由零散到系统，循序渐进，螺旋式推进，让学生掌握比较扎实的语文基础，为中高学段的学习打好基础。在中高学段，可对课文原有编排按照一定的方法和思路进行重新优化组合，形成教学模块，这样教学时教师不再是从零碎的单篇课文入手，而是从一个完整的主题或单元出发，把握核心内容，统摄全册，形成比较开阔的教学思路和视野。学生也能根据模块主题把握重点知识，学习同一主题下不同课题课文的共有学习方法、阅读要领，领会作者的写作技巧、体悟作者在不同情境中是如何表达同一思想感情的。如在教学《落花生》一课时，可将《地震中的父与子》《钓鱼》等课文同时引入课堂教学，让学生体悟不同文体、不同时代、不同作者的课文是如何表达“父爱”这同一主题的。

2. 学科间融合式整合

学科间融合式整合，就是要打破语文学科“封闭”“孤立”“唯我独尊”的学科界限，将多个学科有机联系起来，彼此渗透、互相融合，让语文、数学、科学、艺术等众多平行学科互相成为重要的学习资源，实现语文课程“开放”“多元”“包容”的课程特色，这样既能提高语文课程的实际教学效果，又能促进学科间的教学活力，使各个学科的基本知识和能力共同转化为学生素养。学科间的融合式整合，国外的STEAM教育为我们提供了很好的经验与思考。STEAM教育是一种重实践的超学科教育概念，科学（Science）、技术（Technology）、工程（Engineering）、艺术（Art）、数学（Mathematics）等多学科整合是其实施的要点，旨在实现多学科之间的学习内容、学习方法、学习过程以及学习结果等方面的系统整合。引导学生树立超学科学习观念，注重学科与现实世界的联系，在众多学科之间寻求共同发展。相应的，在学科教学中开展STEM+教育，是STEAM教育培养学生核心素养的主要途径，鼓励学生在科学、技术、工程、数学以及艺术等领域的发展和提高，培养学生的综合素养，从而实现学生的全面发展。

（二）“一体多元”课程模式的教学策略

教学内容本身具有一定的逻辑结构，因此，对教学内容的组织与实施也要遵循一定的逻辑结构。但从教学内容实际存在形态来看，它又不是一种静态孤立着的，而是动态多元发展着的。小学语文学科核心素养旨在培养学生适应未来和终生发展的“语言能力与文化知识”“学习能力与思维发展”“文化传承与情感体悟”，同样是一种动态、多元发展的人才培养目标体系。因此，要实现“一体多元”课程对培育语文学科核心素养的价值功能，在教学过程中实现教学内容的统整设计是关键所在。实现教学内容的统整，教师可以充分利用有限的教学时间和空间，集中传授学科间相关主题统摄下的核心知识与关键内容，聚焦核心素养。

1. 以关联性的主题统摄单元教学

以“主题”为统摄、以“单元”为依托是以关联性的主题统摄单元教学的基本要点。“主题”建构与凝练不能局限于语文课程之内，应当把视野和目光转移到众多的平行学科之间。语文、道德与法制、品德与社会、班会可以形成诸多相关的“大主题”并统摄各个相关的单元。如语文课程中会涉及许多诸如“民族命运”和“国家振兴”的“爱国”主题，相应的，“道德与法制”“品德与社会”课程也有许多诸如“我爱祖国的山和水”“我们都是中华儿女”等体现爱国的主题。教学时可以“爱国”作为主题统摄，将两门课程中的相关单元整合到一起学习，语文课程的学习为“道德与法制”“品德与社会”课程的学习打好了基础、做好了铺垫，“道德与法制”“品德与社会”课程的学习又是对语文课程学习的拓展与升华。这样的整合教学，比任何一个单一学科所发挥的教育意义都要深刻得多，这样才能体现逼近真实、富有灵魂陶冶意义的深度教学，才能从灵魂深处激发学生的学习内驱力。

2. 以综合性的内容来组织教学

除了以关联性的主题统摄单元教学之外，以综合性的内容来组织教学也是一种必要的“一体多元”课程课堂教学策略。以综合性的内容来组织教学是以联系学生现实生活的综合性主题的方式来整合学科内容的。小学语文学科的“综合性学习”专栏最容易实现以综合性内容来组织教学，如“撰写社会调查报告”“自然科学探究”“人文历史调查”等综合性学习，可整合数学、科学、信息技术等相关的课程内容，通过创设一定的课堂教学情境、明确学习任务，让学生在合作交流、多方参与下逐步提升自己的人文素养、科学素养以及实践创新和责任担当的核心素养。除了“综合性学习”专栏外，其他的课文内容也可根据教学内容以综合性的内容来组织教学，如教学《把铁路修到拉萨去》这一课时，可整合工程、科学、环境等学科的相关内容，让学生更加深刻地体会筑路工人科学的智慧和坚韧不拔的毅力，在综合性知识习得的基础上也更好地实现了情感价值观的教学目标。

第二章　基于核心素养的小学语文课堂教学设计

第一节　小学语文课堂教学设计相关的理论基础

一、小学语文教学设计的四个基本要素

通过整体分析，归纳总结出教学设计的四个基本要素：教学目标的设计、教学内容的设计、教学策略的设计、教学评价的设计。

（一）教学目标的设计

虽然不同的专家学者在教学目标的表达方式上各不相同，但是他们却表达着共同的思想。教学目标是通过学习把外在的教学内容转化为学生内在的品质，即学生在学习之后其能力和态度上发生的变化，教学实际要达成的效果。教学目标是行为的导向，好的教育目标不仅是教学活动的出发点，还是教学活动的必然归宿，决定着教学的质量。好比一座高楼大厦的地基，只有地基牢固结实，楼才能越来越高。由此可见，科学准确的教学目标对教师的教学和学生的学习发挥着重要的调控作用，保证着教学总目标的实现。因此，教学目标的设计是教学设计中十分重要的环节，如果表达不清楚将会对教师的教学质量和学习者的学习质量产生重大的影响。

（二）教学内容的设计

教学内容的设计即教师确定“教什么”的过程。教学内容一般称作教养财富或教材，是由各门科学的知识素材构成的。教学内容的设计要根据特定的教学目标，对教材内容进行整合与创新。教学内容即学生学习的内容，因此，教师在教学内容的设计时不应该仅关注如何有效地完成教学目标的传授，更应该跳出知识教学的局限，树立长远发展的目光。以学生为本，充分了解学生的学习动机、认知风格、学习习惯等，最终实现学生知识的提高与能力的提升，促进学生的全面发展。

（三）教学策略的设计

教学策略是根据教学目标，围绕教学内容，对教学媒体的选择、教学顺序的确定、教学活动的安排等一些教学中具体问题的综合考虑，主要解决的是“如何教”“如何学”的问题。教师在设计教学策略时，首先应该依据学习理论和教育理论知识、学习者的个体差异、教学环境和自身的客观条件而采取不同的教学策略。其次教师应该注意教学策略是达成具体教学目标的媒介，由此可见，教学策略的选择应该考虑教学目标的类型，具有指向性。最后，教师在使用教学策略时应营造宽松和谐的学习氛围，激发学生学习的积极性，提高教学效率。

（四）教学评价的设计

教学评价是指运用切实可行的评价方法，根据特定的教学目标，对教学过程的各个环

节和学生学习的效果给予评价，是教师改善教学过程、提升教学质量的科学依据。教学评价是教学设计过程中十分重要的环节，对教师的教与学生的学具有十分重要的作用。教学评价主要内容是参与教学活动的教师和学生，教学策略的选择、教学目标的达成、教学活动的安排、教学内容的组织、教学效果以及课堂文化等。因此，教学评价的设计具有十分重要的意义，正确把握和理解教学评价的功能，才能更好地进行设计。

二、核心素养下的小学语文课堂教学设计的基本特征

（一）教学目标的设计由知识本位走向语文核心素养

1. 立足基础知识的掌握和知识运用能力的培养

小学语文课堂教学无法脱离知识而单独存在，只有通过知识的学习才能保证人的健康成长和全面发展。培养学生的语文核心素养，应以具体的语文知识为载体，通过对知识的准确掌握和灵活运用来培养学生的关键能力和必备品格。我们知道文化传承与理解是语文核心素养的重要组成部分，但要培养学生的文化传承与理解，只有掌握了关于中国传统文化的知识，才能谈得上“继承和发扬祖国的文化”。只有知识掌握的越丰富，才有可能培养学生相关的核心素养，可见知识与素养之间是彼此依存、彼此制约的关系。因此，在目标设置中，教师需要立足于学生对基础知识的理解和掌握，进而培养对所学知识进行运用的能力。切不可以好高骛远、本末倒置。

2. 由“知识主导”转向“语文核心素养”的培养

核心素养下所要培养的人是指促进人成功和解决复杂问题所具备的知识、技能、态度、情感和价值观的集合体。因此，在语文教学中，教师不能仅局限于学生对知识的掌握，要将传统的“以知识点为核心”的教学目标设计，转变为“以语文核心素养为导向”的教学目标设计。教学设计中教师不仅要立足于对基础知识的掌握，还要关注学生语文核心素养的生成，促进学生的全面发展。基于核心素养的小学语文教学目标的设计，要求教育者必须权衡好掌握知识与发展学生语文核心素养的关系。教师要确立“通过知识而教育”而不是“为了知识而教”的教学目标设计理念，培养学生形成超越语文学科知识的能力和素养。

（二）教学内容的设计由符号传递走向语文核心素养

1. 以“境”育人，激发学习兴趣

语文教学情境是语文教师在教学过程中营造的一种语文学习氛围，以调动学生的学习兴趣和求知欲望。语文教学情境的创设是培养学生核心素养的关键。在教学内容的设计中，教师要根据语文文本的特点，围绕具体的教学目标与学生已有的认知起点，充分利用图形、声音、动画、录像等资源，创设丰富的语文教学情境。使学生的多种感官参与到教学活动中，激发学生学习的主动性，调动学生学习的热情。只有把课本中过于抽象的语文知识情境化、生活化，才能调动学生的兴趣，知识才能渗透学生的精神世界。所以教师应该结合多种条件创设情境化的教学场景，以“情境、情感”激发“兴趣”。

2. 以人为本，使教学最优化

核心素养所要解决的是教育要“培养什么样的人”的问题，“以人为本”是培养学生语文核心素养所要遵循的最基本的原则。由于小学阶段的学生是处于发展中的、不全面的、具有巨大发展潜能的独特的人，学生在思想品质、行为方式、知识获得、能力提升等方面都不能与成人相提并论。因此，教师要遵循学生的认知规律，充分了解每个学生的认知基础、认知风格、学习习惯、脾气秉性等。以学生为主体，才能培养出全面发展、适应社会发展需要的人。

3. 以“美”为境，培养审美素养

语文课堂教学同样应该渗透美的教育。选入小学语文课本中的每一篇课文都文质兼美，不同体裁的课文反映出不同的语言美：小说，表达细致，注重人物形象之美；古诗词，押韵工整，注重语言艺术之美；散文，措辞优美，注重形散神聚之美……因此，语文教师要重视语文教育的美育功能，善于挖掘文本中的美。在教学内容的设计中，让学生充分感受到教材所呈现的美的画面，在儿童面前展示出一个美妙的世界。例如，茫茫的戈壁滩，一望无垠的大海，湛蓝的天空，充满生机的朝阳，落日的余晖，飘飘洒洒的雪花都可以引起学生的审美感知，引起学生对美好事物、美好人格的追求和向往，这样才能激发起学生的审美感知和审美情怀，培养学生的审美意识、审美创造力。

4. 以“文”化人，提升文化素养

长期以来语文学科的工具性占据了语文教学的半壁江山，语文教学应该加强人文教育。祖国的语言文字蕴含着丰厚的民族思想、文化与情感，体现着丰富的人文内涵。选入小学语文课本的每篇课文都蕴含着其独特的文化意蕴，充满着人生的感悟、人世的沧桑、人品的精华，处处洋溢着人文的色彩。语文教学应该注重语文的人文性，提高学生的人文素养。为此教师在备课的时候需要查阅大量的资料，把语文学科的工具性与人文性结合到一起。在日常的教学中渗透学生对祖国文化的认同与赞美之情，理解文化的多元性，尊重文化的差异性。提升学生的文化素养。

（三）教学策略设计由一维走向多维

1.“有限教导”的教学方式，激发学生求知欲望

传统的语文课堂中，教师的讲授过细、过全，教师把每个需要学生掌握的知识点“全面”呈现在学生面前，学生只需要接受现成结论即可，剥夺了其独立思考的机会。这样的教学在当时的收效是很大的，但是其弊病往往暴露在学生接下来的学习中。学生只是掌握了知识，但并不具备独立的思维意识，没有掌握解决问题的方法。长此以往，学生便会失去学习语文的兴趣。因此，教师在课堂教学中要进行“有限教导”的教学方式，教师要尽力控制自己的讲授和指导，给学生充足的独立思考的机会。要做到学生能独立解决的问题，教师绝不插手，如果学生自学无法完成任务时，教师可引导其进行小组合作。交流讨论后仍无法解决，教师再进行讲解。只有当学生对知识进行深刻的理解与思考后，才能将静态

的知识转变成学生自己的知识。

2. 进行“多元指导”，学生生动活泼地学习

只有当学生生动活泼地理解和创造性地运用知识才能有效地发展智力，才能培养语文核心素养。否则，学生获得的仅是从外部强加过来的知识，因此教师应该对学生的学习过程进行“多元指导”，调动学生的学习兴趣。同一篇课文，学生运用不同的学习方法，便会形成不同的语文核心素养，因此，教师应指导学生以多样化的学习方式进行学习，让学生通过分析、综合、比较形成自己的学习习惯，发展自己的思维品质，增强学生的认知体验。

（四）教学评价由结果评价走向发展评价

1. 转变评价的功能，注重情感体验

传统的语文课堂教学评价主要考查学生对知识点的掌握情况，评价的形式多为纸笔测验，考察内容多为字词、语句、篇章等语文教材上死记硬背的知识点。语文课堂评价的内容单一、枯燥，限制了学生个性的全面发展。基于核心素养下的教学评价应创新评价内容，不仅考查学生的学习结果，更重要的是要考查学生的语文思维方式、学习态度、学习方法等。注重学生的情感体验，自我反思和对自己的评价等。

2. 评价指标多样化，为全面发展而评价

促进学生健康快乐的成长与全面发展是教学评价的最终目的。传统的教学评价过于重视选拔和甄别功能，遮蔽和淡化促进学生全面发展的功能。每个学生都是具有巨大发展潜能的独立个体，为了促进学生健康全面的发展，教学评价应该改变以往的评价方式，将评价渗透教学的每个环节当中。教师可以建立评价档案袋，将学生在课堂上的学习表现、日常的学习态度、家庭作业的完成情况、课堂检查的成绩收入其中，并结合学生对自己的评价、同学的评价、家长及老师的评价，全面客观的对学生进行评价，促进学生的全面发展。

3. 评价主体多元化，重视综合评价

评价主体单一不仅难以保证评价结果的客观与公正，还会使学生唯老师是从，对老师盲目崇拜，长此以往学生很难形成独立思维的能力。针对学生语文学科核心素养的教学评价，应该改变传统评价中教师评价，学生被动接受的局面。首先，教师要引导学生学会自我评价，提高学生对自己认知能力的调控水平；其次，让同学之间相互评价，将同学互评贯穿在整个语文学习的过程中。教师应该根据课堂的教学情况及时、灵活的选择互评的方式，把评价的权利还给学生，调动学生的学习积极性，发展学生的团结协作能力。最后教师应该让家长参与教学评价，及时反馈学生学习的信息，促进家校合作，提升教育合力。

第二节　基于核心素养小学语文课堂教学设计存在的问题及原因

一、基于核心素养小学语文课堂教学设计存在的问题

对于小学语文课堂教学设计的现状，主要从以下四个维度进行了调查：教学目标的设计中核心素养的呈现状况，教学内容设计中核心素养的呈现状况，教学策略的选择是否利于学生核心素养的发展，教学评价是否利于学生核心素养的培养。通过调查发现了以下问题。

（一）小学语文教学目标设计存在的问题

调查发现，小学语文教师的教学目标设计存在以下几方面问题。第一，部分语文教师在课堂教学的目标设计中过于重视基础知识。他们语文教学的核心局限于语法的学习和字、词、句的积累，没有落实对学生言语运用能力的培养。第二，部分小学语文课堂的教学中经常是教师问、学生答。学生自己思考的时间较少。第三，部分教师对学生审美感知能力的培养不够重视。在这些教师的教学目标设计中，知识、能力和情感的目标是分开陈述的，这样会导致学生只能枯燥地掌握知识，阻碍了学生审美感知能力的形成。第四，部分教师在教学目标设计中对学生文化理解能力的培养重视程度不足。其语文课堂的教学目标多数关注的是学生的知识点掌握情况，忽视了对学生文化理解能力的培养。

（二）小学语文教学内容设计存在的问题

调查发现，小学语文教师的教学内容设计存在以下几方面问题：第一，部分教师拘泥于教材，在一定程度上限制了学生发散思维能力的提升；第二，部分教师忽视了学生的个性差异；第三，部分教师围绕语文核心素养处理文本的能力较薄弱。

（三）小学语文教学策略设计存在的问题

调查发现，小学语文教师的教学策略设计存在以下几方面问题：第一，部分教师只采用讲授式的教学方法，教学策略比较单一，忽视了对学生发散思维能力的培养；第二，部分教师的教学策略没有结合实际的生活情境，忽视了对学生知识情境运用能力的培养。

（四）小学语文教学评价设计存在的问题

调查发现，小学语文教师的教学评价设计存在以下几方面问题：第一，部分教师的评价标准比较单一，如只以书面成绩为评价标准，这样对学生创造性思维的发展会产生一定的阻碍；第二，少数教师的评价内容比较单一，在评价时关注更多的是学生的思维过程，忽视了学生的情感体验；第三，部分教师的评价主体比较单一，忽视了学生的主体地位。

二、基于核心素养小学语文课堂教学设计问题成因

（一）教师专业素养存在一定不足

小学语文教师专业素养不足主要表现为以下两方面。第一，部分教师的语文专业素养存在一定不足。例如，一些教师对于文化资源的品读与深度挖掘能力比较薄弱，需要进一步提升。第二，部分教师的教学评价知识存在一定欠缺。例如，一些教师较少参加教学评价培训，导致其自身的教学评价知识不足。

（二）教师教育观念比较落后

小学语文教师教育观念落后主要表现为以下两方面。第一，部分教师对语文核心素养的培养不够重视。一些教师更加注重和考试相关的重点课文和知识点的教学。第二，部分教师忽视了学生的主体地位。例如，一些教师经常以自己对文本的解读代替学生对文本的解读。

（三）教师教学设计能力需要进一步提升

小学语文教师的教学设计能力不足主要表现为以下两方面。第一，部分教师二次开发教材能力较弱。一些教师在教材开发的过程中经常感到力不从心，很难自己进行设计与创新。第二，部分教师教学设计的理论知识比较薄弱。例如，一些年轻教师没有系统地学习过教学设计知识，多数是以教育学、心理学等为理论基础进行教学设计；一些年龄大的教师在进行教学设计时则经常以教学经验为依据，同样缺少教学设计的相关理论基础。

第三节　基于核心素养小学语文教师课堂教学设计能力的提升策略

一、基于核心素养科学设置教学目标

（一）聚焦语言建构与运用

1. 品读文本，积累言语经验

语言建构与运用是语文核心素养中最基础的素养之一，是培养学生其他语文核心素养的前提。小学阶段的语文教学应该以积累丰富的语言经验为重点，语言经验的积累具体包括好词好句的积累和语言运用经验的积累，即积累丰富的语言材料。因此，语文课堂教学教师首先应该关注的是丰富学生的词汇量、句型和语言运用经验。教师在日常的教学中可以引导学生对关键词语、优美语句进行品读，反复朗诵，细细揣摩；或者背诵一些经典的诗文，引导学生感受这些语言所描绘的场景，进而丰富学生的言语经验。

2. 加强语言实践，培养语言运用能力

在语文课堂教学中，学生的言语实践的机会较少，言语表达的时间也较少，其训练的效果往往收效甚微。学生语言建构与运用素养的形成除了靠语言经验的积累之外，还要借助于语言实践。只有借助于具体的语文实践，才能把学到的语言知识和累积的语言材料内化、升华为自己的能力。语文课堂上为学生提供语言实践的机会越多，学生语言运用能力的提升就越快。因此，教师应保障学生独立思考的时间，为学生提供说和写的表达实践。通过多读、多写、多练等语言实践活动培养学生的语言运用能力。

（二）重视思维发展与提升

1. 有效提问，培养学生思维的深刻性

学习任何一个学科，如果只是单纯地习得知识是毫无意义的，更重要的是发展学生的思维能力。基于此，教师应该重视培养学生思维发展与素养提升。教师要善于提问，调动学生思维的主动性，但要避免细碎地问、不停地问。作者在写文章的时候都有一个清晰的思路，围绕一条主线进行创造。因此，教师要抓住文章中最具启发性、能够引起学生深入思考的“主问题”进行提问，通过“主问题”激发学生求知、探究的欲望，开发其思维潜能，进而促进学生思维发展与素养的提升。

2. 分析本质，培养学生抽象思维能力

教师要鼓励学生勇于质疑、勇于发问，透过问题的表面看本质。引导学生在层层分析的基础上，发现问题的本质，培养学生的抽象思维能力。以《一个苹果》这节课为例，执教老师让学生有感情地朗读课文，找出描写战士们非常饥渴的语句，说说自己读完的感想。

然后问学生："在如此饥渴的状态下，为什么这个苹果传递了两次，结果还剩余大半个。"此时学生的思维向更深处漫溯，学生们知道战士们十分饥渴的状态下，仍不吃苹果的原因，感受到了课文要表达的主题即深厚的战友情深，感受到了人与人之间温暖的情怀。这位教师在教学中悄无声息地渗透了对学生思维的训练，引导学生在感悟语言的基础上，抽象出文章的中心思想，学生的抽象思维能力在无形中得到发展。

（三）突出审美鉴赏与创造

1. 赏读语言，培养学生的审美鉴赏能力

小学语文教学要重视语文的审美教育功能，审美教育不仅能够促进学生知情意行的全面发展，还能帮助学生形成正确的思想态度、行为方式。因此，教师要善于引导学生感受美、品味美、追求美和创造美。选入小学语文课本中的每篇文本都语句优美、情感丰富。因此，教师应以品味语言为桥梁来培养学生的审美意识，学生通过反复的品读，体会文章表达的美丽场景，作品的情感魅力；感受作者的思想感情，进而培养学生的审美意识，提升自身的审美鉴赏能力。例如部编版小学语文教材四年级上册中的《观潮》是一篇文质兼美的散文，主要描写了被人们称为"天下奇观"的浙江钱塘江大潮的雄伟壮观的景象。作者用了比喻、夸张的修辞手法以简洁、优美的语言，描绘出了钱塘江大潮来时和退潮后的宏伟景象。教师在进行文本解读时一定要把这部分的语言作为教学的重点，引导学生感受绮丽的自然风光和奇妙的自然景象，进而培养学生的审美体验与鉴赏素养。

2. 模仿借鉴，培养学生创造美的能力

学生创造美的能力是在无数次审美感知的基础上形成的，小学语文课本中具有丰厚的美育资源。其中有心旷神怡的自然美，有独出心裁的艺术美，教师可以在学生经历丰富的审美感知的基础上，引导学生进行模仿创造，培养学生的审美创造能力。例如教师可以让学生模仿课文中的一段优美的语言，自己进行创造写作，教师还可以出示以前学习过的优美段落，给学生提供借鉴。结果不少学生创作出的作品，令当时听课的教师露出了欣慰的笑容。

（四）关注文化传承与理解

1. 品读语言，传承优秀文化

我国的语言、文字不仅是文化的载体，还是文化的重要组成部分，小学教材的每篇课文都是经过时间的考验，不管是在言语表达，还是语义上，都厚积着一个古老民族的情感和精神，潜存着汉民族生命的根基和热情。因此，教师应挖掘语言文字背后的深层含义，让学生接触文笔优美、情感真挚的语言。引导学生在反复品读语言文字的过程中，体会华夏优秀传统文化的博大精深，进而继承优秀的传统文化。

2. 品味经典，理解文化情怀

从内容上看，语文课本中的不同课文承载着不同的中华优秀传统文化。因此，教师要深入挖掘文本，引导学生反复研读经典课文，理解中华文化，在潜移默化中提升学生的文化素养。

二、基于核心素养更新教育理念

（一）转变知识本位，培养语文核心素养

发展学生的语文核心素养，教师需要转变教育理念。语文教学不能仅局限于知识的传授，以知识传授为主要目的的课堂教学扼杀了学生的主动性与积极性，忽视了学生的全面发展。转变知识本位，培养学生的语文核心素养，要求教师注重对学生语文学习的兴趣、良好习惯的培养，培养学生能够应对未来复杂情境的必备品格和关键能力。要注重学生的创新精神与思维能力的培养，在教学中挖掘学生的才能和兴趣。理念是行为的先导，教师是教学的实施者，对发展学生的核心素养具有不可替代的地位。因此，教师只有打破以往唯“知识本位”，实现“语文素养导向”的教育思想，才能培养出一个能够独立思考、能够进行终身学习的人。

（二）以学生为中心，激发已有的认知经验

学生已有知识经验是教学活动的起点，在课堂教学活动中，应以学生为中心，唤醒学生有价值的个人经验，激发学生学习知识的兴趣、主动探索知识的欲望，引导学生逐步构建出自己的认知体系。教师要树立“以人为本”的教育理念，确定学生的主体地位，学生在进行学习时，其认知基础并不是空白的。因此，教师要研究学生的认知起点、学习风格，关注学生的思考过程。在学生原来的认知基础上，培养学生的能力。鼓励学生说出自己的见解与感悟，接受学生多样化的答案，肯定学生的独特想法与感悟。只有树立“以学生为中心”的教育理念，激发学生已有的认知经验，引导学生逐步养成独立思考、理性批判的习惯，发展学生的语文核心素养才能得到落实。

三、基于核心素养精心设计教学内容

为了解决部分教师重知识、轻素养的现状，下面主要从教材、学情、文本三个方面来探讨如何精心设计教学内容，实现教学内容的丰富化和灵活化，培育学生的语文核心素养。

（一）视文体类型和学段目标，选取教学内容

1. 把握文体类型，因“课”而异

对小学语文课本熟悉掌握的老师都应该知道，选入小学语文教材的文本可以分为以下几类：议论文、说明文、记叙文、散文、诗歌、剧本、寓言故事等。文体特征不一样培养学生核心素养的侧重点也不一样，如《白鹭》一文，是一篇文质优美的散文，文章语句优美、文笔生动，因此教师应引导学生对文章中含义深刻的句子进行感悟，并总结体会关键语句的方法。通过品味词句、反复诵读，引导学生不断的积累语言，增强语感。培养学生的语言建构与运用素养。再如《望洞庭》这首诗，诗人为我们描写了诗情画意的洞庭湖秋月图。因此在教学本文时，教师既要引导学生积累词句，也要让学生受到美的陶冶。作为

语文教师要深入、全面地了解不同文本的特点。根据不同的文本，选择不同的教学内容，实现课堂教学效益的最大化。

2. 依据学段目标，有所侧重

语文课程标准对不同学龄段学生应该掌握哪些知识做出了明确的规定，因此教师应该了解各个学段的教学要求。如第二学段的诗歌教学中，教师应该引导学生展开想象，领悟诗文大意而不能仅仅停留在感受诗歌的优美语言，获得初步的情感体验上。笔者在教育实习期间发现，不少教师的语文教学低于学生所在学段的教学要求。如果教师无法准确掌握各个学段的教学要求，则会阻碍学生的成长，不利于培养学生的语文核心素养。

（二）视学情需要，调控教学内容

1. 尊重学生的认知规律

学生发展核心素养体系构建必须尊重学生身心发展规律，按照学生发展的敏感期，合理设置发展目标，不能跨域，更不能颠倒。教师应该根据学生的年龄特征设置教学内容，遵循学生的认知发展规律。如小学低年级的学生思维发展状态属于直观形象思维，从教材的处理中我们可以看到，低年级的教材中的插图要明显多于高年级，低年级的儿童处于感情十分活跃的时期。因此，对于这一时期的儿童而言，在选取教学内容时应该考虑到其思维特点，多让儿童亲耳听一听，亲手摸一摸，亲自试一试，这时期的儿童对于形状、色彩、声音的敏感，要高于高年级的儿童，教师应该抓住儿童思维发展的关键期，为儿童创设优化的情境，提升儿童的思维品质。只有遵循学生的身心发展规律，才能培养出健全的人，切不可把儿童成人化。

2. 开发学生的思维潜能

教师要了解学生现有的认知水平，但不能仅局限于此，还要了解学生可能的发展水平，即通过学习后所获得的潜力，这两者之间的差异就是最近发展区。语文教学要着眼于学生的最近发展区，学生是处在发展中、具有发展潜能的人。因此，语文教师要为学生提供具有难度的教学内容，调动学生思维的主动性，最大限度地开发学生的思维潜能。教师还要了解每个同学的思维水平，为不同层次的学生布置不同任务。这样既能使基础好的学生“吃得饱”，又不至于让基础差的学生失去信心。把握学生的思维契机，使所有的学生都能全面发展。

（三）灵活使用教材，训练学生思维

1. 把握教材

对于教师来说，教材是教师进行教学的主要依据。对于学生来说，教材是学生认识世界、了解人生的主要载体，对学生的行为、观念、态度具有重要的影响作用。树立正确的教材使用观是极其重要的，因此，语文教师应从整体把握文本的结构和教育功能，使语文教学回归语文教学内容的本质。不可仅追求新奇而失去了文本的原生价值，也不可以过度解读文本。

2. 拓展教材

在对文本进行解读时，不能天马行空、随心所欲地加以发挥，要遵循教材的原生价值。但也不能把文本解读得过于死板，局限于文本原有的内容，裹足不前。因此，教师在对文本进行解读时，要拓展文本的内容，突破文本的原生价值。当然，这种拓展并不是毫无依据的突发奇想，而是在尊重文本原有意义的基础上来解读文本。教师可以在遵循文本原生价值的基础上，联系学生的社会生活、实际经验来对文本内容进行取舍，激发学生的学习兴趣。

四、基于核心素养合理使用教学策略

（一）开展探究、协作的实践活动，培养独立思维能力

学生合作探究不仅是获得知识、运用知识、创造知识的过程，也是学生发展独立思维能力，成为独立探究者的过程。语文教学中，教师要组织学生合作探究，引导学生与同学、与老师进行交流合作。改变以往小学语文课堂教学教师一言堂，教育活动单向式、被动式进行的现状。组织学生开展探究、协作的实践活动并不是让教师完全放手，让学生独自探究。教师应该充分发挥其主导作用，密切监视着每一个学生的思维活动，察觉学生的思维过程，以便于在学生思考遇到困难时及时给予帮助与指导。教师应该关注学生问题的生成、实践、操作、思维转化、问题解决的全过程。此外，学生的探究必须建立在独立思考的基础上，没有独立思考的探究是流于形式的探究，是毫无意义的并且是有害的。

（二）开展“自主学习”的课堂教学，培养问题意识

教师只有为学生提供大量自主学习的时间和机会，才能激发学生积极主动学习的愿望，培养学生的问题意识。因此，教师精心设计一些便于学生自主学习的教学环节，保障每个学生都能够参与到课堂教学中，这样才能调动每个同学的积极性。提升自主学习的质量，教师需要在教学的各个环节中落实学生“学会学习”意识的培养，让学生由“我要学”转变到“我会学”。为学生提供独立思考的空间，尊重学生的不同想法；创设民主平等的教学氛围，尊重学生的个性差异与行为选择，将不同的甚至是相互冲突的观点与答案放在一起，让学生全员参与，自己选择最合意的答案，这样才能够让学生在思考的国度里尽情的驰骋，激发学生对问题的深刻思考。

五、基于核心素养提高教师专业素养

（一）加强在职语文教师专业素养的培养

对于小学语文教师而言，不应固步自封于自己所学的专业，要加强素养理念的学习，不断充实自己的业务能力、提高自身的知识储备。语文教师除了参加各种教学研讨，教师培训、集体备课外，还要树立终身学习的教学理念，充分利用网络资源进行学习。教师知识素养的高低直接决定了教学的质量，影响着学生语文核心素养的发展。在核心素养的时

代下，教师应树立终身学习的理念，提高自身的知识素养。除了提高自身的专业知识，教师还应加强对语文教学设计的相关理论知识的学习，丰富自身的理论知识，使教学设计更加系统化、科学化。

（二）提高语文教师的课程资源整合能力

尽管教师意识到培养学生核心素养的重要性，但在教育教学中，难免会出现“新瓶装旧酒”、理论与实践“两张皮”的现象，要避免这种现象，教师就要把核心素养的理念付诸教学实践当中。为了使语文课程真正地为培养学生核心素养服务，教师要整合和开发语文课程资源。语文课程标准中指出：“语文课程资源包括课堂教学资源和课外学习资源。”因此，教师要寻找一切有利于学生核心素养培养的语文课程资源。首先，教师要整合语文教材资源，让学生通过教材获得情感上的陶冶思想上的启迪。其次，教师应该组织学生进行多样化的学习方式，组织学生开展丰富的语文实践活动。如在课后收集资料，课上讨论，组织学生参与演讲比赛、讨论会、辩论赛、朗诵比赛、编课本剧等语文实践活动。引导学生在社会的大课堂中收集信息，学习语文；教师也可以利用学生生活的班级和校园文化，让学生在浓郁的班级氛围和多姿多彩的校园文化中感受语文，学习语文。同时，教师要根据本地的政治、习俗、文化、经济等情况进行语文课程资源的开发和利用，展示出每个学校的优势。总之，教师要尽可能地去开发和利用一切有助于实现语文课程目标的资源，增强课程资源开发整合的意识，培育学生的语文核心素养。

（三）加强语文教师教学技能技巧的训练

语文教师除了要具备扎实的专业知识，还要具备过硬的教学技能。培养学生语文核心素养，对教师的语文素养提出了更高的要求，尤其是小学语文教师，肩负着培养学生语文核心素养的伟大使命，影响着学生后续学习语文的热情。因此，语文教师应该严格地要求自己，加强教学技能技巧的训练。实践证明，教师的成长等于“经验+反思”。因此，教师应善于反思自己教学中的不足，从中汲取经验和教训，经常写反思笔记，在反思中成长，不断提升。教师也可以借助外出培训、观摩优秀公开课、会议交流等机会，向他人吸取宝贵的教学经验，树立终身学习的学习态度，只有这样，才能提升自身的教学技能，提升自身的语文素养。

六、基于核心素养全面使用教学评价

（一）体现人文关怀，遵循人格的“差异性”和“完整性”

培养学生语文核心素养，其目标是指向未来符合社会发展的健全人。因此，教师的评价应该更多突出人文关怀。教学评价是“人与人”而非“人与物”的人际对话、心灵交融的过程。核心素养时代下教师应该树立“以人为本”的教学理念，教师评价时不仅要关注学生对于知识的掌握情况，更应该关注学生作为“人”的发展的状况，关注每个学生的情感体验与独特感受。教师要善于发现每个同学的闪光点，鼓励学生大胆地表达出自己的想法和建议；尊重生命个体的完整性，要以发展的、长远的眼光去评价学生。

（二）方式灵活多样，鼓励学生的“发展”和“创新”

评价方法多元化，不仅可以由老师来当评价主体对学生的作业进行评价，还可以把评价的权利交给学生自己、同学和家长，从师评走向自评、他评。让学生有为自己作业辩驳的机会以及知错就改的可能性，打破以往语文课堂单一的评价方式。教师的评价语言也应该充满赏识性、鼓励性。在小学语文教学中，面对同样的一篇课文，由于每个学生先天的气质禀赋及后天的家庭环境、生活经历不同，产生的审美感悟也会不一样。因此，对同一事物的看法也是存在着差异的。教师要悦纳孩子们异想天开、新奇独特、稚嫩可爱的想法。要多一把尺子衡量学生，不能用统一的答案评价学生所有新奇的回答。要允许学生的答案千差万别、千变万化。

（三）把握关键时机，抓住学生的“闪光点”和“发光处”

课堂评价应把握住关键的时机，对学生新奇独特的想法给予积极肯定的评价。当学生的回答超出教师的预设时，教师应具有应变的能力，及时给予学生肯定的或否定的评价。我们经常会看到这样的课堂教学，由于学生回答的问题没有在老师的预设范围内，老师无法给予及时的评价，而导致许多同学无所适从。因此，核心素养下的课堂评价要求教师有较高的评价素养。俗话说，对的事情要在对的时间来做，才能收到更好的效果。因此，教师应善于捕捉学生的闪光点，及时给予适当的评价。

第三章　深度学习视域下小学语文识字教学

第一节　小学语文识字教学的理论基础

一、深度学习与识字教学深度学习

（一）深度学习

首先提出“深度学习”概念的是计算机领域中关于机器学习开展的研究，其基本原理是通过人脑神经网络结构和信息加工理论，对人的意识、思维和信息流程的模拟，是关于人工智能的科学，深度学习则是用来表征机器学习的一种方式。深度学习在教育科学领域的研究是从学习科学化的视角展开的。在现代汉语的语境中，“深度”是针对“浅度”而言，换言之，作为知识加工方法（或者说“学习方法”），“深度学习”是相较于“浅层学习”而言的。深度学习包括了积极的或者高层次的认知加工，而相应的浅层学习则采取了低水平的认知加工，如简单机械的记忆。

（二）字理识字与识字教学深度学习

识字教学的深度学习，是以字理识字为依托展开的一种学习路径。所谓字理识字是指在字源或参照字源的基础上，分析构成汉字部件组合的造字意图，又叫“结构理据”。汉字的结构理据，以“六书”为本，这是汉字与生俱来的本质的属性。汉字的基本元素是象形字。人们将这些象形字作为部件，组成新字，或是会意，或是形声，一部分表义、一部分表音，或是既会意又分别表义、表音。总之，每一个汉字都有“说头”，每一个汉字都有“纹理”，其构成皆有逻辑可循。因此，字理识字，就是把有章可循、有据可查、有理可依的造字规律，作为识字的根本方法和基本学理（即“造字方法”）。科学析解、有效识记，享受源远流长的汉字文化带给中华民族的深厚滋养。

所谓识字教学的“深度学习”，其实就是主张系统、整体、深入的识字教学观，即摒弃识字教学常见的碎片化、机械化和浅表化的弊端，在符合学生身心发展规律、贴近学生已知和可能发展的认知程度、遵循从具体形象思维到抽象逻辑思维发展规律，以及儿童汉字认知规律的基础上，引导学生深入感知与掌握汉字的构造规律，通过字理教学了解其形、音、义及其三者之间的有机联系，尤其是汉字构造本身与字义背后的文化内涵，使其不仅“知其然”，还能“知其所以然”和举一反三，实现知识的迁移，最终达到规律识字、自主识字、热爱汉字以及逐步提升识字能力与思维活动水平的目标。这也是识字教学深度学习价值取向的具体体现。

二、汉字的属性及其教育意蕴

关于汉字的性质，不同学者有不同的看法，20 世纪 80 年代，学者们曾就此展开过激烈的争论，涌现出汉字是象形文字说、表意文字说、语素文字说等多种说法。对汉字性质的众说纷纭正侧面印证着汉字特征与功能的复杂性。通过对这些观点的学习与分析，立足教学层面，将汉字的属性归纳为工具性与文化性，并对两种属性下汉字的教育意蕴做出分析。

（一）汉字的工具性及其教育意蕴

索绪尔在《普通语言学教程》（*Course In General Linguistics*）中提出，语言和文字是两种不同的符号系统，后者唯一的存在理由是在于表现前者，这突出强调的是文字的工具性，即文字的基本功能在于表现语言。一方面，出于历史与现实的需要，人们有目的、有意识地创造并改造文字这一符号系统，文字将语言以书面形式呈现，以便人们生活交往与社会运作，各个国家和民族的文字都具有这一基本功能，汉字也不例外。每一个汉字都有对应的形、音、义，汉字通过形音义的结合来表现汉语，汉字是表现汉语的工具。另一方面，人将对客观世界的认识建构到自己的认知结构中需要凭借一定的载体，而文字是人认识客观世界与建构知识体系的一种重要符号工具。借助主体→符号→客体→符号→主体关系，人类将认知客体存储到认知结构中。汉字表现汉语作为认知媒介的功能是汉字工具性的体现。由于汉字是记录与表现汉语的工具，所以汉字学习是系统学习汉语，使汉语学习中的听、说、读、写能力相互融合与促进的前提条件，是进行阅读学习、人际交往、情感表达的重要工具。同时，因汉字具有独特的形、音、义相结合的属性，使每一个小小的方块字含义精妙，方寸之间饱含大量文化因子，每个汉字都可以构造出无数词语。在汉语教学中通过对汉字字义的解释与说明，有助于汉语学习者更轻松、高效地学习、理解与使用汉语。另外，作为认知媒介的功能使得汉字学习具有帮助汉语学习者认识自我、认识客观世界、建构自身知识结构的重要作用。

（二）汉字的文化性及其教育意蕴

汉字独特的造字方式使其具有超越工具性的属性，汉字的作用不仅是记录与表现语言。汉字集形、音、义于一身，它的结构是对社会生活的一种叙事方式。古人造字“近取诸身，远取诸物”，以独特的造字方式形成的汉字各有特点，其中象形字“画成其物，随体诘诎”、形声字“以事为名，取譬相成”、指示字“视而可识，察而见意”。这样的造字方法使得汉字具有一定的超时空属性，从每个汉字的字形结构与其字义关联中，我们都可以解读出古代社会的一部分风貌，这不仅包括古代社会的政治、经济与生活习俗等，更蕴含着先辈们的哲思、美德与美学观念，其中的奥义值得每一个国人探寻与挖掘。汉字的创造源于上古的社会生活，汉字的本质是对汉文化的叙述与描绘，这正体现着汉字的文化性。汉字的文化性使得汉字学习与汉文化传播之间存在着相辅相成、密不可分的关系，汉字学习不应仅停留在汉字符号上，悠久的汉字文明还是了解中华文化精髓的良好切口。从教学层面来看，教师可以通过对汉字形、音、义之间关系的挖掘及对汉字背后文化密码的探析，引导汉语学习者感悟汉字的造字智慧、感受中华文化的光辉与魅力，促进对汉民族文化的理解与认同；通过对汉字中蕴含的中华传统美德的解读，可以促进汉语学习者正确价值观的建立与品德的提升，达到“以文化人”的目的；通过对汉字中美学因素的分析使汉语学习者感受汉字与文化之美的熏陶，促进身心的完善发展。

汉字具有工具性与文化性，在汉字的教学过程中，教师要注意处理好汉字工具性与文化性的关系，以工具性为文化性奠定基础，以文化性加深学生对汉字的理解，从而更好实现其工具性价值，这也是语文课程工具性与人文性的统一在汉字学习中的体现。

三、深度教学视域下小学语文识字教学的育人价值

汉字作为记录汉语的符号，经过数千年的演变与发展，其中积淀着中华民族丰厚的智慧与文化。小学语文深度识字教学应“以人为本”，以“识字明理、开智育人”“识汉字，悟做人”为目的，发挥其启智、养德、育美的多重育人价值。

（一）智育价值

儿童在进入学校进行系统学习之前，对客观世界的认识是停留于表面、不触及本质的，所以学校教育区别于家庭教育的任务在于帮助学生获得关于事物内在本质和事物内部倾向及它们之间相互关系的认识。进行系统而深入的识字学习，是儿童认知由非本质观察进入本质观察的助推器。小学语文深度识字教学关注对学生思维与智慧的启迪。

一方面，促进学生对个体、世界与文化的认知。首先，识字学习是学生进一步学习语文及其他各科知识的基础，知识的丰富有利于学生建立对世界的正确认知。其次，汉字的字形中包含着古人对人自身形体器官与动作行为、对人所处外部世界中自然之物与人造之物、对人与自然及社会关系的认知，汉字本身就是帮助学生深入认识事物本质及关系的重要资源。每一个小小的方块字中都包含着造字者对这一事物表象或内在逻辑的认知方式，通过分析字形或者构字部件，学生可以推解出其字义来源。例如，“旦”的古文以太阳从地平线升起会意，表示“天亮、早晨”之意；“杳”的古文以太阳落至树下会意，表示“昏暗”之意。深度识字教学通过挖掘此类教学资源的价值，促进学生认知及智慧的发展。最后，汉字中蕴含着厚重的中华文化，深度识字教学注重通过对汉字文化的解读，帮助学生了解真实的历史与社会风貌，引导学生建立对民族文化的正确认识与理解。深度识字教学更加关注的是后两个层次，即识字学习对个体认知的启迪作用和对传承文化的隐性作用。

另一方面，促进学生思维能力发展。汉字独特的构字规律将汉字的形、音、义紧密结合在一起，也创造出汉民族特有的思维方式。在深度识字教学中，教师通过选取适宜学生理解的汉字，对汉字形、音、义间的关系进行深入分析，引导学生巧用造字规律识字，带领学生感受汉字所体现的汉民族的思维方式与特征，有利于培养学生的观察能力、联想能力、逻辑思维能力及创造力，促进学生智慧的发展与思维品质的提升。

（二）德育价值

中国传统文化历来重视“知行合一”，其实这里的“知”在很大程度上就指向一种道

德之知，一种自我之知。苏格拉底提出“美德即知识”，认为教育的目的在于发现、发展人的美德和善性。知识的学习与美德的培育历来都是相辅相成的关系。作为汉民族文化基因的汉字中同样蕴含着道德教育的潜在资源与价值。

一方面，通过识字教学培养学生的道德品质。与其他文字相比，汉字的突出特征在于其洋溢着浓郁的人文精神。通过深度识字教学，汉字中蕴含的道德观念与人文内涵可以实现以认知促进道德进步的教育目的。许多汉字的构形中透露出先人为人处世的道德观念，比如“仁”的字形体现着“两个人亲近友爱”，又如“共”以两只手一起举着供奉之物表示“共享”之意。在深度识字教学中，教师要注意挖掘汉字背后的德育资源，通过解读字形字义后寻找其蕴含的道德观念，引导学生体悟做人的道理，学会尊重他人、敬畏自然、热爱生命。

另一方面，通过识字教学培养学生的文化自信。在信息技术日益发达的今天，学生所接触到的文化愈发多元，语文教育在促进学生对多元文化理解与认同的同时，更应注意促进学生对民族文化的认识与热爱。深度识字教学通过对汉字中蕴含的思维方式、思想观念、文化内涵的探析，让学生穿越历史的隧道，看到远古时的中国。学生在汉字的奇妙世界中体会到汉字的魅力，有利于激发学生自主识字的愿望，唤起学生对祖国语言文字的热爱，树立文化自信与民族自豪感。

（三）美育价值

鲁迅在《汉文学史纲要》中提出汉字具有三美：“意美以感心，一也；音美以感耳，二也；形美以感目，三也。”意美即汉字的文化内涵美，体现的是汉字的智育价值与德育价值，音美则在朗读教学中得以体现。小学语文深度识字教学的美育价值主要体现在引导学生深入感受汉字的形美，包括汉字的字体美与字式美。字体是文字的笔画姿态，字式是文字的结构方式。

第一，了解并欣赏汉字的字体美。汉字根据字体来划分，可分为刀笔类文字和毛笔类文字。刀笔类文字包括以篆刻形式记录与流传下来的甲骨文、金文、小篆，毛笔类文字则包括隶书、行书、草书、楷书。篆刻与书法都是以汉字为载体的独特艺术形式，各类书法字体各具特色与韵味。在进行深度识字教学时，一方面，教师可以引导学生观察刀笔类文字的字体演变，感受笔画的逐步丰富与变化，触摸牛甲龟板、勒石铸鼎上古文字的心跳；另一方面，毛笔文字的一笔一画中皆有起伏、粗细变化，有笔锋的连转折曲，书法作品的用笔用墨、点画结构、行次章法都彰显着书写者的气质、品行与情操。对于小学阶段的学生来说，教师可以重点引导学生欣赏历代名家所创造的书法作品，感受其形态美、结构美与意蕴美。

第二，感受与体会汉字的字式美。汉字的字式即汉字的结构方式，当下我们学习的汉字可以称之为方块字，汉字字形的方方正正、结构对称，蕴含着汉民族传统文化对周正之美、平衡之美、和谐之美的追求。这种方方正正的结构在满足汉字作为交际工具的规范化与简易化需要的同时，也在横竖撇捺、点线笔画的组合中体现着对“参差而均衡”“变化而统一”“对比而调和”等美学原则的追求，传递着其特有的匀称、端庄与优美，使得汉字别具风骨。其中体现着汉民族对结构平衡之美的追求，不同的偏旁部件在一个个方块字中融合得巧妙自然、妙趣横生，和谐而互补。教师通过引导学生感受与体会方块字中所蕴含的中华民族独特的审美气韵，便能在深度识字教学中渗透美育，促进学生的审美体验。

四、深度教学视域下小学语文识字教学的特征

小学语文识字教学多维育人价值的实现，有赖于识字教学由偏重汉字的工具性转向工具性与文化性并重，探寻汉字背后的文化意涵，促进识字教学走向深入。立足深度教学理论，下面从教学目标、知识呈现、学习体验与学习评价几个方面归纳出小学语文深度识字教学的特征。

（一）教学目标多维全面

教学目标是在教学活动开始前，教师对理想教学效果的预期，它外显于教师的教案，内化于整个教学过程，教学目标的确定影响着教的方法与学的方法。以二年级为例，二年级的课文仍有识字课文与阅读课文之分，但通过阅读教师们书写的教案，发现对于两类课文中的识字教学目标，教师们并没有进行明确区分，大都依据教学参考书将识字教学目标表述为会读、会认某几个字，认识新偏旁等。此类目标设置显然只局限于汉字的工具性且表述较为模糊，缺乏可操作性。深度教学是一种发展取向的目标定位，更多地关注学生的发展与幸福。小学深度识字教学的目标设置应克服识字只为阅读、习作与考试服务的功利主义倾向，聚焦于汉字的文化属性与多维育人价值，将符号知识的获得与学生思维、情感、人格的培育关联起来，为学生个体的精神成长与发展服务。结合小学生的认知与情感发展特征，小学深度识字教学的目标包括但不限于初步了解汉字的构字规律，通过字理分析初步感知古人认识世界的方式，初步感悟汉字的表意性，感受汉字有趣的演变过程，体会汉字的意蕴与美感，通过识字学习促进良好品德养成等。并根据具体汉字的不同对教学目标加以具体化表述，通过对有代表性、有挖掘价值的汉字进行分析与讲解，激发学生探索汉字奥秘的兴趣和对语文学习的热爱，促进学生知识、思维、品德、审美的全方位发展。

（二）知识呈现完整清晰

目前的识字教学大多呈现以下现状：首先，识字教学与写字教学完全分离，先教学要求会认的字，后教学要求会写的字；其次，会认字的教学通常采用多媒体呈现不带拼音的词语，学生拼读后展示拼音并纠错、进行组词造句，然后再次齐读的方法。这种识字教学仅关注到汉字中的符号知识。访谈中也发现大部分教师的识字教学内容主要包括偏旁部首、间架结构的指认，带领学生正确认读，正确区分形近字、多音字等，总的来说看出内容主要是汉字表层符号知识的呈现。

课程内容的选择及其传递应当对学生有意义，只有对学生有意义的课程内容才能促进

他们的学习。小学深度识字教学强调透过汉字的符号表征，即孤立的形、音、义，深入汉字的逻辑形式与意义领域，实现识字教学的多维育人价值。汉字的音、形属于较为基础的符号知识，随着学生识字能力的增长，这部分内容学生基本可以通过自学完成，教师可以用较短的时间在课堂上进行巩固、检查，深度识字教学的主要精力应放在帮助学生理解这个汉字为什么有这个“形”，“形”与“音”“义”之间的关系、汉字意涵探析等方面。比如诸多教师苦恼的形近字、多音字易混淆的问题，虽然教师在课堂上将其作为教学重点加以强调，但依托于浅表性观察进行字形对比让学生产生的短时记忆对区分形近字、多音字并无实际效用。深度识字教学在这一问题上将采取借助字源、字理分析其潜在逻辑系统的方式，将汉字产生与演变的过程展开呈现给学生，让学生真正理解、学会运用。这不仅可以帮助小学生提高识字效率，也有助于他们初步了解汉字的构字规律，了解汉民族的历史、文化与经验，促进思维能力、想象力的发展，增进对民族文化的认同。

（三）学习体验异彩纷呈

对识字课堂学生状态与表现进行观察，发现识字教学的模式化导致学生学习体验单一、枯燥。在识字学习中，学生只需根据自己的预习成果在大脑中提取汉字读音，在朗读时进行复现，并根据三步法，对每个汉字加以套用，从而指出汉字的结构、比例和关键笔画。在这样一成不变的学习方式中，学生的识字学习具有明显的功利化倾向，学生对语文学习的兴趣也逐步被消耗殆尽。访谈中发现，特别是随着年级的升高，教师缺乏对识字教学的重视与指导是导致学生识字学习体验不佳、学习兴趣减弱、自主学习时间有限的重要原因。各种知识和技能只有调动了学生积极的情感体验、触发了学生的深层思维，经过学生的内化与建构，才有可能与其已有的知识、经验融会贯通，真正积淀为个体精神世界生长的养料，促进生活智慧的增长，促进个体的全面发展。小学深度识字教学目标多维全面、知识呈现完整清晰，因而可以为学生带来异彩纷呈的学习体验。在学习汉字的音与形时，教师可以沿用传统的问答法、游戏法。在学习汉字形音义的关系时，教师可以活用多媒体进行汉字字源或字理的呈现与讲解，在科学渗透识字方法的基础上引导学生进行联想与想象，在这个过程中所涉及的汉字的构字规律、汉字背后所蕴含的璀璨的中华文化将让学生触摸到先人的思想，点燃学生探究汉字奥秘的热情。随着学习的深入和年级的升高，放手让学生自主探究、合作学习，学生以已经了解的汉字构字规律为依据，联系已有生活经验，充分发挥想象力，在思维碰撞中真实经历汉字的发现之旅，在交流分享中切身体验汉字的文化魅力，收获识字学习的喜悦。

（四）学习评价个性多元

由于当下识字教学局限于汉字音与形的教学，所以识字学习的评价以“读准音、认清形”为标准，评价方式包括课堂朗读、注音练习、组词练习、通过试卷进行测评等，试卷中的测评试题以根据拼音写汉字、选择正确读音等考察机械记忆的题目为主。在应试教育观念的影响下，此类评价关注的是学生汉字符号知识学习的结果，表现出明显的功利化倾向。任何知识都具有两种并行的价值向度：功利价值和精神价值，教师在对学生进行识字学习评价时，应克服只关注其功利价值的局限，更多将目光投向学习识字知识对学生个体发展价值的实现程度。小学深度识字教学评价关注学生个体在识字学习中的体验与建构，将学生在识字过程中的行为变化、思维方式与情感体验纳入评价标准，是一种过程性评价。如将学生识字过程中的情绪表现、态度变化、思维调动程度、方法运用水平、自主识字情况等均纳入深度识字教学评价指标。也就是说，符号知识的获得是评价学生识字学习的基础标准，深度识字教学的评价更加关注学生在识字学习过程中是否调动了高阶思维，是否获得了积极的情感体验与精神成长。

第二节　小学语文识字教学存在的问题及其思考

汉字系统是一个极其丰富的汉文化基因图谱，是中华民族的文化载体、精神衣钵。引导学生遵循汉字构形规律，深度掌握识字能力的过程，也是他们了解学习、体悟中华璀璨文明的过程。诚然，从汉字的演变发展来看，并非先有“六书”之类的造字规则，后有汉字，而是人们在长期的劳动实践中先创造了汉字，而后才在造字、识字实践中进一步总结、探求规律，使之上升为理论，理论形成又反过来指导造字实践。但是，在小学识字教学的实践中，仍然存在许多违背汉字造字规律、违背字理的做法。

一、小学识字教学存在的问题

（一）部分教师的教学方式比较单一

部分小学语文教师在识字教学过程中，采用的方法比较单一，缺乏创新，不能有效激发学生识字学习的兴趣，降低了学生识字学习的积极性。对于一些低年级小学生来说，一些语文教师在引导他们进行识字学习时，会局限于先教拼音再教拼写的固化的语文识字教学方法。

（二）部分教师的识字教育目的不够科学

对于语文课本中的识字内容，教师必须要求学生深刻掌握并且学会合理运用这些汉字。但是，在小学语文识字教学的课堂上，部分小学语文教师会忽视课本中的识字重点，只要求学生掌握课后的一些字词，这样虽然减轻了学生一定的识字压力和识字负担，但是不利于学生系统地掌握全部汉字，不利于学生语文学科核心素养的培养。

（三）部分教师的识字教学缺乏系统性

在引导学生进行语文识字学习的过程中，小学语文教师经常采取的教学方法就是随文识字，让学生根据教材中的课文以及《课标》指出的语文教学流程学习相关的生字。而采取这种方法引导学生进行识字学习是缺乏系统性和整体性的，不利于学生进行系统的识字练习。此外，如果语文教师过分依赖课本中的内容，那么会导致学生的语文识字知识面狭窄，无法有效拓展学生的语文知识视野。

二、关于小学识字教学问题的思考

针对小学识字教学中存在的一些问题，当下首先应该思考的就是如何更加科学有效地开展识字教学，为其探寻一条问题解决之道，为此，笔者提出以下几点思考：

首先，长期以来理论界、实践界多把汉字仅仅看成汉语语境中用以交际的符号工具，学汉字不过就是为了阅读。把汉字简单地看成为记录汉语而产生、使用的符号，并没有看到它存在的价值，即它既是认知工具，又是认知本体。汉字不仅需要通过形、音、义来识记，还需要通过其构形深入其里，由表及里、由浅到深地去分析、读懂和应用。因此，在识字教学中，毫无疑问地要将它与发展儿童智力，激发其发展性、创造性思维联系起来。如果不能认识到汉字本身这种独特的教育价值，那么教师何以去落实“课程标准”所提出的引导孩子们实现“热爱祖国的语言文字”的目标呢?

其次，在识字教学过程中，有些教师没有将汉字与汉字文化很好地联系起来。汉字是中华文化的根，蕴藏着的文化内涵极其丰富，甚至包含中国人的哲学观念与思维方式。从汉字的起源来看，它其实是形象的，具象的，有温度，更有深度，这就是汉字与其他拼音文字的根本不同。如果从形式上看每个汉字都是可分解的，都可以分解成偏旁、部首，甚至到具体的笔画。然而，如果关注到它的内涵，就不难发现很多汉字并非“只可意会，不可言传”，而是“事象”的、“意象”的，是“描述”的，它并不属于事实性知识的“符号”，它本身就是“有组织的整体知识”。

再次，从实践的角度看，在字形上，如果仅仅能够将汉字拆分成部件甚至到笔画，在字音上可以机械地认读背记，即便是通过具体的语言环境来识字（即“字不离词，词不离句”）仍然是不够的。因为，那只是停留在诉诸视听觉的汉字外部形式的认知。而汉字发展演化，从古至今，从繁体到简体，其本身已然高度符号化了，即便运用许多琳琅满目的方法让教学显得多么风趣而富有吸引力，而汉字为什么会这样构形和如此表义？学生还是很难理解，即知其“然”，未必知其“所以然”，本质上还是要他们死记硬背，这对学生来说并非难事。但若追本溯源，回归到汉字构形与造字的基本规律，则学生不难接受与深度掌握。因为直观性、直觉性、形象性是儿童的思维特点，而汉字本身（尤其是象形字、指事字）就潜藏着很多具体、形象、生动的因素，何况“人类个体的精神发展即人类精神发展的一种简史”。文字既然产生于人类的幼年时，那么早期图像化的文字可以推想、揣摩其表达的意蕴，则完全可能更易于儿童感知、体验、习得并掌握。

最后，人们在研究与教学时，大多尚未摒弃所谓“识字教学无非是认识识记这个字而已”的潜意识，把它当成“小儿科”。这种潜意识有意无意之中，就可能把对汉字的教学结果最终定义为“识”几个“字”罢了，这就容易忽视了汉字本身所具有的知识属性。其实真正需要思考的问题是，要教会学生学习“汉字”的“什么”，显然不能仅仅停留在形、音、义的表面，而要深入其构造原理及其背后的文化意蕴。基于上述思考，本书即拟从有关认知与实践、方法与策略等切入，尝试探寻一条识字教学深度学习的基本路径。

第三节　深度学习视域下小学语文识字教学的优化路径

汉字是华夏文明传承的载体，汉字教学具有丰富的育人功能，但是当前的表层化教学很难实现这种多样的价值。那么，如何通过识字教学引导学生体会汉字所蕴含的智慧与文化？如何促进识字教学由表层走向深入？可以从以下几个方面进行探寻：通过分析汉字知识逻辑，锤炼思维品质；通过融合汉字知识背景，引导学生体味汉字文化；通过联结学生生活经验，促进学生自主学习；通过精简课堂教学环节，带领学生感受汉字魅力。这些对于提升识字教学质量，促进学生的汉字素养和语文学科能力的发展具有重要的现实意义。

一、分析知识逻辑，锤炼思维品质

语文学科的教育任务之一是让学生学会正确的思维方法，促进思维深刻性、灵活性、逻辑性、创造性的提升，培养学生的思维品质。教师应主动寻求教学方法的创新与转变，通过选择多样的识字方法，丰富学生识字的过程体验，带领学生感悟先人造字的智慧，体会汉字演变的奥妙以及汉字中蕴含的思维方式。汉族人的传统思维方式具有辩证性、整体性、主体性、人文性等特征，这些都能从汉字的类型、性质、构造方式、发展变化、形义关系等方面得到印证。

（一）追溯古文字形，体会汉字字形之演变

象形字是最早诞生的汉字，其形体简单、一目了然，因此是构字能力最强的汉字。汉字最早来源于图画，古人造字“近取诸身、远取诸物”，以身边事物为来源，观物取象、以象示意，创造了大量象形字。小学低年段学生抽象思维能力有限，象形字贴近生活、生动有趣，教师通过追溯古文字形，引导学生建立图文联想，有利于使学生体会汉字学习乐趣，在高效识字基础上，体会古人的造字智慧，在字形演变中感受汉文化的代代传承。

《雪地里的小画家》一课中有一个生字“竹”，“竹”字的古文字形像竹叶下垂之形，教学时教师可以出示竹叶的图片、展示甲骨文字形，让学生自然而然地把“竹”的字形与竹叶的形状联系起来，很形象地来记住“竹”字的字形。对于“竹”字的易错笔画，也就是左边和右边不同的“竖”和“竖钩”这个笔画，教师可以创设一个情境，在黑板上范写到最后一笔时，说：同学们看，竹林里，刮起了一阵风，把竹叶吹起来了一点，成了一个小钩钩，但是风很小，所以只把右边的竹叶吹起了一个小钩钩。这个情境很接近生活，既能吸引学生的注意力，学生也能自然而然地记住这个字了。

在这个例子中，该教师结合一年级学生的认知水平和理解能力，一方面，通过展示“竹”字的甲骨文字形与竹叶图片，引导学生通过观察、对比记住字形，体现了对学生观察能力、联想能力的培养，同时让学生在识字初期就对汉字演变与代代相传有初步感知。另一方面，

联系学生生活体验，创设情境强调书写易错点，既利于汉字符号表征层面的教学，又培养了学生的想象力，使识字教学富有趣味性与生活气息。

在识字教学中，对于楷体字形与古文字形差异不大的汉字，教师可以使用“图片—古文字形—楷体字”的方式帮助学生建立“生活经验—汉字知识”的关联，教师在借助教材插图与甲骨文汉字的基础上，可以利用微课视频、多媒体动画等方式展示象形字演变的过程，引导学生根据事物外形特点识记字形。部编教材强调识字方法多元化，在低年级的识字课文中选取了许多图片辅助认识象形字，教师应充分挖掘与利用教材资源。如一年级上册第四课《日月水火》一课，编入的是“日、月、水、火、山、石、田、禾”八个生动形象、简单易懂的象形字，为教师通过追溯古文字形教授象形字提供了良好的课程素材。课后的题目出示了“兔、鸟、竹、羊、木、网”六个象形字的图片与甲骨文，楷体字与甲骨文形体的对应关系比较容易发现，教师可以此为契机，培养学生的观察力、想象力与表达能力，让学生说出自己连线的理由；也可以激励学生在课下与家长一起找一找生活中的象形字，培养学生自主学习的兴趣与能力。随着学生识字量的增加，教师可以引导学生观察生活中的事物，挖掘生活中的汉字教学资源，引导学生主动发现哪些字是象形字，挖掘象形字中体现的造字者的内在逻辑，使学生获得成就感，增强汉字学习意愿。比如“盾”表示以盾蔽目（以目代身体）；“冒”的小篆字形上为帽子，下边是眼睛，以目代头部。其中体现着古人对整体与部分关系的辩证认识，教师可以引导高年级学生联系生活体验，自主探究其中奥秘。

此外，充分利用教师资源，开设相关校本课程也不失为一种帮助学生了解字形演变的好方法。在访谈中，一位教师提及学校很重视识字与传统文化的关联，因此开设了一门由该教师和另一位教师合作执教的《甲骨文》校本课程，以帮助学生进一步感受汉字字形的演变与传承。该教师表示对于一年级的学生，主要是选择一些比较形象的甲骨文，讲一讲汉字字形的演变，一年级阶段主要还是让学生知道，我们的文字是一代一代传下来的，有一种传承性。到了高年级，可能会更多一些甲骨文背后传统文化的渗透。

（二）解析字形字义，感悟汉字会意之奥秘

会意字是由两个及以上具有独立含义的部件构成的一个新汉字。教师通过解析汉字各部分形体与字义之间的关联，挖掘汉字的文化内涵，引导学生感悟汉字的智慧与奥秘，激发学生汉字学习的兴趣。学者申小龙根据字素与字义的关系，将会意字分为图形式会意字、关系位会意字、混沌式会意字、主体加器官组成的会意字、重复式会意字、比仪式会意字六类。这对教师明确会意字的教学思路具有启发性意义：对于图形式会意字，教师可以着重分析各部件形状与实物的相似性；对于关系位会意字，教师可以着重讲解各字素间的位置关系与字义的关联；对于较为复杂的混沌式会意字，教师则需要针对具体汉字具体分析字素间的逻辑关系；对于主体加器官组成的会意字，教师可以对实施某一行为最灵敏的器官加以分析，如“鸣从口从鸡，臭从犬从自”，这类字所表示的行为，是人与动物都具有的，但要用象形字或图形式会意字都不易表达，所以将实施这一行为的器官与实施该行为最灵敏的器官组合进行表示；对于重复式会意字，教师可以通过解释重复字素与字义间的关系帮助学生理解字义；对于比仪式会意字，教师可以分析各字素意义间的关系，如“人上为元”“小羊为高”。

【案例】

教师：接下来，老师想请同学们观察一下，这个字，你认识吗？（课件出示“季”字）

学生：季。

教师：想一想，它和我们以前学过的哪个字有点像？你来说。

学生：“李”。

教师：“李子”的“李”和这个“季”字呀，长得可真像。想一想，“季”和“李”哪里不同？请你来说。

学生：少了一撇。

教师：谁少了一撇？

学生：“李”少了一撇，“季”比“李”多一撇。

教师：那有没有人知道，为什么“季”比“李”多一撇吗？让我们一起来看看，这中间有什么故事。

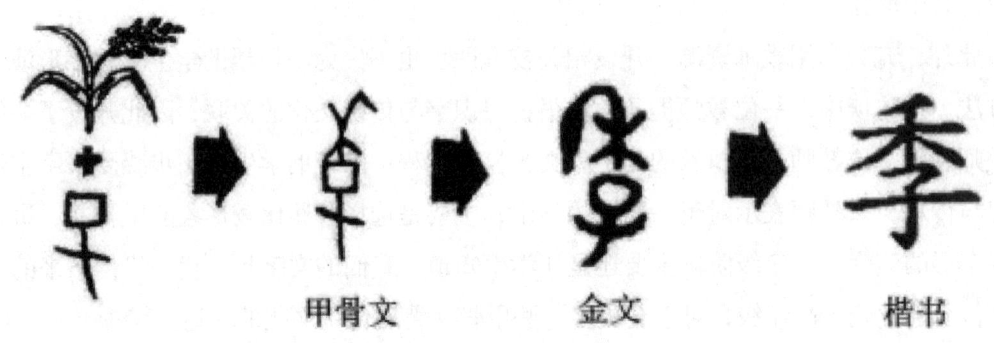

图 3-1 “季”的图形文字

教师：（指示“季”的图形文字，如图 3-1 所示）你看，“季”的上面是一棵禾苗，底下是一个张开手的小人儿，代表着幼年的禾苗，也就是还未长成的禾苗，它预示着朝气和希望。甲骨文的“季”字是这么写的，金文的“季”字把禾苗上的稻穗偏向了左边，慢慢地演变成了楷书的“季”字。同学们，你们记住了吗？

学生：记住了。

教师：你们看，每一个汉字都有一个有趣的故事，每一个汉字都像一首优美的诗。我们通过了解汉字的字源，了解它其中的来历，可以帮助我们更好地学习汉字。

本案例中教师教学会意字“季”时，先通过与熟字做比较引导学生关注“季”由“禾”与“子”两个部件组成，再借助多媒体展示“季”字由“图形文字—甲骨文—金文—楷书”

的演变过程，结合字形的分析揭示字素与字义间的奇妙关联：张开双手的小人儿代表小孩子，表示“子”，“禾”加“子”表示幼年禾苗的意思。“稻穗”偏向的调整正回答了教师一开始抛出的问题：“季”为什么比“李”多了一撇。对于二年级的学生，“季”字主要出现在名词性词语中，作为形容词表示“最末”“最小”等意思与学生生活经验相距较远，因此教师采用的“引导观察—设置疑问—展示字源—生动讲解”的教学策略不仅吸引了学生的兴趣，也很好地兼顾了学情，为学生生动识记“季”字搭建了良好支架。同时，这一讲解也为学生将来学习古文中“季弟”“季春”等“季”表示“最后”这一知识点奠定了基础，可谓事半功倍。

（三）联系字音字义，发现汉字形声之规律

形声字由表示意义的形符和表示声音的声符组合而成，形成于象形字与会意字的基础之上。现代汉字中形声字的比例高达90%，这是由于形声字的构字思维与方式都较为完善，即声旁表音、形旁表意，一形一声构成一个合体的形声字，所以形声字在汉字中的数量最多。汉字是一个互有联系的符号系统，它们的组合有理据、有序列、有层次、有类别，而数量最多的形声字以其形旁与声旁为我们学习形声字提供着依据，因此探寻与发现汉字形声的规律有利于学生事半功倍、举一反三地学习汉字。教师引导学生通过朗读、比较发现形声字声旁表音、形旁表意的构字规律，探寻形旁与声旁的功能与意义，有利于学生以简驭繁地系统高效识字，有利于学生在生活与阅读中独立识字，有利于培养学生的逻辑思维能力。

【案例】

教师：（音乐起）同学们，咱们中国的汉字真有意思。有时候，一个字就是一幅画。你们来猜一猜，这是个什么字？（出示图片，如图3-2所示）

图3-2　教学图片

学生：好像是个“家”吧？因为有一所房子。

教师：有一定的道理，但不是“家”。谁再来猜？

学生：是个“宅”字吧？

教师：被你猜中了，的确是个“宅”字。我们来看它的演变过程。（出示图片，如图3-3所示）

图 3–3 “宅”字演变过程

教师：“宅”是个形声字。上面是屋顶，表示它的意思；下面是个“zhé”，代表它的读音。演变过程中，发生了音变。

教师：描写人的住处，我们会用——

学生：住宅。

教师：而我们今天学习课文，题目是——

学生：《蟋蟀的住宅》。

教师：你们有疑问吗？

学生：为什么不说是蟋蟀的洞穴，而要说是蟋蟀的住宅？

教师：是呀，这是怎么回事呢？等上完这堂课，你就明白啦！

本案例中教师结合课文内容和学生喜爱游戏的天性，选择“宅”的字谜图画来设计导入环节，一方面紧贴课文内容，引导学生质疑课题，激发学生阅读探究的兴趣；另一方面汉字图画及演变过程的生动呈现也传递着汉字的趣味与智慧。在对“宅”字的讲解中，教师明确指出“宅”是一个形声字，上形下声，上面的部分表示屋顶，结合图画，学生很容易记住“宀”这一形旁对应古文字中房屋顶部的形状，这对学习其他同一形旁的形声字打下了良好基础。同时，教师对“宅”字下半部分声旁“zhé”发生音变的解释符合学生学情，让四年级的学生对汉字读音的流变有了初步认知。

在识字教学过程中，教师可以依据形声字的形旁或声旁有意识地进行专题归纳教学，引导学生通过联想记住具有相同形旁或声旁的生字，并将字义与形旁进行关联，提高生字学习的趣味性与准确性，有效避免同音错别字现象的出现。第一，对相同声旁的形声字进行归类学习，减少同音错别字现象。如部编版小学语文教科书一年级下册第三课《小青蛙》一课以儿歌的形式编入“清、晴、睛、情、请”五个以“青”为声旁的形声字，进行字音教学时，引导学生发现这组字发音与“青”韵母相同的规律；进行字形字义教学时，通过对形旁的解读，帮助学生正确理解与识记汉字，如“清”的形旁是三点水，说明它的字义与水相关，“晴”的形旁是日字旁，说明它的字义与天气相关。通过形旁与声旁相结合的讲解方法，帮助学生了解字形与字义的关联，可以有效避免过于依赖拼音教学所导致的同音错别字现象。第二，对相同形旁的形声字进行归类学习，感受汉字间的奇妙关联。如案例中对“宅”字的学习涉及“宀”这一形旁，教师在教学其他有同一形旁的汉字时，可以引导学生进行回忆与关联，如“室”字的“宀”同样表示房屋顶部，下半部分的“至”既是声旁，也表示止息之意，“室”是表示在房间中歇息的形声兼会意字，此外，“字”“宙”“宿”等形声字中的“宀”同样表示其字义与房屋有关。

二、融合知识背景，体味汉字文化

中华文化源远流长、生生不息，汉字犹如镶嵌其间的闪耀宝石，折射出上古社会的生活图景与一代代先民们的德性光辉。在造字之初，造字者将自己的认识和思考保留在汉字中，每一个方块字都是一幅历史文化图，它不是纯粹的符号，汉字本身就是文化。在不同文化交流与融合的今天，引导学生透过汉字感受文化浸润、学习做人之道，不失为一种促精神成长、树立文化自信的好方法。识字教学中，教师要有意识地结合学生的年龄特征、生活经验与知识文化背景，让识字教学走到字的背后，深入字的内里。

（一）描绘生活图景，重现社会风貌

中华文明历经几千年不断演变而形成独具民族特色与格调的文化体系，而小学生知识文化背景有限，因此针对小学生的传统文化教育需要载体，需要教师引导。集形、音、义于一身的汉字是连接古今的桥梁，通过对汉字字形字义的解读，可以了解汉民族的一部分生活画卷，汉字是远古先民生息图的生动再现，是透视与了解传统文化的良好载体。古汉字中描绘的上古时代的社会形态、社会制度、社会生产方式、社会生活方式、原始手工业、科学技术、民俗、原始艺术、原始意识、原始宗教，是汉民族历史文化的生动表现和宝贵的遗迹。小学语文识字教学中，教师可以综合考虑学生年龄特征与理解能力，有针对性地选择一些汉字进行文化解读，这不仅可以激发学生生字学习的兴趣，更能让学生认识到中华文化的博大精深。如讲解“鸟”“兔”等关于鸟兽的汉字时，教师可以出示甲骨文字形，引导学生了解字形中体现的古人对飞禽走兽的细致观察与狩猎方式是源于上古时期狩猎为主的生产方式；讲解“豆”“尊”“斗”等关于饮食器皿的汉字时，教师可以用多媒体展示古文字形与器皿图片，帮助学生了解古人的饮食生活；讲解“宅”“广”“席”“穴”“京”等关于住宅的汉字时，教师可以通过对古文字形的分析帮助学生了解古人居住方式由简至繁的逐步演变。

【案例】

教师：第四个词屋檐的意思呢？

学生：屋檐是房檐的意思。

教师：还没解释清楚。现在啊，现代化的建筑多了，屋檐的概念淡薄了。农村旧的建筑有屋檐。（教师画简笔画）

教师：大家看看，这是房顶，这是承重墙，房顶上有瓦片，瓦片和承重墙相交突出的

部分就叫屋檐。现在我们城市里见得少了。

教师：好，跟老师念一下。教师领读、学生跟读。（两遍）

屋檐是我国古典建筑的重要组成部分，本案例中教师结合城市学生“屋檐”相关生活经验匮乏的特点，使用简笔画呈现屋檐的样貌，解释屋檐的含义，让学生对“檐”字的含义有更加直观清晰的了解。其实，“檐”在我国古典建筑中具有很高的实用价值与美学价值，如木质建筑中的“飞檐”不仅具有缓冲雨水、增加采光的作用，柔和的微微向四角翘起的巧妙设计还增加了建筑的灵动美，《诗经》赞美其“如鸟斯革，如翚斯飞”，意为屋檐像鸟儿展开翅膀一般，像锦鸡正在飞腾一样。如果课堂时间充裕，教师可以利用多媒体展示古代飞檐的图片，不仅可以帮助学生理解“檐”的含义，更能让学生对古代建筑具有全新的认知，在雕梁画栋、琉璃瓦片中感受我国古代建筑特有的瑰丽与情趣。

（二）感受道德风尚，渗透价值观念

中国自古就是礼仪之邦，从“仁、义、礼、智、信”到“爱国、敬业、诚信、友善”，一代代中国人都恪守为人准则，孝老爱亲、忠君爱国、舍生取义、明礼诚信等观念共同维系着社会之和谐、家庭之和睦。知识的本质在于“以文化人”，人通过知识的学习，从中获得意义，进而成为一个“文化人”“意义人”。识字教学具有一定的德育价值，在识字教学中，一方面教师可以通过解析字形与字义的关系引导学生感受传统的道德风尚，另一方面教师可以通过关联汉字背后的文化因素，向学生渗透正确的价值观念，引导学生学好方块字，做好中国人。

以“仁”字为例，一方面教师可以通过字形分析，“仁”以“二人”组合而成以表明人不是一个个孤立的个体，人的一生总是处在和他人的相处之中，无法脱离社会关系而存在，“仁”表明人与人在相处过程中要从对方的角度出发来思考问题，以维护和谐而良好的关系。另一方面教师可以将“仁”字与“仁者，人也”“仁者，人之所以为人之理也”等中国自古以来存在的仁义立人思想相联系，引导学生明白要成为大写的人，最重要的就是有良好的道德品质。

【案例】

教师：我国常用的汉字有3000个左右，这中间有一个字十分容易写了，但是要做好这个字是最难的。哪一个字呢？一撇一捺（板书：人）多好写，同学们会念吗？念念看。

学生：人。

教师：对了，第二声、翘舌音。（学生齐读，拖音严重）

教师：不要这样读，跟我读，轻一点。（教师示范，学生跟读）

教师：人区别于其他动物，能创造一个文明的世界，人会思索，人有目标，告诉我，你最崇敬的人是谁？或者说你的偶像是谁？

教师：小朋友崇敬的人有自己的亲属，有数学家、科学家、发明家，还有音乐家。他们因为独特、创造性的劳动，赢得了社会的尊重。他们都是高尚的、有理想的、有成就的人。但是更多的是普普通通的平民百姓，像我、像你、像你们的老师、校长，都是平平庸庸的，但是他们也是很有价值的。今天我们要学的课文讲的是一个连姓名都不知道的一个人（在“人”字前写板书：卖鱼的）。一起读这四个字（指示“卖鱼的人”，学生读）

……

教师：疑惑的惑是什么意思呢？单单一个惑字。你说。

学生：“惑”字的意思就是不太清楚。

教师：对了，我们有一句话叫三十而立，到了三十岁了，你应该自立了；四十而不惑，惑就是疑惑，不惑就是不疑惑了，意思是明白了，你到四十岁了，你应该知道人生是怎么回事了。怎样尊敬老人，怎样爱护小辈。那疑就是惑，惑就是疑，那么疑惑是什么意思？你说。

学生：不明白、想不通。

一撇一捺写好“人”简单，成为“大写”的人却不容易。在本案例中，教师先出示课题《卖鱼的人》中的“人”字，让学生谈谈自己心中最崇敬的人，从而引出即使是普普通通的人、平庸的人，也有各自的价值，值得我们尊敬的道理。这一导入环节一方面起到巧妙揭示文本主题、激发学生阅读兴趣的作用，另一方面也润物细无声地传递着为人之道，激励学生做有目标、有志向、有品德的人。“惑”字的讲解关联到“四十而不惑”，同样是从汉字出发，以汉字所承载的文化传递做人的道理。这样的德育渗透自然而不刻意，浸润在汉字与文化之美中的学生逐渐养成良好的品德。

三、精简课堂环节，感受汉字魅力

课时不足问题是制约许多一线教师进行深化识字教学的因素之一。大部分教师能够认识到识字教学所具有的深度育人价值，但实现起来却困难重重，如何在有限的课时数内，实现识字教学的最优化，是困扰诸多教师的问题。在有限的课堂时间内，教师注重的首先应该是方法的传授与引导，教师应在对汉字知识有深刻把握的基础上，选择出具有方法指导性或对文意理解具有关键性的生字进行教学。同时，在课前教师应充分了解学情，对学生通过预习、自学可以完成的内容不教或少教，对确实需要教师引导的内容进行深度教学。一方面，巧妙取舍，选择具有方法指导性或对文意理解具有关键性的生字进行教学。课堂时间是有限的，深度识字教学的生字不在多，而在精。每节课的生字有 10 个左右，作为教师可以通过对学情及生字的分析，选择 2 ～ 3 个生字深入展开教学。选择原则有两个，一是选择具有方法指导性的生字进行教学，引导学生逐步掌握科学识字方法，力求达到举一反三、事半功倍的效果；二是选择对文意理解具有关键性的生字进行教学，由于汉字具有表意性，因此许多单个汉字即单音节词，单个汉字代表完整的意思，因此教师可以借助这一点，基于文本教学的需要，选择对文本理解具有关键性的生字进行教学，使得字不离词、词不离句，让学生明白生字在语境中的意义与情感，这对学生更深刻地把握汉字意涵也具有积极意义。而对于以小学生现有生活经验与知识背景无法理解的生字，教师可以不展开分析，避免造成学习的困难与兴趣的丧失；对于字形来源不明或者字理尚未有定论的生字，教师可以选择合理舍弃，切不可胡拆乱讲。如何在有限的课堂时间内最大化利用课堂时间，这是有一定挑战性的，需要仔细去斟酌。

【案例】

教师：老师这里还有一首，谁来读？（课件出示：你看！你看！山的背上也有一座山，是不是山妈妈背着她的儿子，想摘天上的星星呀？）

教师：读得真好！同学们猜一猜！

教师：你最快，请你说。

学生：出。

教师：还想猜吗？这回你要仔细听老师读了！（课件出示：妈妈，妈妈，你看到了吗？那抹美丽的夕阳，悄悄躲到，树林底下去啦！一定是，要让每一个娃娃，睡一个最甜的觉吧？）

教师：准备抢答！

学生：是“梦”！

教师：你怎么猜到的？

学生：它说夕阳躲到树林底下，所以“林”字底下加个“夕”就是“梦”。

本案例出自“新体系”作文创意读写研究《字谜童诗》中教师给出的字谜范例，这是以汉字为载体，培养学生想象力与表达能力的新尝试，充分激发了学生的学习兴致与创作热情，该堂课在写作教学方面取得了良好效果。但该教师针对“出”“梦”二字所出示的字谜从字理角度考虑缺乏科学性，这样的字谜关照到学生的生活经验与诗境的营造，但随意的拆解与想象却存在不利于学生识字学习的可能。

“出”是会意字，其甲骨文字形像一只脚从洞中伸出，与古人的穴居文化有关，演变至隶书后形体发生较大变化。“梦”是会意兼形声字，其甲骨文字形像一个人躺在床上，手按额头正处于梦境之中，在演变过程中逐渐失去原有字形。针对这类现有字形与古文字形、字源关系淡薄的汉字，教师在教学过程中应进行取舍、适当规避，或者讲清讲透，避免盲目追求兴趣激发而违背汉字科学性的解读。

此外，还应适当精简，定位学生需教师引导的内容进行教学。教师应根据学生年级与能力的不同逐步调整教学重点与时间分配，对学生容易达成的、不必要的教学内容进行精简。一年级时以拼音教学与借助拼音的识字教学为重点，关注学生拼读的规范性，同时结合教材编排与学生能力，进行一些初步的象形字、形声字讲解；在一年级学生基本能够正确拼读之后，教师可以将拼读环节移至预习任务单，在课上进行简短的检查、正音，而把更多的时间放在生字形音义关系的讲解、有趣汉字文化的挖掘等方面。到了有一定识字量基础的中高年段，在阅读教学与随文识字的过程中，第一，教师可以某个汉字为中心进行关联、辐射，根据偏旁部件、造字理据等分类，系统高效识字。第二，教师可以聚焦有助于理解文本的关键字词，在推进阅读教学的同时，通过随文识字的方法进行字理与文化的渗透，这一方面可以帮助学生对字词本身产生长久记忆，另一方面，能使学生获得更为深刻的阅读体验。

四、联结生活经验，促进自主学习

语文学习的外延与生活的外延相等，教师不应局限于语文教材，只需将学生的目光引向生活，语文学习自然就会发生。识字教学更是如此，许多学龄前儿童已经有了一定的识字量与写字能力，这一方面是基于幼儿园教育，但从某种程度上说，儿童最早的识字活动是在生活场景中进行的，是基于生活经验与家庭教育的。因此，教师应在用好教科书、传授科学识字方法的同时，注意结合儿童的生活经验与心理特点，挖掘生活中学生所熟悉的识字资源，促进利用各种条件主动识字、自主学习。而课标中对中学段识字评价的建议中提到“要重视考察学生独立识字的能力”，识字能力在识字方法的运用中才能得到提升，因此要注重鼓励学生课外进行自主识字。

第一，运用家校合力，搭建分享平台。江苏省小学语文特级教师史春妍开设了一个名为“史老师教汉字”的公众号，其中有一个“小小汉字发现者”栏目，每一期由一个孩子讲述对一个汉字的“发现”，有的涉及汉字的字理、字源演变，有的总结了民族文化中关于这个字的文化因素，这些分享有一个共同的特点：在科学分析汉字的基础上融合了学生的生活体验与感悟，学生以汉字为桥梁感受着古今的连通与文化的魅力。这是运用家校合力搭建的一个汉字学习与交流平台，对教师引导学生课外的自主识字学习具有借鉴意义。教师可以在传授科学识字方法的基础上，向学生分享一些关于汉字知识的工具书和网站，如《画说汉字：画说1000个汉字的故事》等，发动家长的力量，共同引导孩子在生活中发现汉字、了解汉字、探究汉字、分享汉字，形式可以是视频、小报、班级汉字故事手册等，通过不同学生的分享点燃学生的汉字学习兴趣，促进全体学生汉字学习的共同进步。

第二，利用媒体资源，拓宽学习途径。当下，许多原创文化类电视节目热度居高不下，其中许多可以作为汉字学习的有效途径，如央视的《中国汉字听写大会》可以让学生在观看与互动中感受汉字之美，河南卫视的《汉字英雄》节目可以让学生在观看过程中感受汉字学习的趣味性与文化性。作为小学语文教师，应该主动接触与捕捉此类媒体资源，可以通过在课堂播放片段等方式激发学生的观看兴趣，引导学生课后主动观看，在娱乐时间中有所收获。课堂时间有限，语文学习也远不止识字学习，因此教师必须结合学生生活经验，采取学生喜闻乐见的形式，通过搭建汉字知识分享平台、利用相关媒体资源等方式丰富学生的课外汉字学习途径、提高学生的汉字学习能力，促进识字学习的深入。

第四章　深度学习视域下小学语文古诗词教学

第一节　小学语文古诗词教学的理论基础

一、小学古诗词概述

（一）小学古诗词的概念

古诗词历史悠久，韵律独特，格式特殊，是我国特有的一种文体。古诗词是古诗和古词二者的合称。它作为中华民族文化瑰宝从古代流传至今，是传统文化的重要组成部分。古诗词种类丰富，许多优秀的古诗词被教科书编审者按照不同年龄阶段学生发展所需的不同选编进入各个学段的教科书中。小学古诗词更符合小学生的认知规律。选取小学古诗词时，会注重小学生的理解能力和字数，对于字数较多的古诗词会进行节选。例如，《古朗月行》被选入教材时就进行了节选，不仅文字量大幅减少了，而且保留下来的是生动形象、充满童真童趣、容易理解的部分，删掉了那些对小学生而言语言比较艰涩、理解起来有一定难度的内容。

（二）小学古诗词的特点

古诗词是一种特殊的文体，语言高度凝练，意象丰富，意境优美，意蕴深远，具有较高的审美鉴赏和文化传承价值，在发展学生语言、思维、审美和文化具有重要的地位。古诗词具有以下几个特点。

1. 古诗词语言的特殊性

一方面，古诗的产生及发展具有社会性，诗人生活的环境和社会背景与现在差距大，不论是五言还是七言律诗，都是诗人对当时时代环境的反映，其语境和现在不同。如果学生对故事创作背景不了解，对诗文内容会缺少同理心，难以深刻地体会诗人想表达的情感。如《示儿》中的“死去元知万事空，但悲不见九州同”，未经历过国破战争的学生们怎么能真切体验到陆游对收复失地的渴望。另一方面，古诗词语言讲究韵律，语序灵活，和现代汉语语境差异显著。如《西江月·夜行黄沙道中》中“七八个星天外，两三点雨山前”。这一句正常语序应该是“天外七八个星，山前两三点雨”，作者为追求新意而改变语序，保持整首诗的意境美，将主谓语倒装，体现了古诗词语言的灵活性。此外，古诗词有借用典故的传统。诗人不直接点明自己的志向以典故作为表达情感的手段，具有深意。古诗词语言具有特殊性，语言简短凝练，富有深意，要求学生在理解古诗词语言的基础上学习古诗词，而不是停留在简单的机械记忆层面。

2. 古诗词创作思维的跳跃性

诗人在创作诗文时思维是跳跃的，他不将自己思维直接呈现出来，而是围绕着当时情绪选择物象、意象并将其有效连接将自己的情感融入景物中，来体现自己的心向。这种思维是跳跃性的、跨度大的，但却是有迹可循的。它始终贯穿在一种意脉下，需要读者进行深入思考和探寻。如“忽如一夜春风来，千树万树梨花开”，前面一句古诗描写的是塞北的严寒飘雪，突然作者笔锋一转，将其想象成春天里盛开的梨花，思维转折明显。古诗词有“留白”的特点，古诗词语言高度凝练，却内涵丰富，意蕴深远，这是由于诗人在诗文上留下了大量的空白，有着“此时无声胜有声”的效果。由于古诗词思维的跳跃和内容的留白的特点，例如李白在黄鹤楼送别友人时写道，“孤帆远影碧空尽，唯见长江天际流。”没有直接描写离别的不舍，只见滚滚长江水，久久不能平静，结尾留有空白，使得古诗意味深远。

3. 古诗词审美意境的含蓄性

王国维在《人间词乙稿序》中说：“文学之事，内足以摅己，外足以感人，意境二者而已。”意境是含而不露，引而不发的具有含蓄蕴藉的韵味，是迂回婉转、回旋隐秘地给人留有想象空间。例如“枯藤老树昏鸦，小桥流水人家”作者只用了六处意象，就营造出凄凉又幽静的气氛，给读者留下无限的想象和思索，同时这几处景象构成了一幅和谐优美的画面，具有极高的审美价值。古诗词意境含蓄委婉，品味古诗词意境需要学生在审美过程中，联系生活经验，将被动的意境呈现转化为主动的认知，激活生活经验和背景知识，进行联系，发挥学生的想象力，关联意象，体验意境，感悟语言的张力。

4. 古诗词文化知识的多元性

古诗词蕴含着丰富的文化内涵和文化常识，彰显着中华民族传统文化的内涵，和中华民族精神文明。如古代纪年方法、节日风俗文化、古代官职文化、服饰文化等的文化名词，经常出现在古诗词当中来为古诗的表达增添色彩，这就需要教师加强对传统文化知识的了解。如“遥知兄弟登高处，遍插茱萸少一人”中的“登高”是重阳节时的特有习俗。同样的，古诗还蕴含着中华传统精神文明，这些文化知识对学生的发展都有着深刻而广泛的影响。

二、深度学习与古诗词教学的契合度分析

基于深度学习的小学古诗词是指在深度学习的指导下，把握古诗词的内涵及本质情感，提高学生的核心素养和语文素养，使学生的古诗词阅读能力和教学的质量得到提升，从而促进学生的深度学习。通过探究语文课程标准古诗词教学的要求，结合古诗词本身的特点发现古诗词和深度学习之间的相关性，加强深度学习与古诗词教学之间的逻辑关联。

（一）语文课程标准中对小学古诗词教学的要求

语文课程是一门学习语言文字运用的综合性、实践性的课程，是一门工具性和人文性统一的课程。新课标明确规定了小学阶段古诗词教学应该达到的具体目标和内容如下：第一学段古诗词教学注重学生对古诗的反复诵读，拒绝字词的纠缠，在识记古诗的基础上积累古诗语言，为培养语感打下基础，激发学生的想象力使思维进一步发展；第二学段，要求教师创设课堂情境，结合古诗词意象进行体验和联想；第三学段更加注重方法的习得，深入品味古诗词。

不同学段教学目标对学生提出了不同要求，这是根据学生的年龄和认知特点来制定的。新课程注重以学生为中心，学生是学习的主人，编审者充分认识到学生的思维是逐渐发展和提升的，这在教科书古诗词的选编上也有很好的体现。因此，在古诗词教学中，教师要根据课程标准和学生实际情况，发挥教师在教学中的主导作用，有选择性地采用教学方法，有层次、多角度地对古诗词进行教学，发挥古诗词这个典型文体的特殊教育作用，提高学生的语言和阅读能力，培育学生的语文素养，促进学生的可持续发展。深度学习是以学生为主的学习方式，注重学生在教师的引导下主动参与学习过程，注重知识的联系和整合，强调在活动中体验知识，关注学生自身对知识的批判性理解，深入领会学科本质，注重学生思维的发展性，深度学习。

深度学习和古诗词教学都注重体现学生的主体性，充分调动学生参与学习过程的积极性；注重知识的整合性和综合性，充分激活学生原有的经验，使得新旧知识进行联结，相互影响；目的在于促进学生思维的进一步发展。

（二）语文核心素养对小学古诗词教学的要求

课程标准语文教学总目标注重对学生的语文素养的培养，但是语文素养本身是一个广泛的范围，为了更好地在课堂教学中落实“语文素养”，学者提出“核心素养”这一概念，它是对学科素养的进一步细化，是学科教学重要的途径，在学科教学中对核心素养进行凝练，明确其在学科中独特的教育作用对于语文教学至关重要，语文核心素养对语文学科教学起到目标导向作用。

小学语文核心素养聚焦在理解、运用、思维和审美四个维度对语文学科教学提出了要求。这是学生语文素养提高的重要内容，对学生的可持续发展具有重要意义。因此，教师在制定教学目标进行课堂教学时更应该注重语言理解、语言运用、思维提升和审美提高这些方面的培养。深度学习同样注重在理解的基础上批判反思知识，深入挖掘文本本质，注重学生的体验过程，学会在新的情境迁移应用知识解决实际问题，强调学生对知识的深加工，关联整合建构自己的知识体系，目的是促进学生的思维向深处发展，促进学生的深度学习。通过对深度学习内涵的分析，结合课程标准和语文核心素养对小学古诗词教学的要求，发现两者都关注到了在语言理解、语言运用、思维提升、审美体验这四个维度，强调问题解决能力的发展与高阶思维能力的培养。

深度学习和古诗词教学目标具有相关性。两者都主张从语言理解、语言运用、思维和审美方面挖掘学生的潜力，发展学生的语文素养。教师将这四个方面作为古诗词教学的重点和难点，推动学生的深度学习。

三、小学古诗词深度学习的内涵

（一）超越知识符号

“深度学习”并不是一味追求学习内容的艰深，而是基于知识符号的表层学习引发的问题提出的。表层化的教学只徘徊在知识的符号表面，强调知识传授，忽视了知识对人的思维和情感发展的作用。而深度学习是以符号学习为基础，引导学生深入体验，将文字及隐含意义转化为自己成长的养分。语文课程是工具性和人文性的统一，语言文字运用必定强调符号学习，可语文又是一门富有人文内涵的学科，对学生的精神发展具有深远的影响。古诗词作为我国优秀传统文化的载体，散发出来的人文底蕴和珍贵情感对学生精神发展起到的作用无法用言语来表达。古诗词音律优美、意境深远、情感深厚，徜徉在其中感受诗意的美妙，感受优秀的传统文化带给我们的民族自豪感。因此，深度学习古诗词必定要超越知识符号，基于古诗词的艺术特质展开，带领学生深刻理解、感悟诗人内心的情感，进行心与心的交流。

（二）深入理解古诗词意象与诗人情感

首先，古诗词意象丰富，意境深远，蕴含诗人强烈的思想情感。一般来说，诗词中常见的意象都有相对固定的内涵，如月亮象征忆乡、杨柳象征离别、梅花象征坚韧。读懂了意象就等于抓住了诗人思想情感的核心要素，引导学生对意象进行分类和联结，在分析、联想之后，推理诗人的所思所想，便能快速理解诗词意象和诗句的内涵，深入感悟诗人情感。其次，古诗词语言简练，甚至晦涩难懂，教师可以用富有感染力的语言创设适宜的教学情境，让学生插上想象的翅膀，使冰冷的文字转化为一幅幅生动的画面。古诗词篇幅短小，理解古诗词只能以一字一词为开端，这种学习方式，只能达到对诗句的表层理解，完成古诗大意的初步感知，终归难以理解诗人创作的感受、诗句背后的情感，更不知道诗句将带给我们怎样的心灵震撼。然而，目前被大家认同的并且在实际教学中易实施的方法：感知、理解、表述、鉴赏评价，能够帮助学生的认知由浅入深地达到古诗词学习的深度。

（三）个性化的知识意义体系

建构主义理论的知识观认为，面对不同的知识，不同的人由于知识基础和生活经验的差异，对知识的理解也会不同，会产生个性化的感受和意义。“意义”具有事实、价值、精神三个方面的属性，分别指向“是什么”“意味什么”“应当成为怎样的人”。从知识的角度看，“意义”包含四层含义：知识的定义和内容、知识的作用、知识蕴藏的思想精华、知识对学习主体所产生的意义。“个性化的知识意义体系”包含上述四个方面的含义，既有稳定性，又有个人的随意性。学生在教师的引导下对文本材料进行理解，对作者的思想情感进行感悟，对作者在文中表达的价值观进行思考。在此过程中，带入自己的情绪和情感体验，生发出无法预知的有意义的“衍生物”，以知识客体为参照，把自己的主观情感带入诗词的客观世界，感知自己、理解自己的生命存在，建构个性化的知识意义体系。

四、小学古诗词深度学习的特征

（一）教学目标发展性

一般认为，知识有三种价值，即功利性价值、认知价值和发展价值。前两种体现了语文的工具性，后一种体现了语文的人文性，强调培养学生的情感、态度和价值观，照拂学生的精神生命。语文课程是工具性和人文性的统一。当前小学语文古诗词教学目标停留在理解诗意、总结思想、背诵诗词的层次，意境深远的诗句被字字肢解，学生难以体会诗句的深厚内涵和诗人的内心情感。即使学生通过机械背诵和模式化理解，能够取得比较满意的分数，但是古诗词中所蕴含的人文价值和精神能量对学生未来发展和精神成长的促进作用却没有完全发挥，可以说是学生身心成长的一大损失。诗词虽短小精悍，却不容易读懂。客观的词意句意尚可理解，但其中蕴藏的诗人主观情感，却常常隐匿在不易注意的一字一句之中，甚至暗藏在没有表达出的“无字之诗”中，需要感悟，需要领会。可见，只追求功利性的教学目标，古诗词的内在意蕴难以深度挖掘，难以发挥古诗词对学生精神成长的意义。

教学目标的发展性并不仅仅停留在认知发展，更强调引导学生穿过知识符号的表层领会背后的意义和内涵，甚至要体会未写出的“无字之诗”，把经历知识发生、发现的过程转化为自己生命发展的过程，转化为精神成长的过程。因此，深度学习下学生的发展绝不止步于书面成绩的提高，而是聚焦于学生作为学习主体的深层体验和所达到的精神境界。

教育即生活，生活的目的是追寻幸福。教育与幸福具有某种实质性的关系：一是教育本身应当是幸福的；二是教育应为人将来获得幸福生活做出一定的准备。可以说，使学生得到幸福是教育的使命。反观学生的古诗词学习，课堂上呈现知识注入和快速解读，机械背诵和拆分组合，没有发自内心的感受，没有个性化的体验，学生逐渐丧失学习的兴趣与自信心。试问，又能从哪里让幸福得以回归呢？区分深度学习与浅层学习重要标识就是，是否发展学生的高阶思维。通过教师组织各种有意义的学习活动、有挑战性的学习内容，引发学生个体的思考，产生个性化的体验，重拾学习的幸福感。学生在古诗词学习中入情入境，与诗人引发情感共鸣，将自己的学习体验、生活经历和诗人情感相联系，生发出自己真实的感受，获得学习的意义和幸福感，体会古诗词学习对个人成长的内在意义和对生命发展的重要影响。

（二）教学内容关联性

首先，与古诗词的创作背景相关联。任何学科的教学都不只是“教教材”，语文学科更不只是“教课文”，语文教师是从教材（课文）中挖掘和提取教学内容，辅助教学。多样化的教学内容能拓宽知识的广度，单一的教学内容则会阻碍学生思维的发展。深度学习旨在培养学生的高阶思维，这决定了小学古诗词深度学习在内容上具有关联性和开放性。任何知识都依存于一定的背景。古诗词创作的年代与我们距离遥远，反映某一朝代诗人独特的内心情感，教学古诗词必须以诗人所处的时代背景、个人生平经历为依托。因此，教师在教学古诗词时，必须对诗词创作的时代背景进行深入挖掘，深入感悟诗词蕴含的情感和内涵。如《示儿》一诗中，“王师北定中原日，家祭无忘告乃翁”道出了陆游生命垂危之时仍然不忘抗金复国的心愿。简短的小诗凝聚了诗人毕生的心事，若要深入体会诗中所表达的这一思想情感，学生必须了解陆游这位爱国诗人满心赤诚、致力抗金的人生经历，必须关注宋朝民族矛盾尖锐的历史背景。这样一来，将诗中的意境与时代背景关联起来，能够加深学生的学习体验，使其获得学习的充实感。

其次，与学生的生活经验相关联。要实现深度发展，学习古诗词就要联系自己鲜活的生活经验深入领悟情感，将个人亲身感受与书本上静止的文字深入交融，主动找到与诗人、与文本适切的连接点，与诗人产生情感共鸣。将个体经验与古诗创作背景、诗人当时的心境、古诗词文本进行关联，“生发”自己从古诗词中获得的对心理和人生经历的体认，获得个人的生命意义和精神成长。如《枫桥夜泊》一诗中，“江枫渔火对愁眠”流露出诗人夜半仍不能入眠的愁绪，写出诗人因时局动乱不得已羁旅他乡的愁苦。在体会诗人因何而愁、因何愁到难以入眠时，教师可以引导学生联系自己的生活经历，回忆自己因何事也会像诗人一样不能入眠。学生将古诗意境与个体经历进行关照，将自己内心的主观情感带到古诗的客观世界中，进一步体会诗人的愁思和悲伤，添加“自己的东西”，使得这种“愁”不再是张继的哀愁，而变成了每个学生自己的怅惘。因此，古诗词学习与学生的生活经验相关联，实现了学生个体心灵的深度感悟。

（三）教学过程体验性

基础教育课程改革以来，大部分教师提倡“教师主导、学生主体”的理念。有这种意识的确是教育进步的表现，然而，当理念付诸实践时仍然会受到我国传统教育理念的羁绊。有时教师为了提高教学效率，以讲授代替学生的表达与思考，这会对学生的个人发展造成一定阻碍。活动和体验是深度学习的核心体现，“活动”应是学生自己积极进行的，而不是受他人控制的学习过程；体验应是学生在过程中自然产生内心体验。如果学习过程是主动积极的，必然会产生真正的内心体验。主动活动和体验意在使学生学习知识、获得发展。在深度学习中，不仅要认识知识符号、理解符号表达的意义、建立之间的内在联系，又要理解知识符号发现和发生的过程，即“两次倒转”教学机制。“第一次倒转”是指学生有目的地获取人类积累的科学文化知识，具有间接性；“第二次倒转”旨在引导学生“亲自”体验知识的发生和发展，在这个过程中，教师只是帮助者和引导者，学生仿佛经历了人类历史发展的进程。再次的经历和体验是学生自己的活动，与学生自己的经历相关联，充满着难以预测的“附加值”和有意义的“衍生物”，难以预测就表明这个过程具有创造性，一定会生发出属于学生自己的、新的体验。

诗词教学要想使学生达到对诗词文本的深入感悟，必须注重学生个体的体验。“情动而辞发”，古诗词文本是诗人思想和情感的载体，自然流露着诗人内心的情感。阅读诗词是与诗词的时代背景、与诗人人生经历、与诗人的心灵对话的过程，感诗人所感，思诗人所思，与诗人产生情感共鸣，加深情感体验。由于小学生的年龄限制，生活经历和情感体验不足，诗人的创作背景与他们所处环境相差甚远，教师可以引导学生进行移情体验，帮助学生走进诗境，感受诗情。如在教学《送元二使安西》时，教师可以采用角色扮演的方式，进行雨中送别、劝酒、拥抱，感受诗人与朋友即将分别时的依依不舍，以及不知何时才能相见的惆怅。在此过程中，学生也会联系自己的相关生活经验，深入感受离别的意义，不仅深入理解诗情，还会带给学生个性化的情感体验。

（四）教学方式自主性

建构主义理论表明学生是知识意义的主动建构者，不是被动的信息接收者。学习不是从外界接收信息，而是主动地对外界信息进行建构和处理，它不是行为主义所描述的S—R过程。因此，深度学习追求的教学方式不再是单纯地教师输出知识，而是学生主动积极地理解知识，融会贯通地组织学习内容，从而建构个性化的知识体系。在古诗词教学中，若是教师字字解释，句句翻译，把每句诗词都讲得很透很深，恐怕会剥夺学生自主表达、自主思考、自主感悟的权利，难以落实学生学习的主体地位。深度学习要求教师充分发挥主导作用，当学生面临有一定难度的学习任务时，教师要能引发学生的自主学习，让学生感到自己才是过程主体，自主地完成学习任务。

在古诗词学习中，学生要自主体会、自主表达。古诗词阅读的过程就是读者与诗人内心对话的过程。对话包括课堂上师生、生生之间的语言和肢体表达，也包括学生在阅读古诗词时与诗词创作背景、诗词意象、诗人内心以及自我感知的深层对话。教师应当给学生留下充足的时间和空间，积极为学生的自主感悟创造条件，让学生进行外显的课堂交流与自己内隐的心灵感知，涵养学生自主学习、主动发展的精神。

（五）教学评价发展性

深度学习将教学评价“价值化”，旨在帮助学生形成正确的价值观，引导学生客观评价所学知识的优势与不足，不仅要认可“知识的力量”，相信知识的积极作用，还要注意知识本身可能具有的约束，避免知识的束缚。需要注意的是，小学生受年龄和经验的限制，价值观还没有完全确立，需要教师对学生进行正确的价值引导。如在教学《题临安邸》时，问学生读了这首古诗之后，有什么感受？一位学生说：“看着起伏连绵的青山，还能到西湖上看看歌舞，觉得非常美好，也想去游玩一番。”老师面对学生这样的回答，没有直接揭示本诗的写作背景，而是因势利导，“这样美好的画面，的确很容易将我们带入诗中，不过这样美好的画面应该出现在国家稳定、人民安居乐业时，而林升在写这首诗时，我们国家的处境是什么样的”。于是学生意识到诗人并不是单纯地描写美好的景物。老师接着反问“如果现在国家处于危亡时期，你看到执政者对国家大局、人民安危不管不顾，而是沉迷歌舞，你是什么心情，还想去游玩吗”。老师循循善诱，学生就明白诗人借此表现对朝廷不思复国的愤慨，对国家命运的惆怅和忧虑。深度学习下的评价不仅要评价学生对知识的理解，还要着眼于学生个人对知识的态度和价值判断。当学生的判断倾向出现偏颇，与核心价值观相悖时，教师要及时引导，助力学生核心素养的发展。

现有评价往往集中在认知层面，强调学生的知识掌握和内化运用，而深度学习是深入学生心灵的教学，古诗词学习更是着眼于学生的思维发展、品格提升、精神成长，因此评价不能只追求功利化，看重评价效果，忽视评价对学生发展的作用。以学生发展为目的的教学评价，首先要冲破应试教育的牢笼，不能“唯分数”，深度学习是学生自主、全身心地投入学习活动中，教学评价应考虑到学生的学习态度、学习动机和意志的持久性。例如，在学生积极主动站起来朗读古诗时，老师可以针对学生的课堂参与进行评价，“大家朗读的积极性都特别高，很多同学都参与进来了，你们能踊跃发言，简直太棒了”。同时，评价方式不能拘泥于传统的书面考试，还应关注表现性评价，运用行动、创作、展示、动手等更直观具体的表现来锻炼学生的表达能力、实践能力、创新能力。表现性评价拓宽了学生的展示平台，提高了学生的参与度，让学生获得了有意义的知识和能力，促进对知识的深度理解。深度学习追求教学评价的发展性，在教学的最后一环仍然不忘“立德树人”。

第二节　深度学习视域对小学语文古诗词教学的意义

深度学习对小学古诗词教学的意义深远，从课堂教学的角度看，深度学习是提高小学古诗词教学品质的必由之路，它有助于古诗词的深度解读和内容的整合；从学生发展角度看，深度学习是促进学生全面发展的重要途径，它有助于学生的思维发展和精神成长。

一、提高小学古诗词的教学品质

纵观当前的古诗词教学，学生基本上能够熟练背诵古诗词和复述诗词大意，能基本完成古诗词学习的任务。但是，这就能说明当前的诗词教学是成功的吗？走进诗词课堂，也许会发现古诗词教学不容乐观。虽然以学生为主体的课程改革已经进行多年，但是为了完成教学任务，大多数古诗词课堂仍然是“蜻蜓点水”。在教学方式多样化的背景下，大部分古诗词教学依旧按照逐字讲解、逐句串讲、总结思想、背诵的教学模式来进行，这就导致古诗词学习“表层化”的现象。传统诗词内涵丰富、意蕴深厚，当前教学却忽视了古诗词背后所蕴藏的人文和情感价值，难以给学生心灵教育。而深度学习就是要改变这种表层教学，在强调知识学习的同时，加强学习过程的体验性，注重培养学生积极的社会情感、向上的人生态度，滋养学生的精神生命，切实提高古诗词的教学品质。

（一）有助于古诗词的深度解读

学生对古诗词理解是否“深度”，取决于教师对古诗词解读是否止步于解释、理解诗词大意的表层，一节成功的古诗词课背后往往存在优秀的教学解读。古诗词解读不同于一般的文本解读，首先，古诗词语言简练、含蓄，蕴含深厚的情感价值，并不直接表达诗人的情感。古诗词创作年代久远，与学生所具备的生活经历和情感体验难以产生联系，如果教学古诗词只是了解大意、熟练背诵，可能难以发挥诗词丰富的教育价值。因此，教师应该深入研读古诗词，挖掘与学生生活经验相关的信息，引导学生反复阅读和品味，品析语言背后的丰富意义，徜徉于诗人独特的情感，获得自己的情感体验和人生感悟。由于古诗词反映的是诗人的理性沉思和内在情感，学生学习古诗词时，要能感受诗人的所思所想，了解诗人的生平和创作的特定背景，感受当时的人文环境和社会环境，才能深入理解文字背后的情感，走进诗境，感受诗情。其次，古诗词意境优美，意象丰富。古诗词并不能直接表现诗人的情感，要感受唯美的意境和诗词的情感，要从意象着手，意象就是古诗词中的“景”和“物”，由作者主观的“意”和客观的“象”构成，它是诗人思想情感的载体，是为抒发诗人的情感服务的。如月亮象征思乡，杨柳象征离别，梅花象征高洁。读懂了意象就等于抓住了诗人思想情感的核心要素，教师要引导学生深入理解诗词中意象的含义，感受诗人的内心情感。最后，教师应以发展的视角解读古诗词，诗词教学不仅是培养学生理解、赏析等语文素养，更重要的是在潜移默化中陶冶情感。古诗词蕴藏着深厚的人文价值，包括对人生理想的追求、国家命运的关心、亲情友情的执念、人与自然的和谐，古诗词阅读应当使我国优秀传统文化融于学生的心灵，使之转化为影响学生精神成长的养料。

古诗词是帮助学生形成正确的人生观、价值观，滋养心灵的重要素材。深度学习古诗词有助于对古诗词进行全面有深度的解读，能够调动学生认知、情感等全面参与，从而真正提升古诗词教学的效果，使之成为健全学生人格和培养崇高情操的学习活动。

（二）有助于古诗词的内容整合

在传统语文课堂上，古诗词教学往往是单篇的，而深度学习下的古诗词学习则是围绕某个主题或单元，以一篇带动多篇，以课内带动课外，以书本带动生活经验进行的。这是一种能让知识产生联系的、整合性的、结构式的学习，有利于学生对知识的完整理解，提高诗词教学的品质。与之前各版本教材相比，部编版语文教材中古诗词的篇数明显增多，一到六年级的古诗词总量大约占课文总数的30%。教材中除安排古诗课文之外，语文园地的日积月累板块也安排了古诗学习。另外，部编版语文教材采用“双线组元（双线组织单元结构）”，其中，“人文主题”是一条明显的脉络，“语文要素”是隐藏的脉络。语文教材中古诗词数量的增多和编排方式的创新预示着教师不能再墨守成规，徘徊于传统的古诗词教学，而是要探究古诗词之间存在的内在联系，组织有某种联系的学习内容和活动。在深度学习中，学生不再只是学教材，而是用教材学习，主动链接学生的核心素养。以五年级上册第四单元为例，单元导语为“为什么我的眼里常含泪水？因为我对这土地爱得深沉……”，该单元设置了三首以爱国为题材的古诗，分别是《示儿》《题临安邸》《己亥杂诗》。在本单元教学古诗时就可围绕爱国主义这一主题展开，将古诗词放在主题单元中，有助于深化学生对这一主题的理解和感悟，发展学生的逻辑思维能力。

教材中古诗词编排体裁多样，题材广泛。这也意味着古诗词内容的整合不是只能从“人文主题”这一角度按照教材单元组织课程，发现相同类别古诗词学习的规律，还能从多种角度进行对比赏析，比较诗词在多个方面的相同点和差异。例如，组织学生开展相同诗人不同际遇的赏析。同一位诗人的创作特点不会轻易改变，但是身处人生的不同阶段、面对社会环境的变迁，诗人的创作风格和心境难免会受到影响。走进“千古第一才女”，体会李清照在三个不同时期的作品，前期的《如梦令》，中期的《夏日绝句》，后期的《声声慢》，感受时代变迁对词人创作风格和心路历程的影响。对古诗词进行内容整合不是目的，而是深度学习的手段和方式。通过对古诗词进行对比阅读，对学习内容进行多角度的整合，有利于学生实现古诗词学习的结构化，使零散的知识和经验在结构中彰显意义。

二、促进学生的全面发展

深度学习是学生认知、情感、价值观全面参与的学习过程。学生学习的目的不在于掌握人类已有的历史成果，而是在此过程中，以主动的、积极的、独立思考的方式，将人类认识成果转化为将来参与社会实践的能量，获得积极的情感态度和正确的价值观，实现知识学习的深度追求——精神内核。首先，深度学习强调理解，学习古诗词并不是简单地背诵和解释诗意，而是从多个角度理解并提取深层意义，培养语言文字运用能力，促进思维的发展。其次，深度学习不是单纯的知识性符号的学习，而是符号以外的、被赋予意义的学习。知识体系具有层次且有深度，它不仅代表着表层的符号，而是将表层符号、逻辑结构以及意义组成进行统一。古诗词意象丰富，赋予了不同的时代意义和诗人独特的情感，学习古诗词应从多个层次去感悟。最后，深度学习，“深”在人的精神世界，“深”在人的内心。古诗词创作表达的是诗人的理性沉思和诗人的内心感受，学生需要在理解诗人情感的基础上，联系个人的生活经历和思想水平，产生个性化的见解和表达。只有深入学生心灵的学习，才能转化为学生主动地学习，真正促进他们的思维发展和精神成长。

（一）有助于学生思维的发展

汉语言文字本身就是一种很复杂的文字，在不同语境中表达的含义也不尽相同。古诗词作为一种特殊文体，语言更是简练含蓄，不直接表达诗人的内心，而是以各种朦胧的意象和所营造的意境，让读者深切感受。若古诗词学习只停留在表层，学生恐怕难以理解诗人的内心所思，难以深刻领悟古诗创作之美，更无法将这种品味语言的能力用于品味生活。深度学习古诗词，要引导学生体会诗句背后的情味，理解诗歌的文化内涵，提升分析、综合、想象等思维能力。语文的工具性决定了语文学习的最终诉求是掌握运用语言文字的本领，但这并不意味着知识和学生个体是割裂的。深度学习是有意义的学习，学生学习古诗词，是在学习被赋予了意义的古诗词，更强调知识学习对学生发展的意义。另外，古诗词中具有朦胧丰富的意象，意象不只是一种描述，还是一种暗喻，即该意象含蓄表示了一种看不到的“内部”的事物。中国的诗学理论也强调意象是表面形象与内在意义的交融。即诗人表达情感的载体。如果教师在诗词教学时蜻蜓点水，没有对此类知识进行迁移、整合，学生便会“学不得法”。小学阶段正是学生由形象逻辑思维到抽象逻辑思维过渡的重要时期，学生已经能够利用语言文字在头脑中产生想象。学生在赏析诗词时，教师可以引导学生加入自己的理解，使学生进行更丰富的联想和想象，更深入地体会诗词情感。除此之外，教师还可以在诗词教学中运用思维导图、意象分类等方法，促进学生逻辑思维能力的发展。

深度学习的课堂是培养学生高阶思维能力的课堂，是能够指引学生的思维向更远、更深的地方延展的课堂。在共同研读诗歌的过程中，教师可以激发学生不断进行更深层次的思维探索，将古诗词内涵和现实思考联系起来，使他们对古诗词的理解更有深度和广度，解决现实情境中的复杂问题，不断引导思维向纵深发展。

（二）有助于学生精神的成长

古诗词蕴含着中华五千年的思想文化精髓，是非常珍贵的精神财富，这些优秀诗篇应当成为学生精神成长的养分。首先，在诗词课堂上，教师和学生需要做到几点：感受诗词韵律，鉴赏诗词意象，体味诗词情感。深度学习并不止步于接收知识信息，而是在学习活动中，通过多种方式的引导，引发学生“眼到、口到、心到”，使学生全身心投入，将学习活动转化为学生主动的活动，把知识转化为学生精神成长的力量。

其次，古诗词题材多样。田园诗充满儿童乐趣，山水诗表达对大自然和祖国大好河山的热爱，送别诗中含有亲友的惜别和怀念，爱国诗表达对国家的热爱和忧国忧民的情怀，咏物诗通过对事物的理解寄托诗人自己的情感。因此，学生学习古诗词的过程，是激发自己内心情感、感悟深刻人生哲理的过程，也是形成正确的人生观和价值观、全面提高综合素养的过程。学生深入感悟诗人的思想感情，必须从心灵体验的角度出发，用心去体会，将诗人的情感和自己独特的思考联系起来，获得独特而有个性的情感体验，形成自己独特的人格，提升精神生命的质量。

最后，古诗词是中华优秀传统文化的载体，担负着引导学生确立正确的民族精神、弘扬优秀传统文化的历史责任。学生理解并鉴赏古诗词，是对民族文化本身进行挖掘，从而受到优秀传统文化的陶冶。学生感受古诗词所具备的民族情感，体会绝妙的文化表达，在潜移默化中增强文化自信，具备民族文化认同和传承意识。

第三节　深度学习视域下的小学语文古诗词教学的现状及成因

一、小学古诗词教学的现状

（一）教学目标：局限于背诵和积累，缺少发展性

当前部编版教材中古诗词篇目大幅增加，这就引起我们的思考：学习古诗词的目的仅在于多背诵默写几首吗？学生学习古诗词的价值究竟是什么？古诗词学习不能止步于知识掌握的层面，更要加强对传统文化的认同和传承，涵养精神生命，受到情感熏陶。但在实际的教学中，部分教师只是让学生获得应付考试的知识和技能，即背诵和默写诗句，这就形成了当前古诗词教学重背诵，教学目标浅表化的现象。与教师访谈的过程中，也对目前的实际情况有了更清楚的了解。

A 教师：在古诗词课堂上，通常是让学生把字音读准后直接翻译，然后体会诗人情感，剩余的时间要求学生当堂背会，但不管古诗词怎样讲，最后还是落实到让学生背会积累。

B 教师：古诗词教学就是让学生达到会背、会默写的程度，因为小学阶段最重要的就是默写积累，小学古诗词教学就是为了达到这个目标。

C 教师：主要是让学生积累古诗词，促进我国优秀传统文化的传承，但还要教给学生学习诗词的方法，体会诗人情感，走进诗人所营造的意境。

古诗词所蕴含的意境深远，内涵丰富，需要去发掘、去领会，进行深层次的体验。但是部分教师将古诗词教学目标定位于考试，背诵和默写成了古诗词教学的终极乃至唯一的目标。古诗词中所蕴含的人文价值对学生精神发展的促进作用却没有完全发挥，可以说是学生成长的一大损失。B 教师强调小学阶段只让学生达到积累诗句的目标已经足够，而我国《课标》在第一学段就已经指出：诵读儿歌、儿童诗、浅近的古诗，发挥想象，进行初步的情感体验，感受语言的优美。很明显，古诗词学习不仅是取得试卷上古诗词默写板块的分数那么简单。正如 C 教师所说，还要通过诗词陶冶学生的情感，获得自主学习诗词的方法。C 教师还关注到了诗词的情感魅力和诗词的文化传承价值，C 教师的想法还是值得肯定的。

（二）教学内容：缺乏关联性，损害教育价值

一方面，部编教材中选入的古诗词不仅篇数明显增多，在编排上也注意到了联结要素，教材中的古诗词文本大多以“类”的形式出现，它需要教师认真洞察诗词之间的内在联系，发现规律，构建对应关系。根据教材编排意图和文本特征，对教材进行再组织和再创造，由一篇向一类进行横向或纵向的联结，使学生通过分类掌握诗词学习的方法，构建知识体系。然而，反观目前的古诗词教学，有些教师既没有理解教材编者的意图，也没有对教材

文本进行深入地挖掘和分析，仍然采用单篇诗词文本的教学，学习内容碎片化，缺乏整体建构，阻碍了学生的思维进阶。以部编版五年级上册第四单元《古诗三首》的教学为例，《示儿》传达了诗人陆游在生命垂危之时仍心系抗金复国的爱国情怀；《题临安邸》通过揭露“游人们”的腐朽本质，表现出作者对朝廷不思复国的愤慨和对国家命运的忧虑；《己亥杂诗》是诗人借“道士乞撰青词”的机会，劝说当政者变革社会，表达了诗人期待识别人才、期待着国家繁荣的愿望，洋溢着作者浓厚的爱国热情。教材单元导语页写道：“为什么我的眼里常含泪水？因为我对这土地爱得深沉……”这进一步明确了三首诗的人文主题——爱国。若是教师不加以联系整合，采用惯性思维一首一首地组织教学，学生很容易停留在字面意思的理解，难以从整体的视角考察学习内容，不利于发展学生的高阶思维能力。

另一方面，诗词来源于现实艺术，脱离生活进行单一的诗词教学，学生往往难以领悟其精髓。古诗词创作年代久远，大部分诗词内容与小学生今天的生活相去甚远，深度学习古诗词，教师应当注重教学内容的关联性与丰富性。将诗词内容与学生日常生活、情感体验相联系，巧妙地建立与文本适切的联结点，与文本内容、与诗人进行思想交流，发挥诗词教学对学生情感熏陶、价值引导和生命成长的作用，这将进一步提高诗词教学的质量。但是，在实际的诗词教学中，教师很难将教学内容与学生的经验相联结，难以调动学生的经验，无法引发共鸣，从而也无法帮助学生深入理解和感悟诗词文本。以《送元二使安西》一诗为例，大部分教师都会借“举杯劝酒”带领学生体会诗人王维与好友元二深深的依依惜别之情，但鲜有教师引导学生联系自己与好朋友分别时的情景。倘若学生不从自己的亲身经历出发，只是对诗人的情感进行浅层的体会，又怎能彰显诗词教学对学生个体生命与情感的涵养呢？

（三）教学过程：重知识学习，轻学生的体验

结合课堂听课和课下访谈，发现部分教师的古诗词教学过程模式化、重知识学习的现象严重，大多数教师会分成以下几个步骤：识诗人—解背景—解诗句—悟诗情，模式化的讲解代替了学生的亲身体验，教学只追求记忆默写目标，难以发挥诗词学习的真正价值。

A 教师：古诗词教学无疑就是这几个步骤，这样上课能够按照计划完成教学任务，节约时间，而且最后的落脚点是让学生会背诵和默写。

B 教师：作为一名新教师，对古诗词文本解读和教学设计的研究还不够深入，目前都是按照这种流程来上课的。

C 教师：古诗教学大致按照这几个步骤来进行，“教学有法，但无定法”，但也离不开这个模式，主要还是通过这种模式的讲解，最终达到记忆诗词的目的。

古诗词蕴含诗人独特的内在情感，小学语文教学不能忽视诗词对学生情感发展的影响。然而，在当前的诗词课堂上，教学过程呈现模式化，重知识学习的现象严重。固定的教学模式能够保证教师有条不紊地进行教学，教学环节紧凑，但教学模式一旦固定下来，会限制教师对古诗词教学的思考，产生教学懈怠心理，缺乏教学创新。学生也只有迎合教师的“套路”，导致学生学习古诗词的积极性下降。另外，A 教师提到古诗词教学的落脚点是让学生达到背诵、默写的教学目标，“只会默写”甚至成为终极目标，教学过程好像是“走个过场”。

古诗词蕴含语言美和意境美，需要学生调动身心充分地去体验、去感受，而这种仅以掌握知识为目的的教学过程，会大大影响学生在诗词意境中的自我体验，无疑会失去诗词学习的真正意义。古诗词作为汉语文本中特殊的文体，有其自身的文体特点：讲求声、韵、调三方面声律的和谐，在语调节奏上讲究平仄，旋律优美，读起来朗朗上口、唇齿留香。这样的文体特点决定了古诗词教学离不开诵读，应通过诵读让学生用心去体验，反复玩味、来回体会，感受古诗词的音乐美和韵律美，真正实现古诗词带给学生心灵的碰撞。

（四）教学方式：注重讲授，缺乏自主学习

当前古诗词教学方法单一，大部分教师采用讲授法，字字串讲、句句落实的教学过程使得课堂气氛沉闷乏味。古诗词语言本身委婉含蓄，并与学生个体经验相去甚远，学生缺乏自主参与的意识和能力。另外，许多教师往往忽视对学生的引导，学生只能对注释中呈现的解释照本宣科，然后是教师逐句翻译，再让学生把老师给出的“标准答案”说出来，最后让学生连贯说出整首诗词的大意。古诗词讲求诗人的内在情感和意境的融合，教师逐句不落地讲授，使诗词本身描绘的意境土崩瓦解，导致学生难以深入领会诗意，甚至连培养学生最基本的理解和表达能力都难以做到，更别提陶冶学生的心灵了。学习古诗词绝不是学生听一听或看一看就能完事的，教师在课堂上侃侃而谈，在学生心里只不过是“蜻蜓点水，了无痕迹”。

例如，以下是笔者《长相思》听课记录的教学片段：

教师：观察《长相思》和前两首诗在体裁上有什么区别？

学生：句子长短不一。

学生：分为两个段落。

教师：《长相思》是一首词。“长相思”是词牌，词分上阕和下阕两部分，词的句子有长有短。

教师：我们来了解一下作者。纳兰性德，字容若。清朝词人，十八岁中举，第二年成为贡士。他编写了一部儒学汇编《通志堂经解》，深受康熙皇帝赏识，授一等侍卫衔，多次随皇帝出巡。（请个别学生读、全班齐读《长相思》）

教师：结合注释，疏通大意，小组交流不理解的地方。（各小组分别汇报，教师帮助学生理解难懂的词句，然后教师再次总结大意）

教师：这首词出现四个“一”，“山一程，水一程”“风一更，雪一更”，你将怎么理解？

学生：写出了将士们跋山涉水的情景。

学生：写出风雪交加、天气恶劣。

学生：这是动态描写。

教师：这三位同学理解了“一”的深意，让我想象到作者长途跋涉、天气恶劣，一路上行军艰难，还看出了动态描写，请同学们带着这种感受再读这首词。

教师：我眼前仿佛出现了崇山峻岭、大河滔滔，行军是何等的艰辛、何等的残酷！我仿佛看到将士们晚上在荒郊野外驻扎军营的场景，千帐灯火。我仿佛看到将士们在军帐中辗转反侧，思念家乡的亲人。请同学们再读，你们想到了什么，看到了什么？

……

可见整堂课多是教师对诗词的解释，学生的表达和思考较少，学生缺乏课堂参与感和自主的学习体验。当初步了解诗词大意后，若是教师以沉重悲怆的音乐为课堂基调对这首词进行范读，渲染气氛，请学生闭上眼睛想一想眼前呈现了怎样的画面。这样富有诗意的课堂将如溪流在学生的心间流动，给学生带来心灵的慰藉。这就是从语言表达，到丰盈的形象，再到语言表达的过程。在这个过程中，学生置身其中赏诗人所赏之景，感诗人所感之情，与诗人产生共鸣，加深情感体验。

（五）教学评价：重结果，轻发展性

在当前古诗词课堂中，部分老师依然难以冲破应试教育的桎梏，其评价只重视学生的学习结果，局限于对诗词的背诵和理解。需要注意的是，语文学习具有重情感体悟的特点，语文学科所蕴藏的人文内涵对学生的精神成长和价值观的确立具有深刻的影响。

例如，在教学王翰的《凉州词》时，教师提问："将士们酣畅饮酒，还有欢快急促的琵琶声助兴，将士们此时此刻的心情怎样？"一位学生却说："马上就要上战场了，将士们的眼中只有鲜红的葡萄酒，怕是已经忘记征战的职责了。"教师见此情形直接说："他们当然记得自己是来打仗的。"教师这样的评价显然没有关注学生的学习体验，忽视了学生对知识的态度和价值判断。假使教师巧妙反问："我们再来读一读这首诗，即将出征，难道将士们眼中真的只有鲜红的葡萄酒吗？"学生再次深入体会将士们洒脱旷达和视死如归的情怀，将会引导学生的思维和情感向纵深发展，实现诗词学习的隐性价值。

另外，传统语文课堂以"结果"为评价的唯一导向，很少关注学生的学习态度、学习投入、思考能力，更难以顾及学生的思维发展和精神成长。基于学生发展的教学评价，不仅着眼于评价的效果，更有利于激发学生的思考，引起他们的求知欲。可是，有些教师的课堂评价比较草率，当学生的答案与教师的预设相同时，会马上评价"回答得很好""不错""很对""很准确"等这样简单的评价内容，这些含糊的评价对学生而言没有丝毫的针对性指导，学生的思维没有达到深度，对学生发展所起到的作用可想而知。

二、小学古诗词教学现状的成因

（一）古诗词本身难以理解

首先，诗词不同于其他文体，古诗词语言含蓄，讲求格律的要求，诗人将自己丰富的内心世界都纳入精练的语言文字中。这种压缩为诗词带来了无限的弹力，变得更加抽象，学生难以理解诗词内涵，这就导致容易产生畏难情绪，学习诗词的兴趣大大降低。其次，我们与诗人所处的时代距离遥远，接触到的事物、生产方式、语言表达都与今天存在巨大

差异。辛弃疾词中的“中儿正织鸡笼”早已被现在的大机器生产所取代，李白笔下的“轻舟已过万重山”可能也因为各种轮船的发明而变得难以寻其踪迹。学生既没有见过“正是河豚欲上时”的“河豚”长什么样，也没有感受过“日长篱落无人过”是怎样一种悠闲。因此，无论是语言本身还是表现形式都与我们今天的生活相去甚远。如何突破时代限制，以古人的思维方式来思考，也是诗词学习的一大挑战。最后，学生对授课方式不感兴趣。大部分教师通常只采用讲授的方式进行古诗词教学，更有甚者，整堂课都是教师的“独角戏”，几乎没有与学生进行互动。这样的古诗词教学，没有引导，没有创新，学生只需跟在教师身后“亦步亦趋”，完全没有个性化体验，学生能否对古诗词学习产生兴趣，结果可想而知。

（二）传统教育观念的影响

受传统教育的影响，长期以来，应试教育积重难返，成为课堂教学的“指挥棒”。强调知识传授与记忆，把考试分数、升学率当作衡量一切的标准，把学生全然看作“储备知识的仓库”，忽略了教育活动的过程性价值。要实现教育的完整价值必须足够理解和掌握教育的过程性质和过程价值，注重开拓知识意义和发展知识的价值。所以，教师在教学中不能一心只想达到教学的某种效果，追赶教学的进度。教育与人的幸福、人的发展相联系，不能无视教育对学生精神成长所发挥的巨大作用。

一方面，由于大部分教师成长于应试教育模式之下，传统的知识观在他们心中已经根深蒂固，除非教师自身进行根本性的反思，否则他们也很难挣脱记忆中的固性思维。传统的知识观认为，知识是普遍的、僵化的、供人掌握的终极真理，而教师只是把知识视为定论传递给学生，教学的目的就是学生在课堂上掌握和存储知识本身。这种“内容本位”的知识观与教育价值的丰富性相背离，认识过程需要包含学生作为人的情感体验，而不仅仅是把学生当作占有知识的传声器。若是教师漠视人们对诗歌持有的争论和前因后果，只是简单地依据教学参考书进行粗暴的解读，在学生的大脑中植入标准答案，那么学生将会失去一次陶冶心灵、发展思维的契机。

另一方面，语文学科讲究工具性和人文性的统一，在传统教育背景下，大部分教师只注重语文作为语言工具的功利性价值，而忽视语文教育对学生精神生命的照拂。语文学科，尤其是古诗词中所蕴含的人文精神和文化价值被功利性教学所冲刷，语文课沦为了认知课、技能课、记忆课。当学生面对一篇篇美妙的诗词，却只能对其百无聊赖地条分缕析、翻译默写，而不能满怀憧憬地沉醉在诗意的想象中，不能与诗人进行心灵的交流、精神的感悟、情感的共鸣，又怎能奢望通过教育培养身心健全的人呢？

（三）教师缺乏对古诗词的深入研读

部分教师对诗词的研读不够深入，诗词素养比较薄弱，这将直接影响古诗词课堂的教学效果。

A 教师：我更喜欢现代文学，对古诗词不是太感兴趣。因为古诗词中文言知识非常丰富，讲究格律、对仗、押韵等，没有对这些进行过系统的学习，只是教学时遇到一些必须了解的文学知识，在备课的时候看教参就可以了。

B 教师：我个人还是比较喜欢读诗的，在教学时品味着诗的语言，如临其境。有时候也会到网络上去搜索一些其他教师对诗词的解读和配乐吟诵，但平时事情也比较多，并没有专门的时间去学习吟诵技巧和格律相关的知识。

教师古诗词素养薄弱主要表现在以下两点：一是缺乏古诗词相关理论知识；二是未能深刻理解诗词的特质。首先，有的教师自身对古诗词缺乏兴趣，并且对格律相关的知识没有深入的把握，只在教学时通过教学参考书理解相应的知识。教师自身缺乏深入的钻研和学习，想必古诗词教学的效果也不会好。同时，喜欢读诗和喜欢读并且真正地去读是两回事，B 教师表示喜欢读诗，但由于一些事务缠身，也只是在需要教学古诗时品读课内的古诗，缺乏高雅的情怀，很难沉浸于诗词深远的意境。若是教师的阅读量不够，缺少对诗词的品味、感悟，又怎能在教学时旁征博引，引领学生走入诗境，体会诗情呢？其次，未能深入把握"诗性思维"，导致教师走进机械理解，难以给学生进行正确的引导，将学生的思维引向僵化。在古诗词学习中，对景物的想象并不能一味地强调界限，要让学生的想象富有张力，更灵动，其中体现的就是"诗性思维"。如果教师自己思维固化，也难以给学生带来有活力的诗词课堂。

（四）教师日常工作繁重

古诗词教学要想讲授得精彩，教师必须做好教学工作的第一环——深入钻研古诗词，深入了解学生的诗词基础，设计好诗词学习活动。而做好这些工作的前提是教师要有足够的时间和精力。对小学语文教师进行访谈，他们常常感到在古诗词教学中力不从心，并且表示除了要完成所教语文学科的教学工作，他们中的大部分教师还要担任班主任的职务，需要完成班级日常的管理工作，完成学校的各类检查、补写材料，还需要与家长沟通学生的日常情况。另外，"双减政策"的实行，小学增加了课后延时服务，在某种程度上，也是由班主任"承包"了此项工作，这都占据了教师大量的时间和精力。教师大部分时间游走于这些繁琐的事务之间，导致心有余而力不足，实在难有闲情逸致静下心来研读诗词，精心设计诗词教学活动。作为从事"太阳底下最光辉的职业"的教师，还承担着来自社会、学校、家长的各方面的压力，人们对教师有着高期待、高标准、高要求。当期待与现实不一致时，人们会把矛头纷纷指向教师，这使得教师不但身体疲劳，而且内心充满无奈。除此之外，基本每位教师手里都有年级教师集体编写的参考教案和学校提供的现成的课件，所以一些教师会以节省时间为目的直接拿来使用。

第四节　深度学习视域下的小学语文古诗词教学策略

深度学习发生在每个年级、每个学段学生的学习过程中，只是根据学生的年龄特点和认知发展规律，学生学习内容的深度有所不同，教学目标对学生知识、能力和情感发展的要求程度不同。由于学生在不同年龄阶段思维发展程度不同，基于比格斯 SOLO 分类理论的五个思维层次，尝试对古诗词深度学习过程中学生思维的发展做出以下解释：

第一学段学生的思维处于前结构和单点结构阶段，学生辨别信息的能力弱，且注意力多只能集中在一个问题的解决上面，因此，这一学段的古诗词深度学习无需刻意做深刻状，亦无须人为“拔高”花过多的时间，深入体会作者情感，体会古诗词的主题思想。这一学段要求教师在教学过程中尽量采取直观化的教学方式，发展学生的具体形象思维，更准确地进行古诗阅读认知活动。

第二学段学生的思维处于多元结构关联阶段，能够对多个知识点进行简单的关联组合，建立知识结构和体系，解决实际问题，抽象思维能力有所提高，教师有意识引导学生从多个角度看待古诗词知识，通过质疑的方式，启发学生提出不同的问题并解决问题的能力。

第三学段的学生已经有了初步的抽象思维能力和抽象拓展能力，学生能迁移运用知识，在新的情境中解决问题并能拓展知识本身的意义。在古诗词深度学习的过程中，教师应当给学生更多的时间进行思考，创设新的问题情境，教给学生解决问题的方法，帮助学生实现知识的迁移和运用，推动学生的逻辑思维能力发展，从而深入体会文本意义，实现古诗词的深度学习，推动学生全面可持续的发展。那么如何帮助学生在原来的思维水平上实现更高层次思维发展，达到一石激起千层浪的效果呢？基于以上思考，结合对古诗词深度学习路线的分析，针对当前小学古诗词教学现状，从教师教学的角度，提出以下几点促进学生深度学习的策略：

一、建构整合知识，把握诗词深度

分析语文课程标准是促进学生古诗词深度学习的前提条件。语文课程标准倡导阅读的多元化和个性化，注重激发学生的探究精神和创新思维，培养学生学习的主体意识。教师在语文课程标准的指导下，结合新的古诗词教学目标进行课堂教学。教师既要注重吸收借鉴多种教学资源，帮助学生“多元化”“个性化”地解读文本，获得独特的阅读体验，提升创新意识和实践探究能力；又要立足文本本身，厘清文本主线，站在学生发展的角度“科学有度”地解读文本，整合知识，帮助学生建构自己的知识体系，实现多元有度的解读古诗词文本，促进学生的深度学习。

（一）立足文本，建构主线

教师在新课标的指导下对古诗词进行文本解读，设计教学内容。其中，文本指的是编选进小学语文教科书中的古诗词，“解读”是深入探究古诗词本身所具有的结构和内容，从文章本身的文学性以及在学科和教学层面提取教育内容，让文本充满教育价值。文本解读需要深入细致、真切彻底地感知和理解，注重文本作品的理解和审美。文本解读是多元化多角度对文本内容和结构进行深层次的思考和解释。文本解读的水平如何直接影响着语文教学的质量如何。深度学习强调学生对知识本质和形成过程的深度思考，在理解的基础上促进学生深度学习。深度解读古诗词，是和古诗词对话的过程，要实现教师为深度学习而教，学生为深度学习而学的过程。教师需要注意的是理解文本产生的过程，凝练的古诗词背后语言的建构、注重诗人创作背景和情感的诞生过程。在探究文本的过程中形成教学设计。教师指导学生进行深度学习，帮助学生透过现象看本质深度理解古诗词，从简单死记硬背机械记忆的浅层学习引导学生深入挖掘文本背后蕴含的思想价值，通过一首古诗孤立理解迁移建构到整个单元和整本书的评价、应用及反思。推动思维向深处行进，向宽度拓展。

例如，教师对《浪淘沙》这首古诗进行深度解读。诗中描写了黄河的雄伟气势，表现了诗人豪迈的气势。因此，教师设计了以下教学目标：正确、流利、有感情地朗读古诗；抓关键词语理解诗歌大意，通过朗读想象黄河的汹涌澎湃的气势；体会诗人豪迈之情和对田园生活的向往。同时，教师设计了四个板块：解诗题，知作者；初读诗，感节奏；抓字眼，明诗意；品诗悟情。先放手让学生解诗题，从整体上把握诗文大意，其次感受诗词的语言节奏，通过质疑抓关键字的方式，师生共同解决难题，把握“抓关键句，把握文章的主要观点”的语文要素，创设情境，帮助学生理解诗人情感。教师立足古诗词本身，在充满语文味的课堂中，促进学生的深度学习，实现学生的一课一得。

厘清教学思路形成清晰的教学主线是文本解读的关键。这就要求我们站在不同角度去读和理解古诗。第一次是以教师教学角度去朗读古诗，这首古诗可以教给学生什么内容，如低年级的字词和背诵的方法，中高年级激发学生想象力，结合意象，体验古诗词意境，品悟作者情感，促进学生的高阶思维的发展，教给学生什么作为解读文本时的重点；第二次是以编审者的角度解读古诗词，结合当代主流价值观和时代要求揣测编审者的意图，培养学生正确的价值观，促进核心素养的形成；第三次是以学生的角度解读文本，考虑到学情，全面了解学生，学生可能在哪些方面感兴趣，可能存在哪些方面的困惑，这都是教师进行深度解读的重难点。教师最少经过这样三次读古诗，才基本能够厘清古诗的文本意图，把握教学内容的深度，形成教学思路。

（二）走出文本，整合知识

走出文本，整合知识，多元解读是古诗词深度学习的重要途径。古诗词深度学习注重多元理解知识，是指教师借助各种资料多角度、多层次地帮助学生更好地理解新知识，教师在帮助学生整合和转移新旧知识方面发挥辅助作用，促进学生古诗词深度学习。教师在古诗词教学中，整合资源，帮助学生建构自己的知识体系。一方面，教师可以整合同主题的作品。以“战争”这一主题为例，有王昌龄的《出塞》，王昌龄借皎洁的明月和雄伟的城关歌颂战士们与侵略者血战到底、不屈不挠的勇气和决心；还有他的《从军行》，用“青海长云”“孤城遥望”表现出边关将士们无奈、决绝的心境。有王之涣的《凉州词》，以杨柳、春风写出戍边士兵的怀乡之情。虽然这些古诗词不属于同一作者，选取的意象也不同，但都围绕“战争”这一主题进行创作的，用来表达战争残酷，对穷苦百姓的同情或者是收复山河的决心和豪情壮志。另一方面，教师可以通过延展诗人的作品，整合学习资源。以李白为例，在学习他的《望庐山瀑布》时，同时带动学生学习《望天门山》等。了解诗人生平，知人论世的感悟古诗词语言风格。教师在教学时能够改变传统的单一古诗教学，分析新课标，整合多种资源，更好地把握诗意，更加深刻地理解诗人的情感，促进学生古诗词的深度学习。

二、注重主动参与，品味诗词语言

学生是古诗词深度学习的主体，教师在进行教学时要注意激活学生经验和原有的背景知识，唤起学生学习的热情和积极性，引导学生获取新知。由于古诗词的特殊性体现在它的语言排列整齐，精简凝练，合辙押韵，节奏清晰、适宜吟唱。在视觉和听觉上具有显著特点，因此，教师引导学生品味古诗词语言，帮助学生积极主动参与到语言理解和语言应用的活动中来，培养学生语感，进而促进学生对古诗词的深入理解，实现学生的深度学习。

（一）诵读语言，把握诗意

新课标注重学生在诵读过程中体验情感，展开想象，领悟诗文大意。古诗词的诵读过程是学生还原古诗词语言形象的过程，它能够帮助学生学习古诗词语言。常言道“熟读唐诗三百首，不会作诗也会吟”。因此，在古诗词教学中务必重视反复诵读。诵读不是无目的地反复朗读，教师要注重学生的诵读指导。首先，教师指导学生注重诗词的格律，停顿和节奏。所谓格律，是指诗词中字数、句数、押韵和平仄等方面的格式和规则。它讲究格律平仄，平仄相间，错落有致，读来有抑扬顿挫的韵律感。以贺知章《回乡偶书》为例，教师要注重引导学生读出古诗平平仄仄仄平平的声韵。其次，教师要注意指导学生把握古诗词的节奏，比如语速的轻重快慢、语音的高低起伏等。在节奏的帮助下，学生能够更好地把握诗人的情感基调。

比如，张继的《枫桥夜泊》，月落 / 乌啼 / 霜满天，江枫 / 渔火 / 对愁眠。孤苏 / 城外 / 寒山寺，夜半 / 钟声 / 到客船。按照二二三拍的节奏诵读，把握古诗词朗读的节奏，读出古诗的节奏美，体会作者落榜后的孤寂和凄凉之感。同时这首古诗合辙押韵，教学时引导学生从“天”“眠”这些字中去感受诗句的韵律美；从“月落”到“渔火”去想象、感受幽静冷清的意境，深入体会作者的孤独悲伤之情。

古诗词的诵读还有其他的方法可以借鉴，比如：录音范读、教师范读、集体诵读、小组诵读、学生代表范读、分角色诵读等。同时，教师可以将古诗词的诵读与多媒体的使用结合起来，比如配乐朗读等等。还可以开展古诗词兴趣活动，提高学生语言理解的参与程度，促进古诗词的进一步学习；之后，教师引导学生融入情感，只有这样才能理解诗人的真情实感，实现与诗人的对话，更好地诵读和鉴赏古诗词。

例如，在王崧舟老师在执教《枫桥夜泊》时，通过引导学生有梯度地朗读，帮助学生深入古诗，把握诗意。第一阶段：读顺口。“自由读一读这首诗，反复地读，一直读，读到清爽了、顺口了为止。”第二阶段：有板有眼地读，读出节奏。比如，“愁眠”的“愁”是翘舌的，读得一丝不苟！第三层：读出味道。不同于传统的跟教师读的做法，师生合作朗读，“每句诗的前四个字你们读，后三个字我来读”，接着师生顺序对调合作朗读古诗词。教师通过自由读、个别读、师生合作读等多种形式的朗读，指导学生读顺口、读出节奏、读出韵味。引导学生有梯度地诵读，抓住古诗词语言本质的特点，帮助学生有维度、有梯度地理解语言，在诵读古诗中把握诗意，进而促进学生深度学习古诗词。

（二）咬文嚼字，言意互生

“书画之妙，当以神会”，语言文字之妙古更需细细品味。古人写诗讲究“炼字”，在一首古诗的创作过程中，诗人总是字斟句酌，反复选字填词，加工打磨古诗词。每首问世的古诗词都是诗人精心设计和深度加工的，是诗人反复权衡下的智慧的结晶。因此，古诗词深度学习更应该注重咬文嚼字。

例如，A 教师执教的《泊船瓜洲》中有这样一个片段。“春风又绿江南岸”中“绿”字用得巧妙，据说他最早不是用“绿”而是“到”，后来又换成了“过”“入”“满”，最终定下“绿”字，它究竟好在哪里，我们一个一个摆进去试一试。A 教师在赏析古诗词时抓住“绿”字，锁定诗眼，通过比较、品“绿”味。学生将“到”字摆进古诗中发现，这个“到”字只是说明春风来了江南岸，春风到来，万物复苏的特殊之处并没有通过这个“到”字展现春风的生命力。学生通过“摆字进诗，依次比较”的方式，体会到不同的语言带给古诗的作用，来感受咬文嚼字的魅力，体会“绿”字在诗中的传神和动感，进而尝试理解诗人选词造句的意图和情感，让学生感受到了作者的用字之妙。掌握了诗歌的诵读技巧后，就能更好地激发学生兴趣，调动学生自主参与探究古诗词的积极性，为学生营造出安全、良好的学习气氛，给予学生归属感，有助于引导学生发挥主观能动性有针对性地咬文嚼字，为知识的深加工打下良好的基础。

三、学会理解批判，发展高阶思维

深加工知识是古诗词深度学习过程的关键。学生在激活原有知识的基础上，理解批判新获取的知识，促进思维的发展与提升，培养学生的高阶思维。小学古诗词教学中注重培养学生理性思维，通过质疑问难，批判反思等方式理解古诗词知识，领略诗艺，体会诗人的情感，发展学生的诗性思维，促进学生深度学习。

（一）质疑问难，领略诗艺

教学是启迪智慧、提高学生思维的事业，教师应该具备善问的艺术。好的问题导学可以让学生的思维动起来，达到一石激起千层浪的效果。同时它帮助学生批判理解古诗词知识，有助于培养学生的诗性思维。问题导学的起点在于“问”，支点在于“导”，落脚点在于“学”。激发学生思维，最终转化为学生自己的问题，促进学生主体的自动、自觉和自悟。好的问题设计能够激起思维的火花，促进学生深度学习。由于古诗词文体的特殊性，学生很难与其进行对话。教师应注意教学设计是否帮助学生真正理解古诗及其背后的深层含义，把每一个不易理解的问题作为思维训练的出发点，围绕着具有挑战性的学习主题，不断改进教学设计，掌握善问的艺术，帮助学生对知识的表征和内涵有更深刻的认识，达到思维训练的目的，使教学逐步走向深度发展，从而形成古诗的深度学习。

例如，在王崧舟老师《长相思》的教学设计中，他以三个问题贯穿了全文，层层深入，帮助学生深入理解古诗词。第一问：“读到这个时候，你是不是该问一问纳兰性德了，你的脑子里冒出了什么问题，想问一问他。”这一问，把问的权力还给了学生，学生变为提问的主体，充分调动学生的积极性，让学生与作者之间建立起心灵的沟通。第二问：“还有谁要问一问纳兰性德：问君何时轻离别，一年能几团圆月？还有谁？”这一问将教师学生带入故园的情境中去，妻子问、儿子问、父亲问等等，让学生感受到人物内心的矛盾和冲突，体会到诗人并非“轻别离”而是为了保家卫国的大义。第三问：“默读古诗，你在哪体会到，我，纳兰性德没有轻别离啊？”这一问更将学生带入古诗中，再次深刻体会作者的思想感情。

通过上述案例得到以下启示。首先，问题的预设要体现层次性。王老师设置了三个问题帮助学生理解古诗词，每个问题都有其不同的用意和需要达到的教学目标，且问题难度逐渐提高，无形之中引导学生展开深入思考，促进思维的高阶发展。其次，问题的预设要找准切入点凸显重点。这样就使得教学更紧凑、更整体化。王老师通过让学生向纳兰性德提问的方法，实现了学生与诗人的对话，将学生带入古诗创作情境之中，有助于学生揣摩诗人当时的情感。最后，将课堂还给学生，多给学生一些时间通过默读的方式思考，促进学生产生独特的见解。学生在思考问题的同时，就是在对知识进行深加工的过程。学生对于古诗不单是简单的机械记忆和背诵这种浅层化的简单学习阶段，更是深度学习的过程。

（二）批判反思，领悟情感

学生是发展中的人，有着巨大的发展潜力。深度学习重要的特征是学生的发展性。强调学生在理解的基础上批判学习知识，有自己的思想，对于教师讲授的知识敢于质疑，能够提出自己的观点，不唯答案是从，对所学内容能批判性看待和吸收，满足自身成长发展的需要。因此，教师在古诗词教学中要引导学生理解知识，批判质疑，反思知识，促进学生的思维向深处蔓延。

例如，对五年级《示儿》课堂教学的观察：

教师：同学们，陆游在临死之际留下遗言，你能用文中的诗句说一说吗？

教师：诗人在第一句中这样写“死去元知万事空”，请问这个“空”作何解释？

学生：没有了。

教师：那么“万事空”是指？

学生：所有的事情都没有了。

教师：那么请问陆游他在乎吗？他根本不在乎，从哪个词可以看出陆游的不在乎？

学生：“元知”。

教师：“元”字怎么理解？

学生：原本，本来。

教师：陆游原本就知道，人生不带来死不带去。是什么事情让他死去仍念念不忘的呢？

学生：九州同。

教师：诗人却说“但悲不见九州同”，那么诗人是为了什么“悲”呢？谁能用诗中的话回答？

学生：但悲不见九州同。

在教学片段中问题设计的目的是透过字词体会作者陆游渴望看到收复旧土对祖国深沉的爱，教学方式以教师提问，学生回答为主。学生按部就班的跟着教师学习知识，按照教师的思路进行思考，教师灌输式地传递知识，学生不假思索地全盘接受，但教师的教学设计中大多涉及的是表面化知识的学习和对诗句简单的理解，没有能激发学生对陆游悲伤后面原因的探讨，教学内容不够深入，对于教师直接揭示的诗人强烈的爱国之情，学生没有进行追问和批判性思考，一味盲信盲从教师传授的内容，不能提出自己的见解，产生独有的阅读体验，学生对古诗词的学习和思考浅层化。

同样的，以薛法根老师在《示儿》中的提问设计为例，进一步提出，巧妙设计问题，有利于激发学生的批判反思，加深对古诗词情感的领悟，促进学生的深度学习。

教师提问：既然说死后万事皆空，为何独要“悲”？这一问题，引起学生的认知冲突，诗人本来就知道死后独留“空”，为何会在死后还在为“九州同”而感到悲伤呢？学生在对“空”与“悲”的理解中产生了矛盾冲突。学生产生认知冲突的过程，就是知识深加工的过程，学生新获得的认知对原来的背景知识产生影响，学生在解决冲突的过程中促进自己的思维向更深处发展。学生超越原来的认知，对“悲”有了新的理解，明白了诗人的“悲”并非局限于个人的情感，更多的是在国家存亡之际表现出来的无奈和感伤。教师顺势提问：陆游原本就知道人去世后就不能接收到任何俗世的信息了，为什么还要让他的儿女在北定中原之日，告诉他这个消息呢？这样写矛盾吗？教师通过提问再次引起认知冲突，激发学生对问题的思考，批判理解陆游深刻的爱国之情。教师从学生生活经验和矛盾冲突入手，提出问题，帮助学生深刻理解诗人深层情感。

又如，学习《题西林壁》时，教师帮助学生切实领会“横看成岭侧成峰，远近高低各不同”时可以将皮亚杰（J. Piaget）的“三山实验”放到课堂中来，让学生从不同角度直观的获得表征。让学生能够讨论原因，在相互论证的过程中，激发学生的批判性思维。激发学生探究热情与积极性，在游戏中提高学生的问题解决能力。同时，教师联系生活实际引导学生进行反思，学会用不同的角度看待问题，同一问题也会有不同的解决方法的道理。学生在批判理解的过程中，反思自己的行为，多层次多角度地理解知识，从而推动思维的发展，将知识落到实处，迁移运用知识，解决实际问题，实现有意义学习。

四、加强活动体验，创设课堂情境

创设良好的课堂情境，营造良好积极的课堂气氛是展开古诗词深度学习的有效保证。教师创设真实有温度课堂情境，开展活动，活动中体验古诗词的意蕴，帮助学生学习古诗词。深度学习强调真实情境的创设，而教育情境的创设与生活联系密切，教师要注意激活学生生活经验，帮助学生联系古诗词意象，大胆想象古诗词意境，促进古诗词深度学习的展开。因此在以下两个方面提出教学策略：

（一）联系意象，调动想象

古诗词是人类文化智慧积淀而成的精华。古诗词语言凝练且具有跳跃性，审美含蓄委婉，往往是“言有尽而意无穷”给人留下很大的想象空间。因此，教师在促进学生古诗词的深度学习时，需要开展多样的教学活动，调动学生原有的生活经验和背景知识，充分调动学生的想象力，通过联想和想象，引导学生对当时的活动场景进行大胆揣测猜想，结合古诗词意象把画面变得丰满，体会诗歌的画面美，在教师创设的情境中，增加自己的情境体验，理解古诗词的思想感情，整体感知古诗词的意境美。

例如，盛新凤老师执教的《游园不值》有这样一个片段：

教师：叶绍翁虽然没有直接写出满园春色，但我们想象和描绘却填补了这个空白，是什么唤起了诗人对满园春色的联想呀？

师生：红杏。

教师：这枝红杏出墙来了，一个“出”字，让我们感受到春天无穷无尽的生命力，是谁赋予了红杏顽强的生命力？

师生：春天。（配乐读诗）

首先，作者联系意象，激发学生想象。“一枝红杏”引出对满园春色的遐想。其次，教师运用音乐，渲染情境。再次，教师联系学生已有的知识，引起学生想起春天红杏盛开的画面，结合诗句内容激发学生的想象力，激活原有的背景知识，体会诗人对红杏出墙的惊喜和对春天的喜爱和赞美之情，促进学生智慧的生成。最后，教师借用多媒体播放音乐，渲染学习古诗词的气氛，触发学生的情感，教师在这首写景诗中，通过抓住古诗中“一枝红杏”这一物象，营造了“言有尽而意无穷”的审美空间，学生置身于教师创设的情境中，增强对这首诗的情境体验，就抓住了诗的意蕴帮助学生体会意境美，加深了学生对古诗的理解，促进学生审美发展和古诗的深度学习。

（二）创设情境，体验意蕴

课堂情境的创设，可以激发学生情感，引发学生思考，达到迁移运用知识解决问题的目的。深度学习注重情境体验知识的形成过程。在古诗教学中，教师也应遵循情境性原则，要促进学生的深度学习，最高境界是进入古诗意境。根据语文古诗词的特点和学生的需要，创设具体情境，将学生带入诗人创作古诗词时的场景中，体验诗人的情绪和情感，帮助学生理解古诗词的内涵，实现与诗人的情感对话，情绪共鸣的境界。带领学生发现美、欣赏美、鉴赏美，使学生为之动情，让学生在深刻的体验中享受成功的喜悦。

例如，窦桂梅老师执教的《清平乐·村居》有着这样一个教学片段：

教师：你们都看到了哪些画面？首先，第一幅画看见了是谁？大儿锄豆溪东。仔细观察这幅画，嗨！看他的样子，我们送他一首《锄禾》诗吧！

教师：多么勤劳的大儿子哟！谁再来？你又看到了什么画面？

学生：二儿正在织鸡笼。

教师：请你大胆地想象，他为什么要织鸡笼啊！

学生：他为了养家糊口，帮自己妈妈赚钱。

学生：我看到了小儿正在溪边剥莲蓬。

教师：哦哟，那我就一起也来看看（出示画面），一起把你看到的用一句诗句再来读读，一起来。

首先，借助意象，想象画面，进入情境。这首诗中意象简单，却构成了一幅和谐的田园生活图。教师通过对豆田、小溪等意象的解构，使得那单薄疏淡的景物，与平凡普通的人相互融合，焕发生机和独特的审美体验。诗中有三个想象画面，大儿锄豆溪东、二儿织鸡笼、小儿溪头卧剥莲蓬。引导学生发挥想象，描述自己所见，从古诗的意象入手，大胆想象所描绘的诗人生活图景，探索古诗的魅力。学生在此活动中仿佛亲眼看见了三小儿的乡村生活，积极表达，改变古诗词课堂以往固有的课堂模式和沉闷的课堂气氛。其次，借助多媒体，直观展示。教师利用影像创设情境，降低了古诗难度，增加了趣味性，学生通过图片，切实感受到文本的意境。最后，反复诵读，感受场景。通过朗读感受古诗所营造的意境，感受田园生活的闲适，促进学生对古诗的学习和理解。

同样的，在观察到的《四时田园杂兴（其二十五）》中有两处情境创设的教学片段值得我们借鉴。

第一处教学片段：

教师：同学们，春天到了，让我们一起投入大自然的怀抱吧！（出示田园风光的图片）你们看到了什么？

通过图片创设情境，激情导入，将学生带入田园生活中，不但直观地展示了春天田园景象，而且唤起学生的生活经验，激发学生的学习热情，营造了良好的学习气氛，为接下来理解诗人对田园生活的向往做出铺垫。

第二处教学片段：

教师：现在我们就是诗人，先走在田间，看见这样美丽的风景，不由自主地脱口而出的诗句是？请大家有感情地进行朗读。

教师把学生带入诗人的角色中，让同学们大胆想象自己在这样的情景下的心情是怎样的，进而深入体会古诗词的意蕴。

五、注重迁移运用，有效解决问题

迁移运用知识是检验古诗词深度学习的有效途径。深度学习注重学生迁移运用知识，在新的问题情境中，学生将所学知识与生活相联系，解决实际生活问题。新课标明确规定了小学阶段学生古诗词诵读的数量，由于语文教科书中古诗词数量有限，这就需要学生联系课外古诗词进行学习。学生将在古诗词课堂教学中学到的方法，以点带面迁移运用到课外古诗词的学习中去，积累大量的古诗词知识，提高古诗词学习的能力。同时，教师注意拓展学生的思维结构，通过读写结合等方式系统探究古诗词内在价值，结合新时代对古诗词提出的新要求，深入挖掘古诗词的文学价值和教育价值，拓展新内容，实现知识的迁移运用和创新。

（一）读写结合，系统探析

古诗词语言精简凝练，有着丰富的文化知识，是学者们的智慧结晶，具有高度的文学价值、教学价值和鉴赏价值。古诗词深度学习要求学生不仅停留在“会读”的思维层次上面，更要注重读写结合，系统探究古诗词，学完一首古诗后，学生将其作为样例，触类旁通地进行续写或者仿写古诗词，把所学的知识活学活用，将自己的想法以文字的方式落到实处，以读促写，以写促读，读写互动共同提高学习效率。这种方式既丰富了古诗词教学形式，调动学生的参与性，又能加深学生对古诗的理解，实现古诗词的深度学习。

例如，在学习《宿新市徐公店》这首古诗时，教师可引导学生进行续写。这首诗描绘了一幅儿童在稀疏的篱笆前顺着幽深的小路急追蝴蝶的景象。最后一句“儿童急走追黄蝶，飞入菜花无处寻。”通过“急”“追”这两个动作描写，生动形象地刻画了一个活泼可爱、有猎奇和好胜心的儿童形象，表现了孩童对蝴蝶的喜爱之情。同时，在写作手法留白，“无处寻”让人们仿佛看见了蝴蝶飞进金黄色的菜花地，孩童边追边找，却又手足无措的景象。教师在此处可以进行续写的教学设计，通过引导学生“儿童追过去，看见了什么？”“没有寻找到蝴蝶，那他可能会寻找到什么？”给学生提供续写的思路，也可以放手让学生展开想象的翅膀，自由发挥。但是需要注意的是，不论是续写还是仿写古诗词，都是在符合实际情境，结合学生生活经验进行的写作。

教师要把握读写转换契机，注重学生语言提升。学生在仿写的过程中会注重诗词的节奏、韵律，注重咬文嚼字，联系相关意象，展开想象，对知识进行深加工，体会诗的意蕴，注重情感的表达，促进思维向深层次的发展。

例如，在学习《咏鹅》这首诗时可以让学生进行仿写。小学阶段的学生具有很强的模仿意识，且在学生学习中做过很多仿写句子的练习，教师结合学生已有的基础，在进行古诗词教学时，可以让学生仿写。《咏鹅》这首诗语言简单，读起来朗朗上口富有节奏感，且白鹅是学生生活中熟识的事物，可以让学生仿写“咏鸭”“咏鸡”“咏草”等可以殷勤学生共鸣的事物，教师抓住古诗词读写转化的契机，将学习到的新知识迁移运用到新的情境中，学以致用，促进古诗词深度学习。

（二）文史结合，拓展创新

古诗词内涵丰富，意蕴深远，有着丰富的文化知识。教师在新课标的指导下，充分挖掘古诗词中蕴含的优秀传统文化知识，引导学生正确认识古诗词的文化价值，结合新时代对古诗词教学提出的新的要求，赋予古诗词新时代新意义，拓展创新古诗词，形成学生的文化自觉和文化自信。

教师要抓住契机，渗透优秀传统文化。一方面，教师在教学中拓宽古诗词学习领域。教师可以关注日常生活，探寻文化精髓。就拿节日文化来说，王安石的《元日》中写出除夕时要燃放爆竹，学生古诗的学习，结合学生的生活经历，在新年时爆竹声中也会迁移运用知识，有感而发“爆竹声中一岁除，春风送暖入屠苏”既能迁移运用知识，也能传承优秀文化。另一方面，教师营造学习氛围，渗透传统文化精神。随着信息时代的发展，教师在课堂当中可以充分利用多媒体信息技术，营造出浓厚的学习氛围。信息技术的发展为深度学习提供了有效的物质支持，如在古诗词导入环节，教师使用多媒体展示跟传统文化有关的图片，配合音乐讲述诗人生平和精神，直观地展示古诗词教学内容，创设教学情境，营造良好的学习氛围，调动学生积极主动地参与学习过程。教师引导学生深入学习古诗词，通过将文学知识和中华优秀传统文化相结合，有助于拓展学生的思维，促进学生的深度学习。

第五章　深度学习视域下小学语文阅读教学

第一节　概念界定与理论基础

一、小学语文阅读教学中深度学习的价值及功能

深度学习注重知识与生活经验的联系，强调知识与智慧的统一，关注学习者对知识的迁移运用。在小学语文阅读教学中应用深度学习，对学生、教师及教育教学有以下作用。

（一）有利于培养学生的核心素养

核心素养是指学生在接受相应学段教育的过程中，逐步形成适应个人终身发展和社会发展需要的必备品格与关键能力。核心素养的提出，意味着我国育人目标发生了转变，因此课堂教学也必须发生根本性的变革。深度学习注重学生对知识的理解与整合，对学习内容的迁移运用，旨在培养学生的高阶思维和问题解决能力。在小学语文阅读教学中走上深度学习之路有利于培育和发展学生的核心素养。具体来说，在小学语文阅读教学中应用深度学习，有利于学生结合生活经验理解课文知识和文章情感，进而丰富和完善学生现实生活中的情感，塑造学生良好的品行，实现课文知识与生活经验的转化融合；在学习课文内容过程中，注重学生对课文整体逻辑结构的学习，逐渐建构课文知识体系，有利于培养学生的高阶思维；在学习课文知识时，注重反思，及时反馈和修正自己的错误，有利于提高学生的元认知水平，促进学生对课文知识的迁移运用。

（二）有利于促进教师的专业成长

教师专业成长的质量将影响学校的发展，而深度学习有利于促进教师的专业成长。基于深度学习理论提出的小学语文阅读教学中深度学习的实施策略，可以为教师创造性地进行教学设计和实施课堂教学提供一种新的思路与策略，有利于提高教师的教学能力，进而促进教师的专业成长。

（三）有利于促进教育教学的改革

深度学习是一种基于理解的学习理念或学习方式，它追求一种高品质、高效率的课堂教学，深度学习在小学语文阅读教学中的主要价值在于通过对小学语文阅读内容的品读，使学生在掌握语文知识的同时，培养学生的思维能力和问题解决能力，并在教学过程中实现对学生良好品行的塑造。而考查与评价教育改革或课程改革的一个重要维度就是看课堂教学是否发生了变化。

二、基于深度学习的小学语文阅读教学特征

对比传统的浅表学习，深度学习的主要特征有以下几方面：第一，在学习目标上，不仅关注学生知识层面的接受程度，更关注学生思维能力的发展；第二，在学习内容上，拓

展教材与生活的联系，文本内容更加多元化；第三，在学习方式上，更加关注学生本身的主动探究、合作研讨；第四，在学习评价上，评价方式更加多元化、个性化；第五，在学习效果上，促进学生概括、应用能力的发展。具体内容如下。

（一）教学目标上：发展性、多维性

传统的阅读课堂存在灌输式学习与被动式学习的现象，教师只是简单地带领学生拆解词句、读法、写法，毫无章法地泛泛浅读。基于深度学习的语文阅读教学目标应该讲究“发展性”与“多维性”的结合，既要关注学生对语言基础知识的习得，也要注重学生文学视野的开阔以及思维能力的发展。要想达成语文阅读教学目标中“发展性”与“多维性”的结合，教师需要做到以下几点。首先，学生需要关注阅读课堂上学生的参与度，保证大多数学生处于全身心阅读状态，以及保证学生能够清楚知道本节课的重点知识；其次，教师应立足于单元学习，确保知识的整体性，重视情感态度与价值观目标的达成，激发学生对阅读内容的深度理解；最后，教师应促进学生高阶思维能力的发展。高阶思维能力内涵丰富，包括学生的批判性思考、问题解决及创新能力等，这是区别于普通阅读教学目标的关键。

（二）教学内容上：结构化、系统化

传统的阅读教学内容以教材为主，忽视了学生的已有经验及生活实践。深度学习是经过复杂的信息加工，建构知识间的意义联系，并对已有经验与新知识进行精细加工。值得注意的是，阅读教学倡导的深度不是单纯地增加知识难度或阅读数量，更不是脱离阅读文本的任意延伸和拓展，而是立足于学生的最近发展区，寻找最佳的“度”，从而提高学生创造性思考问题的能力。因此，教师首先要立足于学生的最近发展区，为学生设计一定具有挑战性的任务；其次，教师应整合新旧知识之间的联系，使之结构化、系统化；最后，课堂教学应充分调动学生的学习积极性、主动性，发挥师生共同体的潜能，使整个课堂轻松而不失深度。

（三）教学方法上：灵活化、多样化

传统阅读课堂以讲授法为主，注重知识层面的灌输。深度学习视域下的阅读教学方法不是固定的，教师可根据教学内容灵活选择多种教学方法，如创设情境法、对话法、合作学习法等。首先，教师利用多媒体辅助设备创设教学情境，让学生在情境中丰富认知、加深理解。其次，教师可以通过师生对话、生生对话的方式拓展学生的阅读思路，引导学生进一步思考。最后，教师应重视学生与他人的合作研讨。不同于普通课堂上形式化的前后四人小组合作，深度学习视域下的阅读课堂是聚焦阅读问题，学生自由组建兴趣小组，这样的深度研讨形式集思广益、分工明确、释放个性，因此要求教师建立完善的合作学习机制，如提前准备好学习材料、明确分工、做好指导等。

（四）教学评价上：启发性、多元性

与传统阅读教学评价不同的是，深度学习视域下的小学语文阅读教学评价注重评价语言的启发性以及评价主体、评价标准的多元性。首先，基于深度学习的小学语文阅读评价语言丰富，在肯定学生优点的同时指出了其尚需进一步思考的地方，促进了学生阅读学习的个性化。其次，传统阅读课堂评价形式较为单一，以教师评价为主，忽视学生自评和互评，而深度学习视域下的阅读评价主体是多元化的，不仅有教师单向的评价，还关注“师生双向”的互评。最后，传统阅读评价以学生测验成绩为主，评价视角狭隘，且过于重视终结性评价，而基于深度学习的小学语文阅读课堂注重过程性评价，注重学生学习阅读的方法和过程。

（五）教学效果上：运用化、迁移化

传统阅读教学以应试教育为主，目的是让学生掌握知识，考取较高分数等。深度学习理念下的阅读知识习得的目的是迁移应用。首先，学生要学会独立阅读与思考，敢于提问，勇于表达自己的见解，并逐步形成自主思考的好习惯。其次，深度阅读要求学生学会合作学习与分享，这有助于其合作意识、交往能力的提升。再次，善于迁移应用，建构自己的知识体系。学生把知识从文本迁移到生活，从阅读迁移到写作，从课内阅读迁移到课外阅读，才是真正地完成阅读学习，并且使自己的高阶思维能力在迁移中得到发展。最后，发展阅读毅力，使学生能够喜欢阅读、坚持阅读。

三、基于深度学习的小学语文阅读教学理论基础

（一）最近发展区理论

维果茨基（Vygotsky）将儿童发展水平分为两种：一种是现阶段已然具备的水平，另一种是通过学习后即将达到的水平，两种水平之间的差异叫作最近发展区。换言之，在语文阅读教学中，学生通过自主预习对文章能够掌握理解的一个程度水平，属于学生的自主学习水平，这是学生在学习新知识前已经具备的水平。学生通过教师讲解后对文章有了新的理解和感悟，这时的知识领悟和思维层次会达到一个更高的水平。最近发展区理论说明，在阅读教学中，教师要在学生的现有发展水平的基础上，对学生的阅读学习提出更高的要求。因此，最近发展区理论为基于深度学习的语文阅读教学活动的开展奠定了根基。

（二）罗杰斯的有意义学习理论

罗杰斯认为，增长知识是有意义学习的基础目的，此外，教师还要结合学生本身的经验，改变学生个体的行为、态度、个性及未来行动方针的选择。罗杰斯认为有意义学习具有四个重要特征：全身心投入、自动自发、全面发展、自我评价。由此可见，罗杰斯的有意义学习理论与深度学习理论有很多契合之处。这两种理论在学习目标上都不仅仅局限于认知领域，更注重学生的情感体验、思维发展；在学习过程中，强调学生的自主探索、主动思考，激发其内部动机；在学习结果上，强调行为、态度以及未来的综合发展。总之，这样的阅读教学，使学生首先在清晰的学习目标的基础上，能够主动预习、感知文意；其次，使学生通过多种方法在教学过程中全身心投入、自主探索；最后，使学生在思维水平

得到提升的同时，能够迁移运用阅读知识，并能够坚持阅读，培养阅读兴趣。

（三）建构主义理论

建构主义理论有着自己的知识观、学生观、学习观和教师观。首先，知识观认为，不同学习者基于已有经验对同一命题有着不同的理解。其次，学生观认为，教学活动要从学生的已有知识经验出发，进行知识间的相互处理、转换。再次，学习观对学习做出新的解释，强调学习的主动建构性、社会互动性、情境性。最后，教学观最核心的思想是通过创设情境，引导学生通过问题解决来习得知识。建构主义学习理论在语文阅读教学中的应用广泛，如合作学习、情境教学等。这也是基于深度学习的语文阅读教学课堂所提倡的，深度学习要求学习者能够积极与环境中的他人交流探讨，敢于质疑并表达自己的见解。

第二节　深度学习视域下的小学语文阅读教学存在的问题及原因

一、深度学习视域下小学语文阅读教学存在的问题

（一）教学目标：缺乏思维力和统筹性

深度学习视域下的语文教学目标要求关注核心重点知识，力争深层次的情感领悟与高阶思维能力的发展。首先，由调查可知，只有少部分的学生认为教师能够经常明确本节课的学习目标，认为教师能够经常鼓励其进行创造性的学习，以及在阅读教学中能够经常深刻领悟文章情感。由此可知，小学教师多数情况下并不会主动明确学习目标，这样一节课下来，学生对于本节课的核心阅读知识就关注得不到位，并且教师在阅读课堂上很少真正结合作者的时代背景等让学生深刻领悟文章情感，这样也就不利于对学生高阶思维能力的培养。其次，通过访谈发现，教师的教学目标设计聚焦于考试，过度依赖教学参考书，缺乏独立设计教学目标的意识，有的教师甚至把教学内容当成教学目标，忽视了每节课的教学目标应该基于单元目标的维度，没有注重单元的整体性。最后，通过对比案例发现，部分小学教师在阅读课堂上将教学目标停留于知识层面，较为短浅，忽视了对学生高阶思维能力的培养，仅关注学生是否理解课文内容，难以满足深度学习理念下的学生阅读需求。总之，语文是工具性与人文性相统一的，但大部分教师忽视了阅读知识背后的精神内涵和文化底蕴，将语文知识的传授当作一堂阅读课的终极目标，忽视了对学生情感层面的熏陶以及高阶思维能力层面的培养。

（二）教学内容：忽视整合性和建构性

通过问卷和访谈调查发现，部分小学阅读课堂的整合性和建构性不足。首先，由问卷可知，仅有 35.77% 的学生认为教师经常对每节课的阅读学习进行归纳总结，即多数情况下，教师并没有注重对阅读课后的总结归纳，而课堂的归纳小结是对课堂核心阅读知识的凝练，是检验学生深度学习效果的依据，也是帮助学生将课堂碎片化知识进行整合的依托，但教师却忽略了这一点。其次，新旧知识之间联系的紧密性不够，前后阅读之间的连接性不足等。例如，在学完《我的伯父鲁迅先生》一课后，教师完全可以趁机引导学生学习下一课《有的人——纪念鲁迅有感》，但教师忽视了这一点。最后，由访谈可知，教师教学内容选择局限，备课时过度依赖教学参考书，只注重教科书上的知识，有的教师通过网络资源借鉴名师或他人的教学设计，缺乏独立处理教材知识的能力。而深度学习要求教师做到精选阅读教学内容，每节课的教学内容设计注重单元的结构性和整体性。要知道，教师教学内容的整合与建构程度，影响着学生对知识的深度学习程度，进而影响整个阅读教学的成效。

（三）教学方法：对学生合作研讨的指导缺乏深入性

首先，从问卷调查结果来看，有 43.46% 的学生认为合作学习比较随意，有 30.38% 的学生认为课堂上几乎不进行合作学习，有 30.77% 的学生认为教师能够提前制订好计划，26.15% 的学生认为教师能够明确任务分工，因此阅读课堂合作学习没有得到足够的重视与指导。其次，由访谈可知，当问到合作学习开展频率时，有教师表示“开展合作学习较少，一般在公开课时会用到，让学生前后四人为一个小组，方便讨论交流”。可见，教师能够意识到合作学习对学生思维启迪的重要性，且成为公开课上的“必需品”，而在平时的阅读课堂却成了“选用品”。此外，在开展合作学习的过程中，有教师把合作学习等同于学生自由讨论，也不关心学生是否针对核心问题进行研讨，是否有小组遇到困难需要自己及时引导等。这样的合作阅读学习，势必会造成阅读课堂的浅表化。深度学习要求学生能够主动参与、敢于质疑，积极与环境中的他人交流探讨，鼓励自主与合作相结合。而部分小学阅读课堂上的合作学习进行得较为随意，存在“形式化”的现象。合作学习绝不仅仅是同桌或者小组四人之间简单的讨论交流，而是需要有预期计划、合理分工等，并借助整个小组的智慧来丰富个人的阅读见解，从而促使学生深度学习，启发学生的思维。

（四）教学评价：主体和标准的单一性

首先，从评价主体来看，通过问卷可知，当问到阅读课堂评价时，有 61.54% 的学生选择教师评价，有 28.08% 的学生选择同学之间评价，仅有 10.38% 的学生选择自我评价，由此可见，阅读课堂仍以教师评价为主，较少开展自我评价以及同学之间的相互评价。其次，在评价标准上，由问卷可知，当问到教师对阅读学习的评价标准时，有 63.08% 的学生选择了测验成绩，有 46.92% 的学生选择了课堂回答语言的准确性，由此可知，多数教师以语文测验成绩和课堂回答语言的准确性作为学生阅读学习的评判标准，忽视了学生的学习投入、学习兴趣、课堂积极性表现等。最后，在评价语言上，多数学生表示教师能够指出其优点和不足并启发其进一步思考，由此可见，教师评价语言具有一定启发性，但还可以进一步丰富，如通过课堂观察《月光曲》一课，教师讲解完“清幽”一词，播放音乐《月光曲》并向学生提问：“听完这首音乐，哪位同学可以说说自己的感受？”学生回答“我觉得这首音乐的旋律很优美，情绪波澜起伏”，教师的点评为“说得不错”，其实这时教师可以评价：“你的乐感太棒了，能根据你所领悟的情感再次读一读这句话吗？”这样的评价，既肯定了学生的回答，又引导学生通过朗读感悟深入品味文章的情感基调。基于深度学习的语文阅读课堂，需要改变传统单一的教学评价模式，以生为本，将自评、生生互评、师生互评有机整合起来，聚焦多元评价主体和标准，创新评价方式，从而提高深度阅读教学效率。

（五）教学效果：学生学习缺乏主动性和迁移性

深度学习强调学生学习的主动性、高投入。这里强调的“主动性”并不完全等同于学生自己学，而是要在教师引导下有目的、有计划地学。“高投入”并不完全等同于学生认真听教师和同学发言，而是要在此基础上主动交流、大胆质疑。由问卷可以看出，只有32.31% 的学生都能够带着疑惑主动预习课文，通过访谈可知，大多数教师认为学生不喜欢阅读，能够读通文章大意就不错了，较少关注学生的自学情况，对学生阅读毅力培养的重视程度不够。深度学习重视阅读迁移。首先，通过问卷调查发现，只有 15.77% 的学生能够经常从多角度思考课文主题内容，30.38% 的学生可以经常灵活地将阅读知识运用到写作中，11.92% 的学生能够经常将一些阅读方法运用到课外阅读中；其次，通过访谈发现，教师基本能够建立阅读与写作之间的迁移，但迁移局限于单元习作，较少联系课堂小练笔等，且相对忽视前后阅读之间、课内外阅读之间、阅读与生活之间的迁移；最后，由案例分析发现，部分小学教师在进行阅读书目推荐时，只是简单的一句话，如“课下请大家查找与鲁迅相关的资料，并认真读一读”，没有明确的书目要求，这不利于培养学生的阅读毅力。

二、深度学习视域下小学语文阅读问题的成因

（一）学校课时的限制性

一般小学语文课程教学一节课只有 45 分钟。基于深度学习的语文阅读课堂要确保学生处于积极主动、全身心投入的状态中，还要确保学生能够主动与小组成员和教师进行多层次、多样化的深度互动，还要求教师能够引领学生自主地、批判性地进行阅读思考，并使学生有意识地将阅读课堂上的语言知识及时迁移到生活实践中去。这就需要教学目标的设计具有全面性和深入性，显然，45 分钟的课堂依然以知识传授为主，难以完成深层次的阅读教学目标。

（二）教师对文本多元化解读的缺失性

要想开展一节高质量的语文深度阅读课堂，促进学生对知识的建构与整合，多元化的文本解读必不可少。但由调查得知，教师在实际教学过程中过度依赖教学参考书，缺乏独立进行教学设计的意识。笔者在实习期间，有一次听《京剧趣谈》一课，课后在与任课教师交流后，教师表示“最近比较忙，没有充分备课，这节课是临时借的其他教师的课件”。而《京剧趣谈》是一篇具有深厚文化意蕴的阅读文本，这节课展现了“马鞭”和“亮相”两种京剧艺术形式，作者以通俗幽默的笔墨向读者介绍了京剧知识的奥秘，如果教师能够充分备课和多元化解读文本，就能够让学生更加深刻地感悟京剧艺术的独特魅力。显然，作为一名教师，备课、上课才是最重要的事，教师的备课时间与学生课堂学习的成果有着很大的联系。一节基于深度学习的阅读课堂需要教师仔细研读教材，精心创造良好的教学情境，而不是仅靠一本教学参考书就能实现的。备课的不充分以及对文本多元化解读的缺失，使教师难以有效引导学生建构新旧知识间的联系。

（三）传统应试教育观念的延续性

当问到阅读课堂的教学方法时，有些教师表示“在应试教育下，平时还是以讲授法为

主”。由此可见，尽管我国现在强调素质教育和重视核心素养，但语文阅读课堂仍然存在“重知识、轻能力”“重知识、轻情感”的现象。例如，课文中的一些重点语句，不管学生是否理解透彻，教师一味地让学生通过摘抄、背诵等形式记忆，这种脱离学生生活体验的“死记硬背”式的知识习得，只是把学生当成了储存知识的容器而已。在传统应试教育影响下，阅读课堂以讲授法为主，且在知识传授的过程中缺乏有效引导，造成“教师满堂灌、学生被动听”的现象，忽视了对学生思维能力的培养。这样以考试为目的、以高分为目标的阅读学习不利于培养学生的核心素养，违背了素质教育提倡的全面发展。

（四）教师教育理念的陈旧性

由问卷可知，部分小学阅读课堂评价仍以教师为主，评价主体单一，评价标准以测验成绩和语言的准确性为主，缺乏合理的评价体系。在访谈调查中，对于深度学习视域下的阅读教学的理解，所选择的访谈对象在教龄上有两年左右、十年左右及二十年左右的教师，在学历上有专科、本科、硕士研究生教师。而这些教师均表示没有系统地学习过深度学习这个概念，他们的回答也都是基于字面的浅层理解来阐述的。教师对深度学习内涵的认知不清晰，在阅读课堂中实施深度学习时难免出现一些问题，这更是造成对学生评价单一的重要原因。在公开课以及日常听评课中，由于教育理论陈旧，他们的注意力均放在了教师的教上，教师教得“用力”，学生学得“费力”。基于深度学习的评价理应关注评价语言的启发性以及评价主体和评价标准的多元性，把以教师为主的评价转变为以学生为主，将以测验成绩为主的评价标准融合学生的积极性表现等，并创新评价方式，共同促进学生的深度学习。

（五）学生学习内在动机的不足性

深度学习的“深”并不是学习结果“深”，而是学习过程“深”。首先，从问卷来看，有 12.31% 的学生不会主动预习课文，有 55.38% 的学生只是以简单读一读文章的方式来预习课文，仅有 32.31% 的学生可以在主动预习课文的同时将疑惑通过旁批或笔记的方式记录下来。其次，结合访谈中教师对学生自主学习的指导情况可知，教师表示“我觉得跟学生学习积极性有关，学生一般课下能按照老师的要求读通文章就不错了，更不用说深入思考了”，由此可见，无论是课堂上还是课堂前后的自主阅读学习，多数学生只是一味地跟从教师的要求去做，缺乏主动地批判质疑精神。日常的阅读课堂以讲授法为主，教师在创设阅读情境时仅以简单的几句话或者图片、视频引入，学生仅是以被灌输、记忆的形式掌握文本，而不是以批判性思考、灵活性迁移的形式深入领悟文本。枯燥乏味的阅读与现实世界相脱离，在这样的情况下，学生习惯了机械式地获取知识，自然难以激发内在的学习动机。在阅读教学中，学生只有通过反复地品诵，才会体味到文章背后的情感色彩，但由于学生缺乏学习的主动性，导致思维定式，也就缺少形成高阶思维能力的条件。

第三节　深度学习视域下的小学语文阅读教学对策及建议

一、教学目标上：泛化与精细结合，发展高阶思维

教学目标是教学活动的出发点。语文深度学习主张“语言知识积累”与“情感文化体验”相契合，“泛化”与“精细”相结合。“泛化”与“精细”相结合指的是教学目标的设计不能只依赖教学参考书，而要以课程标准为准线，依据教材内容，统合单元目标，从学生的实际情况出发，瞄准于对学生高阶思维能力的培养。

（一）基于核心素养，统筹单元目标及三维目标

首先，深度学习视域下的教学目标设计要关注核心素养，进一步彰显教学内容的结构化。教学的主要目标不再是单纯地获取知识，而是要拓宽文化视域，把握文本背后的文化底蕴。例如，教师在讲授《北京的春节》一课时，其教学目标可以设计为“通过自主探究、合作研讨的方法，理解课文依据一定顺序、详略结合的写法，感知文章语言特点；默读课文，感受北京春节的喧嚣氛围；查找资料，联系生活了解节日习俗背后的民族文化、传统文化”。语文核心素养的重要组成部分之一是文化传承与理解，该教学目标设计中让学生联系生活经验了解习俗背后的传统文化正是契合了语文核心素养的这一要求，引发了学生对深度文化视域的沉思。

其次，深度学习视域下的阅读教学要有机整合单元目标、三维目标。以“单元主题”为主干，使单元维度下的文本内容更具结构性。例如，《夏天里的成长》是部编版六年级上册第五单元的一篇课文，教师设计了如下教学目标。知识与技能：会写“棚、苔、蘚”等9个生字。过程与方法：默读课文，找出整篇文章的中心段以及2～4段的中心句，结合第二自然段，感知文章表达中心意思的方式；能够结合自己习作的实际需求，以“夏天是万物迅速生长的季节”为主旨，从不同方面围绕中心句进行具体描述。情感态度与价值观：品味文章中蕴含的韶光易逝、珍惜时间的思想情感。本单元目标如下：一是体会文章是怎样围绕中心意思来写的；二是学会从不同方面或选取不同事例表达中心意思的方法。故该教学目标在过程与方法目标上设计为：找出文章中心段以及各段落的中心句，并以“夏天是万物迅速生长的季节”为主旨，让学生自选角度围绕中心意思写，从而掌握从不同方面围绕中心句进行具体描述的方法。结合文章内容，联系生活实际，这样的目标既整合了单元目标，又遵循了三维目标，同时也契合了学生学情——孩子平时的习作经常出现无法确立文章的中心意思和不会围绕中心意思恰当选材的现象。

（二）目标要有一定难度，提升高阶思维水平

首先，深度学习视域下的阅读教学目标要设计一定有难度的挑战性问题。阅读教学中

的问题设计要基于阅读核心知识，问题本身清晰明了，但需要学生经过认真思考、交流探讨才可以回答出来，这样的目标才能发展学生的创造性、思维力。例如，部编版五年级上册课文《圆明园的毁灭》，教师将本课的教学目标设计为“了解圆明园的毁灭，感受课文中饱含的爱国之情”。教师的阅读主问题可以设计为“为什么一座园林的毁灭，竟被称为‘家国之殇’呢？请同学们认真思考，分别用一个词来概括每个自然段的大意”。这样的问题设计基于教学目标，整合单元人文主题“家国之殇”，可以让学生厘清课文每个自然段的脉络结构，对于学生来说，是既有一定难度，又能够促进学生高阶思维能力发展的。

其次，深度学习要求学生关注核心重点知识，所以在阅读课堂时要将教学目标转化为清晰的学习目标。即明确本节课的学习目标，让学生了解本节课的重难点。目标设定得再完美，学生无法清晰感知，也难以掌握课堂的核心重点知识。例如，教师在教授《只有一个地球》这一课时，是这样导入的。

教师：上节课，我们一起初步感知了文章大意，这节课我们又有了新的学习目标。（课件出示学习目标）分别是理解文章内容，概括文章段意；学习作者文中的写作手法；树立保护环境的意识。

教师：我相信，经过我们的努力，一定可以完成学习目标。

教学目标设计得再好，也要转化为学习目标让学生清晰感知。该教师在阅读课堂上主动出示学习目标，使学生关注到了本节课的核心阅读知识，就能在关键环节保证学生的参与度，集中学生的注意力，这也是深度阅读课堂高效实施的重要环节。

二、教学内容上：深度与广度整合，建构知识体系

教师的知识储备可以开阔学生的阅读视野，如提供作者其他同类型的文章或引入与本文题材相关的其他作者文章供学生进行拓展阅读。这就要求教师充分备课，精心准备资料，促进学生对知识的意义建构。

（一）联系生活，挖掘文本解读深度

文本解读的深浅影响着阅读教学效果的好坏，也是检验阅读课堂深度学习是否发生的重要依据。教师可以基于文章写作背景，带领学生从基础的语句欣赏出发，并站在作者的角度深度思考文本背后的情感，必要时也可以结合生活背景去探索文章的现实意义。这样的文本解读从多角度出发，在把握阅读核心内容的基础上，促进学生学习的全面性、深入性。这样的课堂具有思维启迪性，师生一起在深层次的文本解读中实现深度阅读。例如，部编版六年级上册《伯牙鼓琴》一课虽是文言文，但并不难理解，本课的难点在于让学生理解什么是“知音”，而要想理解“知音”，就要让学生知晓为什么“子期一死，伯牙就要绝弦”。首先，教师可以结合文意引导，使学生理解是因为知音难遇，子期的死让伯牙感受到世上再无知音。其次，教师可以结合文章背景引导，伯牙与子期认识之前，伯牙已经是一名著名的琴师了，那时的他已尝遍无人理解的孤苦，子期的出现点燃了他孤寂世界

的一盏星火，但随着子期的离开，灯火熄灭，想到知音难觅，伯牙也就摔破琴，关闭心灵。最后，教师可以结合现实生活这样引导，每个人也在苦苦寻觅自己的知音，但知音难求，人们应该把寻觅知音作为人生追求，遇到知音应该倍加珍惜，失去也要振作起来。

（二）建立连接，延展文本内容广度

这儿的“广度”是指教师结合学生的学情，根据阅读内容的特点，适时整合阅读文本，帮助学生建构新旧知识间的联系，从而使学生深入文本，促进学生思维能力的提升。教师要充分备课，加强教学反思，对文本内容进行多元化的解读。只有这样的阅读教学才是深度阅读，才能提高阅读课堂的思想力量和思维深度。

首先，促进新旧知识间的整合建构。教材中的内容不是孤立存在的，新的知识结构在先前的文章内容中已有伏笔，教师做到延展文本内容，才能更好地帮助学生建构运用。例如，《夏天里的成长》一课，以中心句“夏天是万物迅速生长的季节”引领全文，分角度分层次阐述夏天的“长”。“围绕中心意思写”的课文，学生之前已有接触，如《富饶的西沙群岛》《桂林山水》等，教师可以提前编写任务单，通过课堂练习，让学生从这几篇文章中任选一篇，写出它的中心意思和具体从哪些方面描写的，并以树状图的形式梳理“根部”——中心句，“枝干”——围绕中心句描绘的具体方面。

其次，以群文阅读的形式连接相似文本，提高学生的认知水平。群文阅读是指围绕某一核心主题，整合多个阅读文本，使学生能够更深刻地领悟主旨内容。群文阅读复杂情境中的阅读学习，能够使学生的高阶思维活动变得丰富起来。例如，某教师在讲授《牛郎织女》一课时，就通过群文阅读的形式开展，连接了《梁山伯与祝英台》《白蛇传》《孟姜女传说》三个民间故事，让学生共同学习中国民间四大爱情故事，并让学生从题目、相关人物、故事梗概等方面对比四个故事完成读书报告单。通过对比，教师引导学生总结感悟“正是这样生生死死、至死不渝的爱情，才让我们这一代又一代的人，因为情感的给予，活出了美满生活的意义”。并以《牛郎织女》一课为主线，通过连接其他三个民间故事，在学生心中播下了一颗“爱”的种子。

三、教学方法上：自主与合作共存，创设批判型课堂

落实深度学习，最主要的在于以生为本。让学生在课堂上有充分的思考时间和充足的研讨时间，这是学生进行深度学习的保障。新课改强调以生为本，让学生在合作研讨中获得发展。批判型课堂的主要特征是让学生敢于质疑，促进批判性思维能力的发展。因此，要想促进学生的深度学习，必须充分利用自主学习与合作学习，构建批判型课堂。

（一）发挥学生课堂的自主性，释放个性

传统的阅读课堂，以教师为主体，教师围绕文本段落进行讲解，旨在让学生读懂文章，掌握字词。基于学生自主性的批判型阅读课堂旨在促进学生的深度学习、深度思考，其教学结构主要是让学生预先独立阅读，然后提出疑问，在个性化的感悟中习得新知。

首先，设计预习作业，让学生自主进行批注式阅读。部编版语文教材在四年级下册就进行了批注式阅读的训练，且高年级学生已经具备了一定的独立阅读水平，教师可以大胆设计一些课前小任务，如让学生自主查阅文章写作背景、作者人物简介等资料，并使学生在课堂上分享交流，而不是课堂课件直接出示教师搜集的资料让学生读一读，学生自己习得的背景资料，也会使知识整合得更深入，对知识理解得更透彻。其次，教师要做好引导。充分发挥学生的自主性并不等于放任学生不管，而是要适时引导学生在质疑与释疑中产生新的思维见解。最后，引导学生批判性阅读。一节好的阅读课堂绝不是看教师教得如何，而是要看学生学得如何。学生学习的主动性和积极性，是受教师所创设的课堂环境所影响的。教师的语言魅力、阅读主问题的设计，都影响着学生的批判性思维水平。

例如，教师在讲授《将相和》一课时，可以让学生课前自主阅读文章，找出能够体现蔺相如与廉颇不和的句子并做好批注，学生通过自读发现，廉颇对蔺相如不友好的原因是蔺相如“靠着一张嘴”就得到高官厚禄。这时，教师设疑提问：“蔺相如真的只是靠着一张嘴吗？”这样的矛盾问题激发了学生主动探究的兴趣。教师继续聚焦故事情节，带领学生抓住“完璧归赵”“渑池会面”“负荆请罪”三个故事分析人物特质。最后学生通过自己个性化的理解表达对蔺相如的认识，如“在‘完璧归赵’故事中，我感受到了一个有勇有谋、无畏强权的蔺相如”“通过‘渑池会面’这个故事，我觉得蔺相如临危不惧、非常勇敢”“在‘负荆请罪’这个故事中，我感受到蔺相如是一个深明大义的人”。这样的阅读教学，充分发挥学生的自主性，以思维支架辅助学生感受蔺相如的言行，深化学生对文中人物形象的解读。

（二）建立完善的合作研讨机制，敢于质疑

深度学习注重学生与他人在学生活动中的交流研讨，合作学习作为常用的教学方式之一，对于打造深度阅读课堂具有重要意义。但传统课堂的合作学习流于形式，不能有效促进学生深度学习。每个人的思维都具有一定的局限性，将一个具有挑战性的问题让学生研讨，有利于问题脉络的“深度”延展，也能提升学生的高阶思维能力。

建立完善的合作研讨机制，最重要的是创设多样化的小组研讨形式。在传统阅读课堂上，教师经常说“请前后四人为一个小组，通过合作学习的方式讨论这个问题”，单一的讨论形式使学生感到枯燥乏味，且是造成阅读课堂合作学习形式化的主要原因之一。深度学习视域下的多样化小组研讨，是指围绕阅读主干问题，学生以兴趣、友谊关系等多元标准自由组合为三至五人的小组，各成员之间分工明确，自由交流，达成共识。研讨成员主要有负责查找资料的资料员、与教师及其他组进行交流的联络员、负责记录整理观点的记录员，以及重点词句再研读的组织员等。首先，教师引领学生自由组建小组，聚焦问题；其次，组内做好任务分工，分别查阅资料；再次，成员之间互相交流观点，记录结论；最后，达成共识，得出研讨结果。这样的研讨形式有以下优点：一是深度研讨阅读问题，集思广益；二是借助小组合作形式，使问题的讨论深度延展；三是多样化的研讨形式有利于

发散思维，激发学生的兴趣。

例如，教师在讲授《枫桥夜泊》这首古诗时，首先应在课程开始前编写好任务单，选取小组长负责任务内容的填写以及记录小组积极发表见解的次数。其次，在授课时，教师应在让学生感受到诗歌的意境——“愁”“寒”的基础上，引导学生发现诗歌情境与生活经验的矛盾之处：为什么作者一个人独自漂泊在深秋江边？由质疑引导学生合作探究，让学生大胆猜想。经过独立思考、组内交流、达成共识，各小组汇报如下：“一组表示诗人是独享清闲”，接着遭到其他小组成员的质疑反对，“我不同意他们的看法，我们组认为诗人是因为家庭条件窘迫”，另一个小组则表示“我们组意见和他们都不一样，我们觉得诗人是遇到了悲伤的事情”……教师适时追问，究竟哪一种更符合当时诗人的心境，由此引导学生查阅作者生平以及诗歌创作背景资料，明确诗人深秋漂泊的原因。这样的研讨过程，是让学生在讨论思考中构建诗词阅读的思维框架，在各小组的质疑发言中展开头脑风暴，使学生的高阶思维能力不断得到发展。

四、教学评价上：主体与标准多元，采取表现性评价

教学评价是基于深度学习的语文阅读教学重要的环节之一。多元化的评价方式有助于教学目标的达成，评价结果也有利于学生学习的进步和教师教学水平的提高。

（一）评价主体和标准多元化

第一，评价主体多元化。传统阅读教学中的评价多以教师为主，基于深度学习的阅读教学评价主体理应多元化。一方面，教师应鼓励学生开展自评。当阅读课接近尾声时，教师让学生对自己的整节课表现进行评价，学生经过自我评价反思，更有利于其动态发展。另一方面，教师应鼓励开展生生评价。同学之间的评价更贴近学情，生生互评的过程也是每个学生自我反思的过程，通过生生评价也能使学生深入走进文本，达到共识、共进的目标。此外，基于阅读课堂“1+X+1”教学模式开展评价。第一个“1”为课前展示，即让学生充分展示课前自主预习成果；中间的“X”即为本节课重点教学过程；最后一个“1”为两分钟生生评价环节，留有专门时间让学生评价自己或他人的本节课表现，交流反思。

例如，在学习《父爱之舟》一课时，可以这样运用“1+X+1”教学模式开展评价。首先，第一个“1”，即课前展示环节，学生通过自主预习课文内容，配乐欣赏吴冠中《周庄》这幅画，说一说自己理解的“画中小舟”；其次，中间的“X”，即教学过程，主要抓住“动心”“缝补棉被”等细节描写，通过读思结合等方式来感受父爱的深厚；最后一个“1”，即生生评价环节，让学生评价自己或其他同学本节课的学习表现，如在某节课上，学生是这样评价的：“我觉得我这节阅读课表现得很好，以前我都不敢主动发言，今天在寻找文中关于‘父爱’的句子这一环节中，我主动发言了两次，而且都得到了老师的肯定，下节课我要继续多多思考、勇敢发言”“我觉得H同学表现得很好，他在朗读第8、9自然段关于父爱的细节描写时，读得很有感染力，我要向他学习”。这样的自评和互评环节，给

阅读课堂注入能量，使阅读教学丰富而又生动，促进学生互相学习和进步。

第二，评价标准多元化。传统阅读教学评价以测验成绩为主，课堂上一般较为关注学生回答问题的准确性，忽视了对学生的朗读表现、课堂积极性表现等的评价。阅读是学生的个性化行为，是为了让学生在读中发展语用能力，在读中提高语文素养。学生是发展中的人，每个学生都有自己的个性特点。因此，不应让书面成绩成为学生阅读学习的唯一评价指标，而应使学生在多元标准的评价体系中得到发展。例如，在学习《七律·长征》一课时，对学生的阅读学习评价可以从朗读韵味、学习投入情况、沟通交流情况等方面出发。首先从朗读韵味入手，如“你的朗读很有气势，老师眼前仿佛浮现了逶迤的五岭”；其次从学生的学习投入情况评价，如“表扬你的胆量，乐于思考、勇于发言就是好孩子”；最后从学生的沟通交流情况评价，如“你今天积极参与讨论，能够主动与小组同学交换对红军精神的领悟，值得表扬”。通过这样多元化的标准评价，加深学生对长征艰辛的深刻理解以及对红军勇敢无畏的革命主义精神的深刻感悟。

（二）实行表现性评价

表现性评价是一种注重学习过程的评价，它指的是在真实或虚拟的生活环境下，引起学生的反应，教师通过观察学生在学习过程中解决问题、批判性思考、合作研讨等多种能力的发展情况而产生的评价。表现性评价能够促进学生思维能力的发展，故指向深度学习，也可以有效帮助教师调控教学过程，改进教学效果。传统的阅读教学评价形式单一，重结果轻过程，从而启发性不足，难以激发学生进一步思考。基于深度学习的阅读教学评价使教、学、评一体化，教师可以通过创设戏剧游戏等方式进行表现性评价，让学生在浸润沉思中获得启发。

例如，在教学《草船借箭》一课时，教师运用角色扮演这一方式创设表现性评价情境，让课堂演变成师生互动、生生互动的微型剧院，教师在课前帮助学生梳理文本内容，将任务扮演内容分配给学生。“戏剧游戏”分为解读文本、编创文本、演绎角色三个环节，在学生依据文本进行角色扮演的过程中，教师对其故事理解能力、创新能力、言语表达能力等方面的表现进行评价，从而帮助学生深刻感悟文中曹操、诸葛亮等人物形象。这样的评价方式更具情境性，也促进了学生高阶思维能力的发展。

五、教学效果上：习得与迁移连接，促进深度应用

深度学习的关键在于教学过程中迁移的关联性，这样才能真正使“浅表化”的阅读教学走向深层。“习得”是“迁移”的保障和前提，创设具有疑问性、启发性的阅读情境，能促进学生获取知识、应用知识。

（一）创设阅读语境，促进知识习得

为增强阅读教学成效，教师需提高自身的文化知识，加深对深度学习的理解和认识，从而创设深度阅读语境解读文本，帮助学生习得知识。首先，教师要更新自己的教育理念，

丰富自身的理论基础。有的教师表示“学校没有进行深度学习的理论培养，所以不太了解这方面的知识”，其实不然，终身学习是教师职业道德的要求之一，教师要查阅一些新的文献资料，及时捕捉深度学习理论的发展讯息，从而丰富自身的知识结构。其次，依据深度学习理论，创设深度阅读语境。教师可在文章前后具有矛盾处创设疑难情境，使学生在疑难情境中充分发挥自主性，构建知识体系，深度思考、习得知识。例如，教师在教授《圆明园的毁灭》一课时，可以在学习完二至四段后，设计一个这样的问题：文章标题是“圆明园的毁灭”，作者为何用大幅度笔墨描绘“圆明园的辉煌”？这样的问题可以使学生将昔日的辉煌与如今的毁灭相对比，更能够以爱激恨，为学生深入领悟文章中对侵略者的愤懑之情以及对圆明园毁灭的惋惜之情奠定基础。总之，这样的阅读语境具有牵引性，能够激发学生深度思考的兴趣。

（二）建立阅读迁移，延伸课堂应用

首先，促进阅读与写作之间的紧密联系。朱作仁在谈及“大量读写，读写结合”时指出，语文阅读迁移中最重要的就是读与写之间的迁移。做好读写迁移，在阅读课堂上可从“小练笔”做起。例如，部编版六年级上册第五单元是习作单元，其中《盼》一课，作者运用大量的心理描写、动作描写及借景抒情的手法，表达了“我”终于穿上盼望中的雨衣的激动心情。教师在课堂上可以让学生也试着写一个小片段，如“拿到考卷分数前的那一刻”“放假前的那一刻”等，让学生通过动作描写、心理活动以及借景抒情的手法表达当时的感情。又如，学习完《桥》，教师可以“小练笔”的形式让学生发挥想象自己设计一个结尾——如果你是“老汉”，会做出什么选择，从而做到读写迁移。

其次，促进课内外阅读之间的迁移。要想提高阅读水平，仅仅靠课堂是难以达成的，只有重视课外阅读，建立课内外阅读之间的连接，才能有效培养学生的阅读毅力。例如，《少年闰土》一课选自鲁迅的小说《故乡》，教师在讲授本课时可以出示《故乡》的相关资料，并这样引导“在这篇小说中，还写到了闰土三十年后的样子，同学们想不想看一看？”，然后课件出示相关节选内容。这样的阅读迁移既与课堂内容相联系，又激发了学生课外拓展阅读的兴趣。又如，学习完《落花生》一课，教师可以连接阅读茅盾的《白杨礼赞》、陈慧瑛的《梅花魂》等。

最后，促进阅读与生活之间的迁移。陶行知说：“教育必须是生活的，一切教育必须通过生活才有效。”[1]语文知识本身就源于生活，建立阅读与生活之间的联系，可以加深学生对知识的情感领悟。例如，教师在讲授《匆匆》这篇课文时，可以让学生结合生活中的人物事例说一说什么样的人生才是没有虚度的，这样的教学更能让学生珍惜时间，感受生命的美好。又如，教师在讲授《丁香结》一课时，可以这样引导：“丁香结在古人眼中是愁怨的代表，结合课文内容和生活实际，你又是怎样理解的呢？”这样将阅读文本与生活结合起来，更能引发学生深入思考现实生活中也会有各种解不开的结，也正是因为这些

1　陶行知. 告生活教育社同志书（节选）：为生活教育运动十二周年纪念而作 [J] 生活教育，2006(9):4-6.

结，人生才会更有趣味。

做好阅读知识的迁移，更能够促进阅读技能的应用。深度学习主张学生能够将所学知识应用在新的情境中解决问题。教师通过联系阅读与写作、课内外阅读、阅读与生活之间的迁移可以，可以使学生创造性地应用知识，帮助学生形成语文知识的个性化表达，从而使学生更喜爱阅读，培养学生的阅读毅力。

第六章　深度学习视域下小学语文文言文教学

第一节 概念界定与理论基础

一、文言文及文言文教学概述

（一）文言文的内涵及特点

文言文的概念界定是一个讨论已久的问题，早在1944年吕叔湘就写过《文言和白话》一文探讨文言与白话的界限问题，其后张中行也写了《文言和白话》一书对文言是什么进行了详细阐述。从字面上理解，文言就是只见于文、只用于文的语言，它以秦汉书面语为标准。王力在《古代汉语》中指出："以先秦口语为基础而形成的上古汉语书面语言以及后来历代作家仿古的作品中的语言，也就是通常所谓的文言。""文言文"的定义采用的是王力的界定，文言文指的是用文言写成的文章，即上古文言作品以及历代模仿它的作品，不包括诗、词、白话小说等。

文言文与白话文的区别表现为两方面，一是字、词、句篇等组织方面的差异，二是押韵、对偶和用典等表达方面的差异。

在组织方面，文言文用字数量多于白话文用字数量，从辞书收录字的数量就可看出，《辞海》收录单字的数量约为1.8万个，而《康熙字典》收录单字的数量约为4.7万个。且文言文中通假字和异体字较多，这些都给文言文的学习造成了一定的困难。从词语的角度来看，文言文以单音节词为主，且词的用法灵活。从句子来看，文言文特殊句式如判断句、状语后置句、宾语前置句与现代汉语的句子结构也有明显的不同。从篇来看，文言文篇目大多较短，如《左传》虽然记载的是复杂的历史事件，有时候记载战役涉及内容众多，但篇幅短小，语言简洁精当，微言大义。

在表达方面，文言文比较特别的主要有三处：押韵、对偶和用典。押韵是文言文重要的修辞方法，主要有两个作用：一是在表达意义之外展现出音韵之美，二是利用音韵展现情感与情调。押韵按道理来说应该是在韵文中出现的，但是在一些散体篇章中也可以见到。押韵的语言读起来朗朗上口，便于诵读和记忆。对偶是文言文的重要表达方式，其对现代白话文仍有一定影响。对偶句的两部分相互衬托、相互照应，使意思表达更加充沛、明朗和准确，对偶句的两部分在音韵上相互映衬，韵律显得抑扬顿挫、节奏鲜明。用典是借古事古语说今意的一种方式，主要是为了让文章显得典雅。古人用典对现在的语言也有一定影响，部分典故凝结成为词语或者成语，成为人们日常用语中的一部分，如"革命"出自《易经》"汤武革命"。阅读文言文，人们可以找到一些词语的来源，深入挖掘词语背后的文化及内涵。

文言文组织和表达上的这些特点造成了文言文与白话文的差异，有的差异会在学生学习文言文过程中造成一定阻碍，如文言文生僻字较多、词语用法灵活、特殊句式等，这些都对学生的阅读有不利影响，甚至可能让学生产生畏难情绪。但是文言文篇幅短小、多用对偶且富有韵律感等特点为学生提供了一条进入文言文世界的道路，即学生可以通过诵读的方式拉近与文言文之间的距离，感受文言之美，慢慢走进文言文的世界。

（二）文言文教学的历史演变

中国古代的语文教育以文言文为载体，可以说文言文教学是中国古代语文教育的全部。但随着中国式现代化的发展，语文教育也逐渐走向现代化，文言文在语文教育中的一统地位被动摇，实现了由传统向现代转型的曲折发展。近百年来，文言文教学的发展进程大致可以分为三个阶段：过渡期、动荡期和探索期。

1. 过渡期（1904—1949）

1904 年，清政府颁布了《奏定学堂章程》，亦称“癸卯学制”，该学制是中国第一个比较完整且在全国推广的学制，对中国现代学制的发展具有里程碑的意义。从该学制的教育宗旨来看，该时期的教育以中国传统经学和史学为基础，目的是培养“忠君”之人。在该学制的影响下，学生阅读和书写的内容仍是文言文。虽然教学内容是文言文，但是通过对教材的考查可以看出当时已经开始重视选文范围的扩展，在编排上开始考虑学生的接受水平。1917 年，胡适发表《文学改良刍议》，新文化运动的展开加速了文言文教育的变革，给语文的现代化转型下了一剂猛药。经过新文化运动的洗礼，中小学语文教学中文言文的地位发生了较大转变，从以往文言文占绝对地位到文言与白话并存，并出现了由文言文向白话文教学过渡的趋势。

1922 年《学校系统改革令》发布，亦称“壬戌学制”。1923 年《新学制课程标准纲要小学国语课程纲》颁布，对中小学文言文教学的目的和内容作出了规定。小学国语课程中，只有第六学年才有少量的文言文读文教学，写作教学中始终强调用语体文写作。从初中阶段开始，文言文比重逐渐加大，直至高中阶段基本是文言文教学。这一时期的文言文选文已经不再局限于传统的经学和史学，梁启超、蔡元培等人的文言作品也被纳入教材，说明选文逐渐注意时代性。20 世纪 20 年代到 1949 年前是一个战争频繁的时期，文言文教学的现代转型裂变在这个动荡不安的时期中慢慢完成。在这一时期，中华民国国民政府以训令的方式强制规定小学不教文言文且初中入学考试不考文言文，中学国文教科书中文言文与白话文都有占比，且文话白占比基本定型。

在过渡期，文言文教学经历了现代转型的变革，教学目的、教学内容和教学方法都发生了较大的变化。新文化运动发生后，小学阶段很少涉及文言文教学，初中和高中阶段的教材则逐渐呈现出文白兼备的特点。总体而言，文言文在教学中的地位日渐下降。

2. 动荡期（1949—1978）

1949 年中华人民共和国成立，文言文教学发展进入了曲折前行的动荡期，在这个过程中文言文教学的命运随政治风云跌宕起伏，在艰辛与磨难中走向新的道路。中华人民共和国成立初期，由于教育为政治服务的需求强烈以及教育界存在反传统的倾向，中小学语文教学比较轻视文言文，很少甚至不讲文言文。1949 年以《中等国文典》为蓝本修订的临时课本中，初中全是白话文，高中只有少量文言文。其后，这套课本几经修改，文言文依然受到冷遇。1953 年开始，语言和文学分科的教学试验慢慢推开，文学成为独立课程，文言文也在文学光环的笼罩下短暂登场，文言文教学地位得到暂时的提升。但随着分科试验的失败，加上政治动荡，文言文教学的命运急转直下。在这近三十年中，文言文教学在政治夹缝中曲折前行。

3. 探索期（1978—至今）

随着 1978 年《全日制十年制学校中学语文教学大纲（试行草案）》的颁发，文言文教学开始进入健康发展的轨道。其后文言文教学经历了从“工具理性”到“人文复兴”的探索过程，这个过程与我国对语文学科本质的认识过程同步。在工具论的视野下，人们可以明确的是文言文教学是一门工具课，而不是文选课或者文学史知识课，文言文教学只关注文言这种语言形式。也正是受这种思想的影响，教师和学者致力于探索文言文教学的捷径，努力研究如何提高文言文教学的效率，采用“训练”的方式展开文言文教学，使文言文教学出现异化现象。大部分教师的文言文教学只停留在浅层的字词讲解，无法深入挖掘文章的文化内涵，经典的文言文篇目被分解成为一个个知识点，整个教学过程机械重复，陷入僵化。20 世纪末，语文教育在工具论的道路上已经举步维艰，于是学者开始从“五四”文学和西方文化中寻找突破，最终以“人文”为基点对语文教育的唯工具主义进行校正。2001 年《全日制义务教育语文课程标准（实验稿）》关于文言文教学的规定对文言文教学提出了更高的要求，不仅要求学生会“阅读”，还要求学生会“鉴赏”，这说明文言文教学从工具理性逐渐走向工具与人文的统一。随着“文化价值”被重新发掘，文言文教学也逐渐受到重视。值得一提的是，小学语文教材中出现了少量独立成篇的文言文，打破了几十年来小学不学文言文的惯例。尤其是近年来国家强调中华优秀传统文化教育，部编版小学语文教材中文言文数量大幅增加，文言文教学的重要性日渐凸显。新教材文言文选文呈现出浅显易懂、贴近生活等特点，生动活泼的小学语文文言文教学即将到来。

二、深度学习理论应用于小学语文文言文教学的意义

（一）提高文言文学习效率

与现代汉语相比，文言文在组织和表达方面有自己的独特之处，如用字量大、通假字多、词的用法灵活、特殊句式复杂等，文言与现代汉语的差异给学生的学习造成了一定的阻碍。在阅读文言文的过程中，学生首先面对的就是文言词汇和语法，但大多数学生只能通过死记硬背的方式记忆文言知识，花费了大量时间进行记忆但效果并不理想。机械记忆获得的知识处于零散无序状态，保持时间短，通过这种方式进行学习效率低下，且学生容易感到枯燥和倦怠。深度学习则不同，它具有知识建构的特点，学生在学习过程中以结构

化的方式对知识进行处理和记忆，通过建构文言知识体系对零散的知识进行有序化处理和吸收，这样获得的知识能长久地保存在记忆中，具有稳定性。在知识建构的过程中，学生不仅要将新的知识进行结构化处理，在此之前还要唤醒已有经验，这样才会更加深刻地理解和体悟需要记忆的内容，记忆的效率也会有所提高。

（二）促进习得知识的迁移

深度学习的本质就是指学生将一种情境中学习的内容迁移应用于新情境的过程。迁移运用是深度学习的重要特征，也是考查深度学习是否发生的重要指标。就文言文学习而言，深度学习者不会只理解课文的字面含义，而会通过课文把握文言文内在的语言规则，全面把握文言文知识的内在联系，形成对文言文本质的认识，并能够由本质推出若干变式。学生一旦掌握这种本质就能做到举一反三，由本质推演出无穷的变式，在完成其他学习活动时更好地迁移与应用。文言是一种脱离口语而独立存在的书面语，它有一套严格统一的词汇和语法系统，并且具有相对稳定性，不会随时间和地域轻易发生改变。学生在深度学习状态下习得的文言知识，如某一个字的含义或者某一个特殊句式，在新的文言文阅读情境中能够发生有效迁移，解决阅读过程中的新问题和新挑战。文言文深度学习是指从原有知识经验出发，对已有的知识经验进行迁移，在习得新知识后又通过迁移运用的方式巩固学习成果，在迁移运用中加深对知识的把握。

（三）激发文言文学习兴趣

小学语文文言文教学的主要目的是激发学生对文言文学习的兴趣，培养学生对优秀传统文化的亲切感，这就要求教学走出语言的外在束缚，走进文言的内在世界，使学生感受人文内涵。过去以字词讲解和知识点串讲为主的教学模式已经不能满足教学需求，因为这样的教学不仅浮于文字表面，效率低下，而且枯燥僵化的教学模式扼杀了学生的兴趣。兴趣和动机是有效学习的重要影响因素，深度学习通过活动与体验的方式展开，以活动激发学生的兴趣，以体验帮助兴趣保持。在文言文深度学习中，学生不再是被动的知识接受者而是在活动中主动探索的主体，其通过一系列活动，与教师、同学进行交流合作，主动获取知识形成能力。活动中，学生面对的不再是静态的文字符号，而是通过主动的活动，如朗诵、情景表演、绘制思维导图等方式把文字及其背后的含义变成自己的认识对象，转化为自己成长的养分。在主动学习的活动中，学生将体会到文言文的博大精深，也将感受到文言文中蕴含的传统思想文化和情感。这些情感体验依靠教师说教很难实现，学生需要通过自主活动来获得，以活动激发兴趣，并保持对文言文的热爱。

第二节　部编版小学语文文言文选文及教学价值分析

“一纲多本”虽然使教材编写呈现出百花齐放的局面，但是受到市场介入的影响，教材的质量难以保障。根据中央的要求，从 2012 年开始，教育部统一组织编写义务教育道德与法治、语文和历史三科教材。这项工作从 2012 年开始，到 2017 年上半年，经国家教材委员会审查通过，历时五年，完成了全部的编审工作。根据工作的安排，从 2017 年 9 月 1 日秋季学期开始，在全国所有地区初始年纪开始投入使用。

教材是教学的凭借，是教学活动的必备要素之一。部编版小学语文教材相比于原来的 12 册教材，在文本选择、编写体例等方面有较大的差别，尤其是文言文的数量较之以往大幅增加，因此有必要对文言文选文的情况进行梳理和研究，为教学活动的顺利开展提供支持。

一、部编版小学语文教材文言文选文基本情况分析

（一）选文数量及编排方式分析

1. 文言文数量及占比分析

部编版小学语文教材中文言文数量及占比情况如表 6–1 所示。

表 6–1 部编版文言文数量及占比情况

年级	课文篇数	文言文数量	文言文占比
一年级上册	14	0	0
一年级下册	20	0	0
二年级上册	24	0	0
二年级下册	25	0	0
三年级上册	27	1	3.7%
三年级下册	28	1	3.6%
四年级上册	27	2	7.4%
四年级下册	28	1	3.6%
五年级上册	27	2	7.4%
五年级下册	23	2	8.7%
六年级上册	28	1	3.6%
六年级下册	17	1	5.9%
总计	288	11	3.8%

2. 文言文单元组合方式分析

部编版小学语文教材中文言文单元组合方式如表 6–2 所示。

表 6–2 部编版小学语文教材中文言文单元组合方式

<table>
<tr><th colspan="2">篇目名称</th><th>单元</th><th>单元人文主题</th><th>单元语文要素</th></tr>
<tr><td colspan="2">《司马光》</td><td>三年级上册第八单元</td><td>美好品质</td><td>学习带着问题默读，理解课文的意思</td></tr>
<tr><td colspan="2">《守株待兔》</td><td>三年级下册第二单元</td><td>寓言故事</td><td>读寓言故事，明白其中的道理</td></tr>
<tr><td colspan="2">《精卫填海》</td><td>四年级上册第四单元</td><td>神话故事</td><td>了解故事的起因、经过、结果，学习把握文章的主要内容。感受神话中神奇的想象和鲜明的人物形象</td></tr>
<tr><td colspan="2">《王戎不取道旁李》</td><td>四年级上册第八单元</td><td>历史故事</td><td>了解故事情节，简要复述课文</td></tr>
<tr><td rowspan="2">《文言文二则》</td><td>《囊萤夜读》</td><td rowspan="2">四年级下册第六单元</td><td rowspan="2">人物品质</td><td rowspan="2">从人物的语言、动作等描写中感受人物的品质</td></tr>
<tr><td>《铁杵成针》</td></tr>
<tr><td colspan="2">《少年中国说（节选）》</td><td>五年级上册第四单元</td><td>爱国情怀</td><td>结合资料，体会课文表达的思想情感</td></tr>
<tr><td colspan="2">《古人谈读书》</td><td>五年级上册第八单元</td><td>读书明智</td><td>根据要求梳理信息，把握内容要点</td></tr>
<tr><td colspan="2">《自相矛盾》</td><td>五年级下册第六单元</td><td>思维的火花</td><td>了解人物思维的过程，加深对课文内容的理解</td></tr>
<tr><td colspan="2">《杨氏之子》</td><td>五年级下册第八单元</td><td>风趣与幽默</td><td>感受课文风趣的语言</td></tr>
<tr><td rowspan="2">《文言文二则》</td><td>《伯牙鼓琴》</td><td rowspan="2">六年级上册第七单元</td><td rowspan="2">艺术之美</td><td rowspan="2">借助语言文字展开想象，体会艺术之美</td></tr>
<tr><td>《书戴嵩画牛》</td></tr>
<tr><td rowspan="2">《文言文二则》</td><td>《学弈》</td><td rowspan="2">六年级下册第五单元</td><td rowspan="2">科学精神</td><td rowspan="2">体会文章是怎样用具体事例说明观点的</td></tr>
<tr><td>《两小儿辩日》</td></tr>
</table>

部编版小学语文教材采用“双线组元”，按照“人文主题”，如爱国情怀、读书明智等组织单元，单元中的课文都围绕着人文主题展开，通过人文主题实现语文的育人价值。与“人文主题”并列的是“语文要素”，每个单元的课文不仅要指向同一个人文主题，还要对准相同的语文要素，这些语文要素包括基本知识和能力、学习策略和学习习惯等，通过语文要素展现语文的学科属性。在“双线组元”编排理念的指导下，部编版小学语文教材文言文的编排主要采用文白混编的方式，编者根据人文主题和语文要素将文言文与白话文组合成一个单元。例如，《自相矛盾》这篇文言文被安排在五年级下册第六单元，这一单元另外两篇课文是白话文《田忌赛马》和《跳水》，单元的人文主题是“思维的火花”，语文要素是了解人物思维的过程，加深对课文内容的理解，目的是培养学生根据具体情况选择适当解决方法的意识。《自相矛盾》中围观者从卖家的言辞中发现其说法相互矛盾，继而质问卖家若用自己的矛攻击自己的盾会怎样，让卖家哑口无言；《田忌赛马》中孙膑通过观察，将马分为上中下三等，并推演出获胜概率高的赛马策略，帮助田忌赢得了比赛；《跳水》中船长根据孩子的危险处境以及现有条件做出孩子只有跳入海中才能获救的判断，

举枪逼孩子跳海，孩子最终获救。从整个单元来看，无论是文言文还是白话文都指向对人物思维的把握，课文中并没有直接描写人物思维的语句，学生需要找出相关语句作为推想的依据，用自己的话将人物的思维过程表达出来。

二、选文特点分析

（一）选文时代分布广泛

部编版小学语文教材文言文选文时代分布比较广泛，先秦 7 则，晋朝 1 则，南朝 2 则，宋朝 4 则，清朝 1 则。其中选自先秦时期的数量占 46.67%，几乎占了整个小学阶段文言文总篇数的一半。不可否认的是，百花齐放、百家争鸣为先秦文学的发展提供了条件，先秦诸子散文承载着不朽的思想，闪耀着智慧的光芒，是中华传统文化的重要源泉，因而选文中存在较多先秦时期的作品。从整体来看，部编版小学语文教材不仅选取了先秦经典中的片段，让学生感受到了先秦诸子的风趣与智慧，同时选取了晋、南、宋、清等时期的优秀文学作品，充分考虑了选文时代的广泛性。

（二）选文来源多样

部编版小学语文教材文言文选文来源广泛，其中既有《宋史》《晋书》这样的史书，也有《世说新语》这样的小说，甚至还有题跋。

中华文化源远流长，早在上古时期就出现了神话，神话以故事的形式表现了先民对世界的认识及愿望。这些奇妙的神话传说散见于各种古代文献中，其中《山海经》最为集中地记载了这些神话。神话中独特离奇的情节与鲜明生动的形象容易引发学生的阅读兴趣，而且神话世界是充满幻想的世界，为学生提供了丰富的想象空间。因此，教材选择了《精卫填海》这个故事，通过这个古老的故事引导学生进入神话的世界。

如果说神话是中国文学的原始状态，那先秦时期的诸子散文则显示出文学正在一步一步走向成熟。教材选取了先秦时期《韩非子》《论语》《吕氏春秋》《孟子》《列子》这五部作品中的片段，展现了先秦文学的多种样貌。例如，《论语》记录的是孔子的只言片语，属于语录体，没有构成单篇的、形式完整的篇章，但是在只言片语中仍然能感受到孔子深邃的思想。教材选取了《论语》中关于读书的论述，语言简洁平实，启发学生思考应该如何读书。孟子长于论辩，《孟子》书中还有少数能近取譬、生动有趣的寓言故事，《学弈》就是选自《孟子》的简短寓言。

魏晋南北朝时期，小说成为一种具有影响力的文学体裁，大批的志怪小说和志人小说出现，《世说新语》就是当时有代表意义的志人小说。《世说新语》记载了东汉后期到晋宋时期士人的逸事，在短小的篇幅中，通过记述人物的点滴言语或行为，就能生动地刻画出人物。《世说新语》中的小故事既富有趣味又浅显易读，适合小学阶段的学生学习。教材在《世说新语》中选择了两篇文章，分别是《王戎不取道旁李》和《杨氏之子》，其中的儿童形象鲜明生动，学生在阅读过程中容易产生亲近感。

宋代统治者非常重视文治教化，因此在那一时期教育事业有了较大的发展。除了各级官办学校发展，私立书院也日渐蓬勃，学校的数量和种类较之以往大幅增加。当时的白鹿洞书院、岳麓书院、应天府书院和嵩阳书院并称为中国“四大书院”，其中白鹿洞书院由朱熹组织重建，他在书院亲自讲学并制定了《白鹿书院教规》，这些规章制度成为后世教育发展的重要参考，朱熹本人也为中国教育事业的发展作出了巨大的贡献。部编版小学语文教材中的《古人谈读书》一课就选取了朱熹《训学斋规》中的经典言论，《训学斋规》是朱熹为儿童撰写的一篇启蒙读物，该文对儿童的生活起居、学习、礼节等都做了详细的规定。“读书三到”是朱熹对儿童读书提出的要求，虽然在时间上相隔甚远，但是今天学生读来依然能有所感悟。宋代士人的性格特征和审美情趣也与前代不同，他们的生命范式更加冷静和理性，倾向于理智、平和、稳健，他们的审美情趣渐渐转向以俗为雅，因此宋代的士人更能观照到生活中的细枝末节，善于对生活中的细节进行书写。例如，教材中的《铁杵成针》和《书戴嵩画牛》，分别选自宋代祝穆和苏轼的文章，叙事简练却非常生动，通过生活中的小事为学生带来启发和思考。

进入清晚期和近代，中国的社会性质和社会结构发生急剧变化，这一时期的文学与政治关系密切，文学风貌的变化与社会变革基本同步。梁启超创造的“新文体”散文就是这一时代的产物，这种散文以通俗而富有煽动力的文字承载新思想，饱含梁启超本人的爱国热情。教材节选的《少年中国说（节选）》是“新文体”的代表作，文章以高度的爱国热情将民族与国家的未来寄托于少年，对未来充满信心。部编版小学语文教材选材均源自经典且时间跨度大，上至上古神话，下至近代散文，既考虑了来源的经典性也注意到了来源的丰富性。

（三）选文体裁以故事类为主

根据内容和表达方式的不同，部编版小学语文教材文言文选文分为故事、散文、议论文三种体裁。故事是文言文选文的主要体裁形式，故事体裁的文言文有 12 则，占总数的 80%。《古人谈读书》选取的片段均为议论文体裁，《少年中国说（节选）》为散文体裁。故事类的文言以刻画人物、叙述事情为文章中心，以记叙为主要表达方式。论说类文言文主要是表达自己的观点，语言表达严谨且富有逻辑。散文则采用优美而富有气势的语言抒发了作者的爱国之情。

故事类选文内容具有丰富性，有寓言故事类文本，如《自相矛盾》；有事理类故事，如《王戎不取道旁李》；还有历史人物故事，如《囊萤夜读》；等等。小学生以具体形象思维为主，故事类文言文具有人物形象生动、情节突出的特点，这有助于他们把握形象并激发阅读兴趣，以故事类为主的选文布局与小学生身心发展特点是相契合的。例如，《王戎不取道旁李》一文中“竞走取之”写出了孩子们争先恐后地去摘李子的场面；“唯戎不动”对王戎与孩子们的行为做了对比，刻画了王戎冷静的形象；“此李必苦”，一个“必”字将王戎的自信表现得淋漓尽致。

随着学生的成长，他们的抽象思维和批判性思维逐渐发展起来。因此，五年级安排了《古人谈读书》一课，该课文由两则文言文组成，展示了古人关于读书、学习的言论。第一则文言文选自《论语》，是孔子关于学习态度和学习方法的言说。第一句指出学习要多向他人请教，第二句指出学习应该保持谦逊的态度，第三句指出了学习和教导他人应始终保持对知识的热爱和追求……第二则文言文选自朱熹的《训学斋规》，告诫儿童读书要心想、眼看、口诵。这些言论相比故事更加抽象，说理性和逻辑性更强，需要学生有更强的概括力和理解力。

部编版小学语文教材文言文选文以故事类文本为主，既切合小学生的认知特点和已有学习基础，也为学生之后的学习奠定了基础。

（四）选文内容贴近生活

部编版小学语文教材文言文选文内容多样，有的表现了人物的学习品质，如《囊萤夜读》表现了车胤勤奋刻苦的学习品质；有的表现了人物的处事智慧，如《司马光》表现了司马光遇事的冷静与机智；还有的蕴含哲理，对学生的成长具有指导意义，如《守株待兔》启发学生，如果不努力，希望依靠好运气过日子是不会有好结果的。这些文言文内容与学生的生活相关，学生容易感知课文，对文中人物经历的事件或人物的言论能有所感悟和体会。

表现学习品质的文言文在部编版小学语文教材中占比最多，这些文章大多还原了古代少年儿童学习及生活的场景。虽然文章描绘的学习场景与现在的学习场景有所不同，但是人物的学习环境、学习态度等可以让学生产生共鸣。车胤因家贫没钱买灯油只能用萤火虫的微光照明，这与学生优渥的学习条件形成对比，在那样恶劣的环境中车胤都能坚持学习，今天不是更应该珍惜学习机会刻苦学习吗？《学弈》中师从弈秋的二人对学习抱有不同态度，一人专心致志，一人三心二意，两人虽同时学习，学习效果却相差甚远。三心二意是很多学生会犯的错误，《学弈》通过一个学习下棋的小故事让学生得到告诫与启发。小学生只有短短几年的学习经历，但这几年的校园生活让“学习”成为他们生活中熟悉而又亲近的组成部分，已有经验能为他们学习这一类文言文提供帮助。

表现人物处世智慧的文言文主要通过人物的行动和语言彰显人物的性格特点，而且这类文章的主人公往往是儿童。例如，《杨氏之子》的主人公是九岁的男孩杨氏子，课文记叙了杨氏子与客人孔君平机智对谈的过程，孔君平看到杨梅借此调侃杨梅是杨家的果子，杨氏子也迅速做出应答，以孔雀不是孔君平的家禽来反驳对方。“儿应声答曰”体现了杨氏子应答的迅速，说明他思维敏捷。“未闻”二字虽是反驳却语气委婉，表达了对客人的尊重。机智风趣的语言往往来自日常的言语交流，杨氏子的回答不仅充满智慧而且语气委婉，为学生的语言表达提供了学习的榜样。

蕴含哲理的文言文常通过现实生活中改编而来的故事阐释道理。《守株待兔》和《自相矛盾》都选自《韩非子》，韩非子的寓言故事常常蕴含着深刻的哲理，他扎根历史和现实生活，对已有故事情节进行虚构，阐明道理。《守株待兔》中的农夫偶然遇见兔子撞死在树上，就幻想着这样的偶然事件能成为每天都发生的事情，妄想不通过努力就有收获，最后只能落得田园荒芜和被人笑话的下场。学生也许没有农夫的遭遇，但是在生活和学习中却可能和农夫一样妄想过不劳而获，如某次考试没有复习却取得了好的成绩，就寄希望于好运常在，考试不复习就能有好成绩。如果学生有过类似的侥幸心理，他们将在《守株待兔》的故事中获得警示：学习和生活中不能有侥幸心理，做人做事必须脚踏实地。《自相矛盾》中的楚国人在夸耀自己的矛和盾时，理由前后抵牾，难以自圆其说，这一故事通过反面人物的塑造告诫世人：说话做事要前后照应，不要自相矛盾。故事主人公犯下的错误或许是学生犯过的错误，学生虽然没有亲身经历但可以在故事中获得警示和思考。部编版小学语文教材中的文言文选文贴合学生学习和生活实际，力图消除学生与选文之间的时代隔阂，让选文内容可知可感，学生在阅读之后有所启发。

（五）选文皆为节选，篇幅短小

部编版小学语文教材文言文选文都是节选片段，编者从一篇文章或者一段文字中选择符合教学目标的片段，虽然有删减，但是仍保持故事的相对完整。例如，《学弈》选自《孟子·告子上》，除了课文节选的《学弈》部分，原文还有这样的论述："孟子曰：'无或乎王之不智也。虽有天下易生之物也，一日暴之，十日寒之，未有能生者也。吾见亦罕矣，吾退而寒之者至矣，吾如有萌焉何哉？今夫弈之为数，小数也；不专心致志，则不得也。'"孟子以学习下棋的故事为例告诉君王要专心听取自己的建议，把全部心思放在萌发善良之心上，不要受到小人谗言的干扰。尽管教材中没有出现论述部分，学生还是能够从节选的故事中领悟到做事情应当专心致志的道理。编者对选文做出这样的处理既是让学生更好地理解和把握选文内容，也是为了控制选文的字数。

部编版小学语文教材所节选的内容大多是家喻户晓的故事，如出自《宋史》的《司马光》，《宋史》不光记载了司马光破瓮救友，还有其喜读《左氏春秋》等事。关于司马光的故事，人们最熟悉的便是司马光砸缸救人，因此教材中只节选了这个耳熟能详的故事，通过故事带领学生走入文言文的世界。教材中除了司马光砸缸，还有囊萤夜读、铁杵成针等故事，这些故事可能已经以口语或书面语的形式出现在学生的学习生活中，理解起来比较容易。

从选文的整体来看，选文中篇幅最短的 30 个字，最长的 184 个字，平均每篇大约 70 个字。三年级和四年级的 6 则文言文的字数均没有超过 50，其中《司马光》只有 30 个字，字数最少。五年级和六年级最长的文言文选文是《少年中国说（节选）》，总字数也未超过 200，其他的除了《两小儿辩日》，都在 80 个字左右。因为这些选文篇幅短小，而且多为古人之作，所以有的学生将其称为小古文。这些小古文相对整篇文章而言，更有利于学生的诵读和积累。

从语言表达来看，文言文选文句子大多为短句，一句话多为四或五个字，超过七个字的较少。最长的句子是《少年中国说（节选）》中的"少年胜于欧洲则国胜于欧洲，少年雄于地球则国雄于地球"。这个句子虽然较长，但是句式工整而且押韵，学生阅读起来铿锵有力，节奏明快，通过朗读学生还能够感受到梁启超对中国少年与国家共命运的呼唤。其他的文言句子大多如《书戴嵩画牛》中的“尤所爱，锦囊玉轴，常以自随”，语句简短精练却具有丰富的表现力，“锦囊玉轴”四个字简洁形象地体现了杜处士对这幅画的爱惜。

部编版小学语文教材文言文选文篇幅短小，语言简洁，有利于学生诵读，降低了学生学习文言文的难度，减轻了学生对文言文学习的抵触和恐惧心理。

三、部编版小学语文教材文言文选文教学价值分析

（一）促进学生语言能力的发展

文言文作为我国语言文字的一部分，学生需要了解它的特点和运用规律，并在阅读文言文的过程中形成自己的语言经验。钱梦龙曾指出现代汉语与古代汉语一脉相承，很多常用的字词及句子结构从古至今并没有发生多少变化，尤其是在书面语中更加具有稳定性。学生学习文言文不仅能够了解古代汉语语言文字的运用规律，而且有利于对现代汉语的学习。

小学阶段是字词积累的重要阶段，从低年段喜欢学习汉字到高年段有较强的独立识字能力，是学生语言积累的过程也是学生语言建构的过程。从文字系统来看，文言文使用的文字和现代汉语使用的文字并没有本质差异，而且文言文中的很多文字还能体现汉字的本义。通过对文言字词的学习，学生不仅能够理解一个字在文本中的含义，还能了解该字的本义，有利于学生更好地识字、写字。例如，《王戎不取道旁李》中“竞走”一词容易与现代体育运动项目“竞走”混淆，在文言文中“竞走”是争着跑过去的意思，“走”表示“跑”的含义。“走”的本义为奔跑，这与它最初的字形有一定关联，在金文中“走”字由上下两部分组成，上面一部分像人甩臂跑步，下面一部分像脚的形状，因此表示奔跑之意。而“跑”字是后起的形声字，从足，包声，本义指兽用足刨地，后来代替古代的“走”字，有了奔跑的意思。了解“走”和“跑”的本义，学生将掌握这两个字在古代汉语中的正确含义，也会对这两个字的字形有更加深刻的印象。

文言文的学习还有助于学生正确书写和使用成语。成语是一种相沿成习、形式简洁而意义精辟的固定短语，成语有很多来自古代文献或俗语，代表了一个故事或典故，它的意义往往不是词语意义的简单叠加，需要了解背后的故事才能正确把握含义。例如，“守株待兔”如果光从字面解释就是守着树桩等待兔子，但是人们真正使用的是它的比喻义，即比喻不主动地努力而存万一的侥幸心理，或比喻死守狭隘的经验，不知变通。教材中用文言文的形式把“守株待兔”这个成语背后的故事展现在学生面前，通过学习这篇课文，学生了解和掌握该成语的比喻义也就能正确理解和使用该成语。不仅如此，学生还能了解到“株”字的另一重含义，它除了可以做量词，如一株植物，还可以做名词，也就是文中树桩的含义。学生知道了“株”字代表的是树桩，在书写的时候就不容易同“珠”“朱”等字混淆，也就能正确书写“守株待兔”了。

语言能力的发展需要培养语感，诵读是小学生提升语感的重要途径。文言文语言简洁、

节奏明快的特点有利于学生诵读，并从中积累语感。部编版小学语文教材文言文选文大多篇幅短小，语言凝练，富有节奏感，读起来朗朗上口，适合学生朗读记忆，教材也要求学生对课文进行朗读和背诵。小学生对音韵和节奏的感受要优于成人，对于他们而言，诵读文言文就像唱儿歌、读诗歌一样明快，诵读不仅可以调动他们的兴趣，使他们积累文言字词，还可以培养他们的文言文语感。事实上，学生获得的不仅仅是文言文语感，更是汉语母语的语感，因为文言文归根到底还是祖国的语言文字，与现代汉语同根同源。

（二）提升学生的思维品质

语言是思维的工具，思维是语言的内容。小学生正处于想象力丰富、形象思维占主导地位、抽象思维逐渐发展的阶段，所以小学阶段也不能忽视对学生思维能力的培养。部编版小学语文教材文言文选文对学生思维发展的作用主要体现在两个方面：一是激发学生的想象力，二是培养学生的批判性思维。

教材中的文言文选文大多篇幅短小，言约义丰，许多故事情节和场景都需要学生发挥想象进行补充，文中大量的留白为学生提供了想象的空间。《精卫填海》这篇课文非常简短，只有两句话，第一句话交代了故事的主要人物及其身份，第二句话交代了填海的起因及经过。学生要想把握精卫的形象，光靠文本的内容不够，还需要加入适当的想象。为帮助学生更好地理解精卫的形象，编者在选文中配有插图，翻滚着巨浪的海上有一只羽毛鲜艳、白嘴赤足的精卫鸟正衔着石子飞翔，面对凶险的海浪，精卫鸟丝毫没有畏惧和退缩，目光坚定。插图为学生想象精卫填海的场景提供了具象的图片，但图片无法显示出精卫在填海过程中可能遭遇的困难以及精卫如何解决困难。文本和图片没有表现出来的地方正是学生发挥想象力的舞台，通过对故事情节的补充，学生将更加深刻地体会精卫坚定与执着的精神品质。精卫填海本来就是神话故事，先民运用神话这一形式来展现自己对世界万物的理解。神话中的奇思妙想引领学生进入想象的世界，让学生感受想象的魅力，对学生想象能力的发展具有激励作用。

批判性思维是指运用各种方法探寻新的材料，以证实自己最初的意见或正确无误或将其否定，并始终保持怀疑的心态，进行系统和持续的探索。部编版小学语文教材在六年级下册安排了一个与“科学精神”有关的单元，科学精神的树立离不开批判性思维，只有始终保持怀疑的心态，并对事物展开探索才是真正的科学态度。《两小儿辩日》这篇文言文出自这个单元，文章以人物对话的方式记录了两个小孩各自的观点和依据，两个小孩辩论的过程实际上也是他们批判性思维过程的外显。一个小孩认为太阳刚出来的时候离人更近，另一个小孩听到这个说法并没有立马认同，而是质疑对方的说法，并提出了自己的观点：太阳刚出来的时候离人更远。如果故事到这里就结束了，那么两个小孩的思维过程还不能被称为批判，因为他们并没有用新的材料来证实自己的观点。随后，两个小孩用自己探寻的材料佐证了观点，双方都有自己的思考和思考的依据。通过文本的阅读，学生获得了两种不同的观点和一些能够支撑观点的材料，教师可以进一步引导学生思考：“在这两种观点中你支持哪一种观点？为什么？为证明自己的观点需要进行哪些探索？需要补充哪些材料？”这其实就是在培养学生的批判性思维。在这场辩论之中谁对谁错并不重要，重要的是学生要对已有材料进行思辨，形成自己的观点。

（三）弘扬传统文化，提高学生审美情趣

中华传统文化历时久远且具有稳定形态，包括思想观念、思维方式、价值取向、道德情操、生活方式、风俗习惯、教育科技等诸多层面的内容。文言文以文字的形式记录了博大精深的中华文化，学生可以借助文言文，深入了解其中多种形式的文化内涵。在学习文言文的过程中，学生将接触体现中华优秀传统品质的材料，如司马光遇事沉着冷静、王戎善于思考、车胤勤奋好学等，这些历史人物的优秀品质将通过语言文字映照学生的心灵，对学生的人格及品质养成产生积极的影响。坚持、善思、勤奋、爱国这些优秀的传统文化在课文中均有体现，它们将如春雨般滋养学生的心灵，让学生在阅读中获得人生启迪。

部编版教材文言文选文具有语言美、形象美、情感美等特点，学生可以通过品味欣赏，感受古典文学的独特之美，逐渐形成审美鉴赏能力和评价能力。小学阶段是学生审美鉴赏能力发展的关键阶段，他们对现实世界有浪漫的想象和敏锐的感知，文言文字里行间洋溢着美，且这种美讲究神韵，因此它应承担起提升学生审美情趣的重任。

语言是进入文本的方式，也是进入作者心灵世界的桥梁。古人在创作时重视言语的锤炼，字句的韵律，练字的考究，情景的描绘往往蕴含着作者独特的匠心，欣赏文言文的语言之美既是走进作者心灵世界的方式，也是提高学生审美情趣的必由之路。《伯牙鼓琴》中锺子期对琴声的描述是“巍巍乎若太山”和“汤汤乎若流水”，“巍巍”和“汤汤”两个叠词的使用，描绘出泰山的磅礴雄伟以及江河的汹涌澎湃。这两句不仅运用通感的手法，将所听音乐之声转化为可视的画面，还写出了伯牙倾注在琴声里如巍峨泰山一般的志向，如洋洋江河一样的胸怀。通过对字句的品读，学生能够想象语言所描绘的画面，还原音乐的艺术之美，还可以感受人物的胸怀与心向。

情感美也是文言文审美价值之一，学生可以通过体悟作者情感获得审美的熏陶。为了揭露帝国主义的野蛮行径和卑劣阴谋，纠正国人自暴自弃、甘为亡国奴的心理，激发全国人民的爱国热情，梁启超写下了《少年中国说》。全文语言气势磅礴，感情充沛，课文节选的部分描绘的是少年中国的光辉前程，激励中国少年奋发图强，勇于担当，表达了作者对祖国繁荣富强的热切期盼。文章用整齐的句式，依托排比、象征、对偶等修辞手法，抒发了炽热的爱国之情，从情感上打动学生，让学生体会到文章中的情感美。文言文的教学价值不仅在于字句的积累，还在于字句背后所包含的传统文化以及各种美感，在传统文化的浸染中，学生的传统文化素养将逐渐提高，在美的感染与熏陶下学生的审美鉴赏能力与审美情趣也将逐渐提升。

第三节　深度学习视域下小学语文文言文教学存在的问题及成因

一、小学语文文言文教学存在问题分析

（一）教学内容缺乏联系

1. 与已有知识的关联不够充分

文言文虽然是古代的书面语，与现代汉语有一定的差异，但作为同一民族的语言，现代汉语与古代汉语有着难以割断的联系。人们现在所使用的词语及句子结构等都与古代文学语言密切相关，文言文许多常用词的字义以及句子的结构方式等都稳定地保留在现代书面语中。因此，学生学习文言文并不像学习外国语言一样毫无根基，学生应在现代汉语的知识基础上进行迁移学习，学习文言文的过程实际上也是汉语言系统的建构过程。但是目前的文言文教学局限于文言知识讲解，教师大多让学生将文言文一字一句翻译成现代汉语，割裂了语言之间的联系。事实上，现代汉语是学生日常使用的语言，是学生熟悉的知识，文言文的教学应该从现代汉语与古代汉语的关联出发进行知识建构，让学生抓住二者的联系进行迁移，帮助学生建构和完善语言系统。在教学实践中，遇到已经学过的字词时，有些教师能够帮助学生回忆过去学习的知识，但很少有教师能够启发学生将现代汉语知识与古代汉语的学习关联起来，这说明教师的关联意识仍有欠缺，知识关联的视野过于狭窄。

2. 与学生生活体验的关联不够紧密

语文学习的外延和生活的外延相等。语文学习与日常生活紧密相连，尽管文言文记录的生活与人们现在的生活有一定差距，但是它记载的内容依然能够向人们展现现实和情感，依然能够引发学生的共鸣。大多数教师在进行文言文教学时只重视字词、句式、语法等知识的讲授，对文本中的生活情趣挖掘不足，不能充分调动学生的生活体验。文言文教学需要以学生的生活经验为基础，让文本的学习根植于学生的日常生活。只有知识灌输而没有生活体验的文言文教学就像是无本之木，学生无法将学习对象转换为自身成长的养料。以《司马光》一课为例，以下是某教师的教学片段。

教师："群儿戏于庭"这一句话中"群儿"是什么意思？"戏于庭"是什么意思？

学生："群儿"是一群小孩的意思，"戏于庭"是在庭院中游戏的意思。

教师：一群小孩在庭院里玩耍用文言来写就是"群儿戏于庭"。那么老师考考大家，如果一群孩子在园中玩耍呢？

学生：叫群儿戏于园。

教师：一群小孩在树林中玩耍呢？

学生：叫群儿戏于林。

教师：原来古人所说的“戏于什么地方”就是在什么地方玩耍。

从这个片段可以看出，教师对课文的讲解停留在语言训练层面，针对“于”状语后置的特殊句式，教师做了充分的变式训练，字词的意思也做了翻译解释。但是这些内容对于学生来说始终是陌生而抽象的学习对象，它们只是一堆冰冷的符号，无法唤醒学生内心真实的情感体验。其实“群儿戏于庭”所描绘的场景是学生非常熟悉的生活场景，教师可以引导学生联系自己的生活经验对该场景进行还原和想象，回忆自己在小区或者院子里是怎样游戏的，这样既可以锻炼学生的联想能力，还可以拉近学生和文言文之间的距离，引发学生情感的共鸣，培养学生对文言文的亲切感。要想发挥文言文的人文价值，就要将学生的生活经验和文本教学连接起来，让传统文化通过个体经验的唤醒和情感共鸣的引发实现现代化转换，成为学生发展的源头活水。

（二）教学过程僵化

1. 以字词翻译为主

部分教师的课堂中，文言文字句翻译占据了较多的教学时间，而文本中关于人物的精神品质、作者情感等人文性的内容则被压缩在较短的时间内简单处理。文言文与白话文之间的语言差异让部分教师将扫清字词句的理解障碍作为文言文教学的首要任务。读懂字句意思当然是必要的，但是这种“懂”仅仅是知道了文字的表层信息，是否能正确理解信息，发掘信息背后的人文内涵还需要进一步考量。毫无疑问的是，文言文教学需要关注语言，但是教学不应该只关注浅层的字义和语法作用，更应该关心字句在表情达意上的作用和其中蕴含的思想和文化。文言文字词的意义不仅仅在于它本身，更在于与具体的故事和人物的关联，与整篇文章语境的关联，与更加广阔的文化语境的关联。

早在20世纪90年代，钱梦龙就已经指出文言文教学的弊端，“字字落实，句句清楚”仍是目前文言文教学的现状。字句的落实确实能让学生理解并掌握字、词、句的意思，学到相应的语法知识，但缺乏整体感、课堂枯燥无趣也是不可否认的事实。小学语文文言文教学一味地强调知识灌输会打破文本的整体性，影响学生对文章内涵的把握，削弱学生的学习兴趣。

2. 教学活动单一

在小学语文文言文教学中，上课流程基本是先逐字逐句疏通翻译，然后分析文章的主旨、人物等。一篇文言文先让学生读一遍，然后教师讲解重点字词的意义，强调生字的写法，再将全文翻译成白话文，最后让学生背诵课文。例如，某教师在教授《学弈》时，先介绍课文的出处，要求学生把这篇课文出自《孟子》作为一个文学常识进行记忆，并介绍了孟子的生平情况。然后教师让学生结合课文的注释，了解文章大致内容，同桌之间相互讲解，指名说出全文大意。随后，师生进入疏通文义阶段，教师先让学生翻译第一句话，根据翻译的结果指出问题，强调“弈秋，通国之善弈者也”这句话中要掌握“善”和“者也”的含义。按照这一流程，课文其他的几句话都按照相同的方式逐字逐句疏通，翻译几乎占据了课堂一半的时间。剩下的一点儿时间，教师要求学生讨论从课文中悟出的道理，最后以背诵全文结束这篇课文的学习。在整个教学流程中，只有机械反复的知识点灌输而没有学生的主动活动，文言文就像是流水线上的产品，每一篇都以相同的流程呈现在学生面前，作品本身丰富的文化内涵和文学魅力全然被掩盖，学生也缺乏主动性和兴趣。

没有学生主动活动的学习难以成为深度学习，缺乏活动的文言文课堂不仅枯燥乏味而且教学效率低下。随着时代的发展，语文教育越来越重视活动设计，能够运用于文言文教学中的活动也不少，如朗读活动、表演活动、角色体验活动、故事创编活动等，教师应在课堂教学中大胆地设计活动，改变教学活动单一的状况，通过设置灵活多样的学生自主活动丰富文言文课堂教学。

（三）拓展教学与迁移训练不足

1. 缺乏课外拓展阅读

部编版小学语文教材的特色之一是构建了“教读—自读—课外阅读”三位一体阅读教学体系，将课外阅读纳入教材中，努力拓展学生的阅读面。很少有教师能经常引导学生进行拓展阅读，而且教师在备课时也缺乏主动收集阅读材料的意识。也就是说，目前小学语文的文言文教学依然存在教师“教教材”而不是“用教材教”的情况。部编版小学语文教材选入的文言文数量相比原人教版虽然增加了不少，但是只凭十几篇文言文很难培养学生的文言文阅读能力和阅读素养。学生的文言文阅读量少，必然导致阅读经验的匮乏和阅读视野的狭窄，阅读能力的提升更是无源之水。大多数教师教授《王戎不取道旁李》会引导学生感受王戎的人物形象，概括人物品质，这篇课文的教学到这里就结束了。如果教师能把教学的视野放宽一些，对课文的出处做一些探究，会发现可供拓展延伸的材料非常丰富。《王戎不取道旁李》出自《世说新语》，《世说新语》这本书记载了许多魏晋时期的文人逸事，这些故事大多篇幅短小，语言通俗，文字生动鲜活，正是适合小学生阅读的文言文材料。通过学习《王戎不取道旁李》这篇课文，学生可以感受到古代儿童的智慧和品行，《世说新语》中还有王戎观虎等故事，教师如果能利用好这些材料，将有效激发学生阅读《世说新语》的兴趣，让学生进一步感受古人的风趣与幽默。

“多读书、好读书、读好书、读整本书”是语文教学改革的方向，部编版语文教材的主编温儒敏多次指出目前语文教学最大的弊病就是读书太少，因此部编版小学语文教材力图将课外阅读纳入教材体制，把语文教学从课堂延伸到课外。如果文言文教学只重视对课本内容的精读精讲，而忽略对学生阅读兴趣的激发以及阅读面的拓展，那么学生的文言素养也难以得到发展。

2. 迁移应用训练少

迁移应用是对已有经验的扩展和提升，是将内化知识外显化的过程，在这个过程中学生需要灵活地运用所学知识解决新情境下的新问题。要发生迁移应用，教师就必须为学生提供新的情境，设置需要解决的问题。但在小学阶段，文言文学习材料只有课本中的十几篇文言文，学生较少接触课本之外的经典文言作品。就课内而言，学生每学期只学习一或两篇文言文，文言知识可迁移的范围狭小，并且长时间的间隔也会影响文言知识的学习效果，面对类似情境时学生可能无法有效进行知识迁移。就课外而言，学生在课外很少接触文言文，课外读物大多是白话文，课内学习的知识难有迁移运用的机会和情境。深度学习是指向核心素养的学习，而素养形成离不开与真实情境的持续互动及运用知识解决问题。因此，要想提升学生的文言素养，教师就必须为学生创设各种新的情境，给予学生新的语言材料和文本，让学生迁移运用已经习得的知识解决新文本、新情境中的问题。

（四）教学评价不尽合理

1. 过于重视纸笔测试结果

按照作用进行分类，教学评价可以分为诊断性、形成性和总结性评价。诊断性评价是在教学开始前，对学生的知识水平和能力进行评价，目的是了解学情。形成性评价是对教学过程是否达到了局部的教学目标做出评价，以便做出及时的调整，目的是对教学过程进行反思，针对问题进行改进。总结性评价是在教学过程终结后，对教学效果做总结性的评价，重点在于教学效果。但是，在目前的文言文教学中，总结性评价依然是主要的评价方式，很少有教师关注形成性评价。提起教学评价，教师的第一反应往往是考试。

考试成绩能够反映的问题和考查的能力有限，它能够考查学生是否熟记《守株待兔》《精卫填海》等课文，考查某些文言实词或虚词的含义，可它却难以体现学生的文言文阅读习惯、文言文阅读方法、文言文阅读兴趣等。纸笔测试的内容大部分是外显性的知识点，学生可以在短时间内记忆成功，但短时记忆并不长久，很可能出现考完就忘的情况。教师大多以考试成绩衡量学生的文言素养，可见目前文言文教学仍以纸笔测试产生的总结性评价结果作为衡量学生文言文学习水平的重要标准。过于重视分数结果而忽视了过程中的表现及内在素养的考查，导致文言文教学评价并不全面。

2. 缺乏持续性评价机制

持续性评价以学生发展为中心，以学科核心素养为导向，是形式多样的立体性评价。持续性评价包括横向和纵向两个向度：横向向度是指学科维度，是学生各学科核心素养发展水平的比较，着眼于学生的整体发展；纵向向度是时间维度，是学生某一学科核心素养发展水平的增量。与重视考试结果的评价不同，持续性评价的关注点在于学生学科素养的发展水平，以及学生在学习活动中的参与度、积极性以及创新能力等。这就要求教师在评价的过程中有收集学生学科核心素养发展的行为证据的手段，并且能够对收集的各类信息进行判断，利用科学的工具对学生做出合理的评价，并将评价结果用于指导学生的学习和教学的改进。目前小学语文文言文教学评价关注的重点依然是学生对文言知识的掌握情况，既缺乏对学生文言素养发展情况的把握，也难以对学生的文言发展水平做出持续性的评价。已有的评价机制只能对零散的知识点进行一次性考查，而无法贯穿学习的始终，更无法通过评价唤起学生的元认知，使学生进行主动反思和调控学习进程。要想发挥评价在文言文教学中应有的作用，就需要突破纸笔测试的局限，采用多种形式的评价，建立持续性评价机制。

二、小学语文文言文教学存在问题的原因分析

（一）教师深度学习理论有所欠缺

大部分教师对深度学习理论缺乏足够的认识，有的教师甚至从来没有听说过深度学习理论，更不了解深度学习的特点以及深度学习在文言文教学中的意义。部分教师甚至对深度学习理论存在一定的误解，有的教师认为“文言文学习对于小学生来说比较困难，浅层的字词句都学不明白，深层的东西肯定更难掌握了”。由此可见，教师对深度学习的内涵特征以及运行机制缺乏理性认知。理念是行动的先导，理念的更新引领行动的变革。大部分教师成长于应试教育背景下，他们在潜移默化中接受了应试教育推崇的教育理念和师生观念。当他们走上讲台时，很难摆脱应试教育观念的束缚，也很难接受新的教育理念、教育思想。很多教师虽然从期刊论文或者其他途径了解到深度学习理论，但是其在思想上并未接受这一新的教育理论，很少有教师能够继续主动深入了解相关理论知识。教师应当意识到，进入21世纪后，人类由工业时代进入信息时代，人工智能迅速取代简单机械劳动，应试教育培养出来的学生已经很难应对未来生活的挑战。因此，教师必须更新自己的教学理念，从深度学习理论中汲取养料，培养能面对未来复杂社会环境的新时代人才。

（二）教师在教学中对学生的主体性重视不够

《课标》明确指出学生是学习的主体，教师不能以自己的讲解取代学生的自主阅读体验，而应该加强对学生的指导，让学生在实践中形成自己的阅读感受。但在实际的文言文教学中，教师往往忽略学生的主体性，以自己的讲解代替学生的活动和体验，课堂上缺少学生的自主学习。教学中，教师既不了解学生的最近发展区，也不设置丰富的课堂活动让学生主动地学习和实践，学生在课堂上始终处于失语状态。夸美纽斯在《大教学论》中指出：“寻求并找出一种教学的方法，使教员因此可以少教，但是学生可以多学。”好的教学可以用“少教多学”来概括，学习的发生并不能由教师的教来替代，它应使学生通过主动参与、积极建构获得自身各方面能力的发展。文言文的教学不应该以字词的灌输来代替学生的成长，而应该是学生自主建构知识体系，发展阅读鉴赏能力的过程。教师在文言文教学中应该设置具有启发性的教学活动，让学生充分进行自主学习，探究合作，成为学习的主人。

（三）教师文言文知识储备不足

学生是学习活动的主体，但人们也不能忽视教师在课堂教学中的主导作用。教师要想给学生一杯水，自己就必须有一桶水，想要教好文言文，教师就必须有深厚的文言文功底。从调查问卷可以看出，很多教师认为自己的文言文知识积累不足，但是很少有教师喜爱或积极主动阅读文言文经典。有些教师错误地认为掌握好文言字词句的知识就能够教好文言文，而忽略了对古代文学理论、古代文学史等知识的学习。这就导致教师在教授文言文时

只能抓住文言文的字词句进行讲解，无法拓展延伸文本，其中的人文内涵和传统文化难以得到发掘。教材中的文言文选文不仅是学生学习语言的材料，还是传统文化的载体。这些文言文选自《论语》《世说新语》《宋史》等经典著作，涉及孔子、孟子、朱熹等名家先贤的思想，文以载道，这些文章传达的是中国古代仁人贤士的思想情感，是传统文化的体现。面对这些闪耀着智慧与思想光芒的古代优秀文化，教师却只能让学生咀嚼字句的含义，不能带领学生走进古人的文化与精神世界，削弱了学生对文言文的兴趣。随着时代的发展，教师应树立起终身学习的理念，不能一直“啃老本”而拒绝提升自己的文言素养。教师不仅要传授知识，更要以身作则，从阅读文言经典开始，努力成为传统文化的传承者和传播者。只有教师自己的文言知识储备丰富，才能在教学中打破文言字词的禁锢，真正发挥文言文的育人作用，让文言文的教学不再浮于字词表层而是深入文本的内在。

（四）课程标准规定不够明确

课程标准是日常教学的重要依据，也是设置课堂教学目标的参考标准。从《课标》的目标要求来看，直到第四学段（7～9年级）才对文言文提出了具体的目标要求：“阅读浅易文言文，能借助注释和工具书理解基本内容。”第一到第三学段，即整个小学阶段，课程标准并没有给出具体要求和指导建议。因为课程标准没有明确要求，所以小学教材中应该安排多少文言文，教学需要达到什么样的程度，学生素养需要发展到什么水平等缺乏具体的标准。在实际教学中，部编版小学语文教材在三年级就安排了简单的文言文篇目，《课标》规定不够明确给小学语文教师的教学带来了许多困惑，如何设置文言文教学目标，如何确定文言文教学内容以及如何开展文言文教学难以找到可供参考的标准。

除了课程目标不够明确，关于小学语文文言文教学如何评价，课程标准没有给出明确的指导。至于课程标准附录中关于课外读物的建议，只推荐了现代文，对于文言文作品只字未提。

（五）新教材投入使用时间较短

部编版小学语文教材从2016年开始试用，2017年各省份逐渐开始投入使用，到目前为止仅有几年的使用时间。相比原各版本小学语文教材，部编版小学语文教材文言文数量明显增多，这给教师的文言文教学带来了不小的挑战。而且自新文化运动以来，小学阶段很少涉及文言文教学，对于这一阶段的文言文如何教，教师缺乏可供参考的经验。

由于部编版语文教材投入使用时间短，很多教师对新教材的编排结构和教学模式缺乏深入了解，导致在文言文教学中忽视单元要素差异，缺乏建构“教读—自读—课外阅读”三位一体的阅读教学模式的意识。部编版小学语文教材采用人文主题和语文要素双线并进的结构思路进行编排，文言文课文没有安排独立的单元，而是分散在各个单元之中。这样的编排要求教师教授文言文时建立起文言文篇目与其他篇目之间的联系，重视文言文所在单元的单元要素，让文言文教学能够为单元要素的落实服务。在实际教学中，有些教师并没有重视单元要素的意识，文言文教学也缺乏层次性和差异性。部编版语文教材创造性地提出三位一体的阅读教学体制，但很多教师未能把握住这一特色，往往只重视课内文言文的教学，忽视了对课外文言文阅读的拓展。因此，教师有必要对部编版教材的编写理念、特色和使用方法进行深入了解，合理恰当使用教材，以新教材为基础探索小学语文文言文教学的有效方法。

第四节　深度学习视域下小学语文文言文教学建议

一、多维联结，唤醒学生的个体经验

建构性是深度学习的重要特征，即要在新的学习内容与已有知识经验之间建构起结构性的关联，使公共性知识转化为学习者个性化的知识。文言文学习要达到深度学习的效果，就要在教学过程中注意学习内容与学生原有知识经验的联结。奥苏贝尔在《教育心理学：一种认知观》（*Educational Psychology a Cognitive View Second Edition*）中指出："影响学习的最重要的因素是学生已知的内容，所有的教学活动都应当以学生已有的知识经验为基础。"因此，教师在进行文言文教学时，要以学生原有知识经验为起点，注重联结学生生活以及学生已有知识，进而促进深度的意义联结。

（一）联结学生生活

学习是具有个人意义的活动，其与学习者的个人经历、内心感受、思想水平和想象力有着密切的关联。如果教学不能有效唤醒个体经验，就难以真正触及学生的心灵，引发学生的深度学习。要想实现深度学习，文言文教学就必须唤醒、激发和改造学生的生活经验，让个体生活经验成为知识学习生长的根基，成为构建个人意义的支架。

虽然文言文作品创作年代较为久远，但部编版小学语文教材所选的文言文作品内容大多贴近生活。如《学弈》《囊萤夜读》《古人谈读书》都与学习有关，学生对学习生活并不陌生，很容易对其中的内容产生体会和领悟。在教学过程中，教师要有意识地将学生所经历的社会、学校和家庭生活与课文内容联系起来，寻找知识和生活经验之间的连接点，以个体经验为依托，沟通学生的内在经验与外在知识，帮助学生深入理解和把握知识。

（二）联结已有知识

学生有意义的学习就是让新知识与已有知识建立明确的联系，并将新知识整合进原有知识结构的过程。学生在进行文言文学习前已有一定的汉语知识基础，教师要帮助学生有效提取已有知识，抓住新旧知识联结的关键点，帮助学生更好地理解和接受新知识。

部编版小学语文教材第一篇文言文编排在三年级上册第八单元，这是学生第一次正式学习文言文。事实上，此前学生已经通过各种形式接触了文言文，如古诗词、成语故事等，潜移默化中已经有了与文言文相关的知识经验。这些有关文言文的知识大多以自在的形式存在于潜意识之中，学生自己可能没有意识到，但教师不能忽略这些隐性知识。在进行文言文教学时，教师要充分发掘隐性的文言知识，建立起新知识与已有文言知识的联系，减轻学生文言学习的负担。

小学阶段，学生以形象思维为主，他们喜欢阅读故事，在平时的阅读中也有一定的故事积累。许多成语故事和神话故事都有文言与白话两种版本，教师要重视这一部分故事资源并加以利用。例如，《守株待兔》这个成语故事有些学生可能已经听过，教师可以引导学生分享自己听到的故事，之后再出示文言文，在白话文与文言文的对比中，让学生感受文言文的独特。又如，《精卫填海》所属单元的人文主题为“神话故事”，教师可以基于单元要素进行拓展，让学生收集上古神话故事，并在课堂上进行讲述和展示。在学生已经有神话故事阅读经验的基础上，再让其进入《精卫填海》的文本阅读，降低了阅读难度，拓宽了学生的阅读面。

此外，教师应认识到文言文与现代汉语一脉相承，很多字词的意思并没有发生多少变化。教师在教授文言文时，不仅要注意联结隐性的文言文知识经验，还要注意联结现代汉语知识。《铁杵成针》中有“世传李太白读书山中，未成，弃去”。“弃”这一字，课文下面没有注释，但是“弃”字却是学生已经学过而且运用比较广泛的字，教师可以让学生用“弃”组词，学生可能会组词为“丢弃”“放弃”等，教师再引导学生将“弃”字放入文本语境中体悟，选择最恰当的含义，正确理解“弃”的意思。

二、丰富活动，激发学生的学习兴趣

“活动与体验”是深度学习的核心特征，这里的“活动”是以学生为主体的主动活动，是将静态的文字符号转变为学生自己的认识对象的过程。好的学习活动可以引导学生进入学习情境，让他们产生强烈的学习动机，使他们积极主动地学习和探索。文言文作为古代的书面语，与今天使用的语言有所不同，学生学习起来有一定的困难。因此，教师在进行文言文教学时，要开展多样化的活动，激发学生的学习兴趣和主动学习文言文的热情，在活动中将学生带入文言文的世界。

（一）重视诵读活动

诵读是学习文言文的重要方法，是古人经过上千年探索积累而成的学习经验，也是我国语文教学的宝贵财富。中国古人主张“吟哦讽诵而后得之”，强调多种形式的诵读，在诵读时要全身心投入，使自己沉浸在文言文的意境和氛围中。诵、读二字虽然都是口头表达的方式，但侧重点有所不同，诵侧重的是声调、韵律和节奏，读则侧重对内容的理解，获得语言背后的内涵。诵和读二者相结合，形成诵读这种独特的文言文学习方法。通过诵读，学生不仅可以感知文言文的韵律、声调等声音形态，还可以熟悉和理解文章内容。叶圣陶先生认为诵读是心、眼、口、耳并用的一种学习方法。也就是说，诵读的过程还伴随着思维的活动，诵读是一种调动多感官激发情感体验的综合性学习过程。

部编版小学语文教材文言文选文大多篇幅短小，加上文言文自身具有独特的节奏感和韵律感，适合小学生进行诵读。教师开展多种形式的诵读活动，可以充分调动学生的听觉、视觉等感官，让学生在声音的节律中感受文言文的魅力。在反复诵读中，学生会逐渐产生一种感性的、直觉性的思维，慢慢将诵读的文言材料内化为自己语言系统的一部分，这就是人们所说的语感。人们获得语感的过程是自动的，不需要意识努力去发现语言结构的规则，就可以在言语行为中准确地使用它们。语感通过长期反复的训练和学习自动习得，教师很难通过讲授使学生获得语感。因此，文言文的教学应当重视诵读活动的开展，培养学生的语感。

首先，教师应明确各年段诵读的目标要求。《课标》并没有明确提出小学语文文言文教学的要求，只提出："诵读古代诗词，阅读浅易文言文，能借助注释和工具书理解基本内容。"通过课后习题的梳理可以发现，部编版教材对各年段文言文诵读的目标要求具有层次性。三年级上册的《司马光》是教材中编排的第一篇文言文，课后习题第一题要求："跟着老师朗读课文，注意词句间的停顿。"到了四年级上册的《精卫填海》，课后习题要求："正确、流利地朗读课文。"从跟着教师朗读到自己正确流利地朗读，反映了诵读要求的提高以及学生文言文水平的发展。就小学中段而言，文言文的诵读要求是正确、通顺地朗读课文，尝试读出节奏，小学高段在此基础上还要求通过节奏、语调和韵律读出语言的气势。例如，《少年中国说（节选）》课后习题要求"正确、流利地朗读课文，做到连贯而有气势"。教师在设计朗读活动前要先厘清不同学段、年级、篇目的诵读目标要求，遵循学生学习发展的规律，按照一定的顺序进行文言文诵读教学。

其次，教师要设置多种形式的朗读活动。在文言文教学中，诵读贯穿始终，如果是机械单调地反复诵读，学习效果并不理想。因为学生的大脑如果长时间接受同一种刺激，神经细胞会受到抑制，学生对文言文的注意力和兴趣也会随之下降。而且简单重复的诵读活动，如读准字音、读出节奏等，容易让学生产生认知需求被满足的感觉，导致学习兴趣减弱。教师在进行文言文教学时，要根据文本内容和学情设置多种形式的诵读活动，要能够调整学生的学习状态，让学生愿意诵读，喜欢诵读。根据文本的不同和教学的需要，教师可以设置对比读、文白读、快慢读、平仄读等不同的诵读活动。在对比读中，学生可以纠正自己错误的读法，掌握正确的"句读"。例如，《守株待兔》中的"因释其耒而守株"，学生因为不理解字词的含义以及受到现代文的影响，容易误读成"因释 / 其耒 / 而守株"。虽然现在主张让学生尝试自读，但是当学生出现问题时，教师仍需要给予帮助，给出正确的示范，让学生在与教师范读的对比中发现自己断句的错误，进而思考原因，自主纠正错误。在文白读中，学生可以理解和体会文言文与白话文的区别，感受文言文的语言特点。例如，在《司马光》的教学中，教师可以先梳理出人物及他们的动作并做成相应的白话文词卡，在学生已经了解文意的基础上，把这些白话文词卡填入文言文原文中，通过多种形式的朗读，让学生了解文言与白话在意义上的对应，以及古今语言的不同。在反复地文白交替诵读中，学生将感受到文言文简洁精练的语言特点。在快慢读中，学生可以读出节奏感。《两小儿辩日》中的辩斗语言是开展诵读活动的好材料，教师可以将学生分成不同小组，让学生用先慢后快的方式进行"辩斗"，使学生在不同速度的诵读中感受文言语言的节奏，激发学生"辩斗"的兴趣和乐趣。在平仄读中，学生可以感受文字背后隐藏的情感。

汉语声调中，平声显得舒缓悠长，仄声则显得紧张迫切，可以强调让学生在诵读时抓住音调平仄的节奏特点，让他们通过音调加深对文本内容的体会。例如，《司马光》的朗读，读“群儿戏于庭”一句时，“庭”字为平声，可以将“庭”字读得长而舒缓，让学生在诵读时体会儿童嬉戏时的欢乐。当读到“光持石击瓮”“水迸”时，“瓮”与“迸”都为仄声，可以将“瓮”与“迸”读得短促一些，让学生在诵读中体会情况紧急的紧张感。

（二）开展趣味性学习活动

学生通过参与一系列的学习活动才能获得体验和成长，好的学习活动能够激发学生学习动机，促进学生主动学习。兴趣是学习动机的重要组成部分，当学生的学习兴趣被激发时，他们的注意力会更加集中，思维会变得更加活跃，情绪高涨，同时观察力会变得更加敏锐。学生对文言文学习的兴趣水平对学习效果有着深刻影响，只有让学生发自内心喜欢文言文，他们才能更加积极主动地学习和探索，全身心感受文言文的魅力。因此，教师在设计活动时要注意趣味性，并通过多种形式的活动激发并培养学生对文言文的兴趣。

首先，教师可以开展“故事大王”的讲故事比赛活动。部编版教材中的文言篇目以故事类为主，情节性较强，适合作为学生讲故事的材料。教材的课后习题也几乎都要求学生在把握课文内容的基础上展开联想和想象，调动自己的生活经验和语言经验复述故事。而且《课标》对第二、三学段的阅读都提出了复述故事的要求，第二学段要求学生“能复述叙事性作品的大意”，第三学段要求学生“阅读叙事性作品，了解事件梗概，能简单描述印象最深的场景、人物、细节”。教师应充分利用选文故事性强的特点，围绕文言文课文展开讲故事的活动，让学生在故事讲述中，将外在的语言材料转化为自己内在的文言资源。例如，例如，《学弈》中二人学习有不同表现，教师可以让学生了解文本大意之后，借助注释，联系自己上课时候的经验与体会，发挥想象，把二人如何学习的过程讲述出来。之后，再根据一定的标准，如语言的流畅程度、想象的合理性等，评选出“故事大王”并给学生颁奖。

其次，教师可以在学生充分熟悉课文内容的情况下，让学生进行故事表演。小学生喜欢模仿和表演，有着强烈的表现欲望，他们能在角色扮演再现故事中获得快乐和积极的情感体验。教师可以依据课文内容，在教学过程中设置故事表演活动，让学生将自己的理解融入表演，通过语言、声调、动作和表情等方式展现自己个性化的理解。例如，《杨氏之子》一课，教师可以让学生分别饰演杨家小儿和孔君平。在学生表演的时候，教师可以引导学生思考孔君平在说“此是君家果”时应该有怎样的语气、表情和动作。因为孔君平说这句话并无恶意，只是逗杨家小儿玩乐，所以饰演孔君平的学生在说这句话的时候应该是面带微笑，可以带上抚摸杨家小儿的头的动作。通过表演，教师为学生创设了真实的情境，让学生在活动中加深对文本内容和人物的理解；而且这也符合小学生爱表演的心理，在表演过程中激发了他们学习文言文的兴趣。

最后，教师可以开展课文趣配音的游戏，让学生用文言给课文动画配上旁白和对话语言，在游戏中体会文言的语言特点。游戏是儿童的基本活动，它能够刺激儿童的感官和思维，让儿童处于既专注又放松的状态。与传统的学习活动不同的是，游戏活动充分调动了学生的兴趣，让学生在轻松愉悦的状态下增长知识，保持兴趣。以《自相矛盾》为例，教师可以让学生观看《自相矛盾》的无声动画，然后让他们根据自己的理解，用合适的语气给动画中的人物配音，再让全班学生评一评谁的配音最贴合人物。

三、拓展迁移，促进学生知识活化

知识的迁移应用是促进深度学习的重要途径。能否进行知识的迁移应用是区分浅层学习与深度学习的重要特征，也是检验深度学习是否发生的重要指标。深度学习要培养的是主动参与社会实践并能够适应社会历史发展的新时代公民，这就要求学生不仅要掌握知识，更要能够在面对新情境和新问题时调动个人经验和所学知识解决问题，也就是能够进行知识的迁移。因此，教师在教授文言文时，不仅要让学生掌握文言文知识，更要通过多种方式促进学生对知识的迁移应用。

（一）学以致用，适度迁移

语文学习不仅要有语言的积累还要有语言的运用，文言文的学习也是如此，学生不仅要积累和掌握文言文知识，还要能够在阅读过程中灵活运用这些知识。教师在教学中应该给予学生充足的迁移训练，让学生多方式、多角度地迁移应用自己的文言知识成果，达到举一反三的学习效果。例如，《杨氏之子》中，孔君平对杨氏子说“此是君家果”，杨氏子委婉地回答说“未闻孔雀是夫子家禽”，双方巧妙地使用双关手法展开对话，“杨梅”中的“杨”与杨氏子的姓氏读音相同，“孔雀”的“孔”与孔君平姓氏读音相同。学生在理解双关手法的使用逻辑之后，教师可以以此类推，让学生说一说如果对方姓毛、柳、兰应该怎样巧妙地进行回答。又如，《守株待兔》中“宋人有耕者”，当学生已经掌握了“者”对应的是现代汉语中“……的人”时，教师可以进一步引导学生思考“行医的人”“求学的人”“跳舞的人”该如何用文言文表述。这样不仅能让文言文知识在迁移训练中得到巩固和强化，而且拓展了学生的思维，培养了他们运用文言知识的意识。

部编版教材中的文言文都是经过时间检验的经典篇目，是学生学习语言的范例，教师可以以课文的句式为范例引导学生进行句式的仿写，利用仿写的形式推动知识的迁移应用。以下是《伯牙鼓琴》教学片段。

教师：伯牙作为一个出色的琴师，他的琴声中除了高山和流水一定还会有许多美丽的景象。伯牙的琴声里还会有怎样的景象呢？你能用类似峨峨泰山、洋洋江河这样AABC式的词语说一说这些景物吗？

学生1：皎皎明月

学生2：皑皑白雪

学生3：徐徐清风

教师：现在大家都是锺子期，当伯牙鼓琴志在明月，锺子期曰——

学生：善哉，皎皎乎若明月。

教师：真是一个善听的锺子期。当伯牙鼓琴志在白雪，锺子期曰——

学生：善哉，皑皑乎若白雪。

教师：又是一个善听的锺子期。当伯牙鼓琴志在清风，锺子期曰——

学生：善哉，徐徐乎若清风。

从上述教学片段可以看到，教师通过让学生进行词语、句式仿写，将课文中的语言材料逐渐转化为学生自己的语言积累。这样的句式仿写训练不仅激发了学生的想象力，而且能够让学生感受伯牙和锺子期之间灵魂的契合以及知音的难能可贵，促进学生对文本内涵的理解。

此外，教师还应鼓励学生在口语表达和写作中运用自己掌握的文言词句。学生在日常学习中已经积累了一些文言词语和句式，这些积累只有成为学生自己的语言素材之后才能内化于他们的语言系统。在口语表达中合理使用文言词句能让语言更加富有表现力，更加出彩；在书面语中加入文言名句能让文章显得典雅庄重且富有文化底蕴。当文言符号活化为学生自己的语言表达，学生对文言文的亲切感以及学习的热情将会进一步提升，深度学习也将真正发生。

（二）拓展阅读，创造迁移环境

与其他版本相比，部编版小学语文教材中文言文数量较多，但是就整套教材的文白占比而言，文言文篇目仍然不足。文言知识要发生迁移必然需要一定的语言环境，但文言是古代的书面语，人们平时使用频率低，学生接触少，加上教材安排的篇目不多，学生很难拥有迁移应用的环境和条件。为了学生能够更好地运用积累的文言知识，教师应当以课文内容为依托，创造性重组文言文教学资源，以课内阅读带动课外阅读，建立“教读—自读—课外阅读”三位一体的阅读教学模式。

吴忠豪曾说，小学语文课程应该将丰富学生的语言经验作为教学的首要任务。在进行文言文教学时，教师要有意识地以文言文课文为中心，将与课文内容、主题或人物相关的文言文整合起来，把课内教学巧妙地延伸至课外，并在拓展学生阅读面的同时为学生创造文言知识迁移应用的条件。首先，教师可以从人物的角度出发，整合与课文人物相关的资料进行拓展阅读教学。例如，学习完《王戎不取道旁李》之后，教师可以引导学生阅读《王戎观虎》，让学生在对比阅读中全面把握王戎的形象，增加对文言的熟悉感。其次，教师可以从课文主题的角度出发，选择主题相似的文本进行拓展阅读教学，促进学生文言文阅读习惯的养成。例如，在学习《囊萤夜读》之后，教师可以让学生阅读《匡衡勤学》《孙康映雪》，这三篇文章讲述的都是古人在艰苦学习环境下依然刻苦读书的故事，三者主题相似，既可以帮助学生体会课文阐述的道理，也是对文言文阅读方法的迁移运用。

教师除了可以从课内文言文中寻找拓展的契机，还可以就课内现代文拓展课外文言文。

教师应该打破文白二元对立的思想，在现代文的教学中相机加入文言文材料，让现代文教学与文言文教学融为一体，让学生在文白对照中感受文言文的特点。例如，在学生学习完《曹冲称象》《揠苗助长》等文章后，教师可以顺势补充《曹冲称象》和《揠苗助长》的文言文。由于学生已经了解了故事内容，再阅读文言文版本的故事相对容易一些，能有效减少学生学习文言文的畏难情绪。又如，学习《女娲补天》一课后，教师可以补充《女娲补天》的文言文，引导学生通过诵读感受文言文简洁凝练的语言特点，把握女娲拯救苍生的伟大形象。以现代文为基础，拓展文言文阅读，既可以帮助学生更好地理解课文内容，把握人物形象；还可以增加学生与文言文接触的机会，为学生迁移应用所学文言知识创造条件和环境。整合拓展材料时，教师应从学生的阅读基础和文本实际出发，进行多层次和多维度的拓展。要想真正促进知识的活化，教师就要合理选择拓展篇目和拓展时机，不能生搬硬套不符合教学内容的文言文篇目，也不能在教学过程中随意插入拓展篇目，所有的拓展都应当自然贴切。文言文拓展教学不是随意找几篇文言文放在一起让学生阅读，而应该根据写法相似、内容关联、思维启发的原则将材料进行整合，最终目的是促进深度学习的发生，提升学生的核心素养。

四、完善评价，关注学生的多方素养

教学评价和教学活动相伴而生，好的教学评价具有导向、激励和改进的作用，是整个教学中不可或缺的重要环节。由于小学生的心智尚未成熟，所以深度学习的发生需要一定的条件支持，而教学评价就是其中的重要因素。目前小学语文文言文教学大多采用纸笔测试的评价方式，虽然纸笔测试具有客观简单、成本较低等优点，但是这种考查方式过于看重结果，对学生素养的考查有限。因此，在文言文教学评价中，教师应努力改变将纸笔测试作为唯一评价方式的局面，树立新的评价理念，采用多元评价，逐渐完善评价制度。

（一）评价手段多样化

语文学科是一个综合性的学科，学习活动中伴随着语言的建构、思维的提升、审美的发展，文言文的学习也是如此。小学语文文言文纸笔测试的内容大多是默写字句、课内文白翻译等，主要是对学生记忆的考查，无法评价学生其他素养和能力的发展程度。以纸笔测试结果作为衡量学生文言文水平的唯一标准，既难以了解学生真实的文言文水平，也让文言文教学陷入了字字落实、句句清楚，以翻译为教学重心的僵局。《课标》指出要丰富语文课程的评价方式，注重评价主体的多元化，发挥语文课程评价应有的作用和价值。教师除了应采取纸笔测试的方式对学生进行评价，还应对学生在学习活动中的表现、作业、作品等进行评价。

在小学语文文言文教学中，诵读尤为重要，但是很少有教师将其作为评价学生文言文水平的手段。文言文的诵读评价强调对过程进行评价，评价的实施需要设置一定的情境和活动。因此，教师可以举行诵读比赛、文言文课本剧表演等活动，在活动中评价学生文言文的发展水平。教师通过学生在诵读活动中的表现可以有效考查学生多方面的发展状况，如通过字音可以评价学生是否掌握了生字生词，通过诵读的流利程度可以评价学生对文本内容的理解情况，通过是否停顿可以评价学生是否能够把握文言文句间语义结构，通过诵读的情感可以评价学生对文本内涵的把握及感受。以《少年中国说（节选）》为例，教师可以从字音、流利程度、停顿、情感等四个方面对学生的朗读进行评价。《少年中国说（节选）》一文生字较多，如泻、鳞、惶、胎、矞、硎、履、哉等，教师在进行朗读评价时要特别关注这些生字的读音是否准确。文中有些句子，如“鹰隼试翼，风尘吸张”“干将发硎，有作其芒”等理解起来可能有一定难度，教师在进行朗读评价时要关注学生是否能够流利地朗读这些难理解的字句，学生朗读的流利程度能侧面反映学生对文意的把握程度。第一自然段中，作者借助“少年……则国……”的句式论述了强国富民的责任全在中华少年，从智、富、强到独立、自由、进步再到胜于欧洲、雄于地球，层层递进，读起来铿锵有力，教师可以重点考查学生是否能够抓住“少年……则国……”这一句式读好句子的停顿和节奏。课文感情充沛，字里行间洋溢着爱国情怀，对读者有很强的激励作用，读起来使人心潮澎湃，豪情万丈。在评价时，教师要注意考查学生是否能够读出作者对少年中国与中国少年的赞颂，以及作者炽热的爱国之情。为了更好地保留评价依据和结果，为全面评价提供依据，教师可以采用档案袋评价法对学生的诵读表现进行观察和记录，以此建立长期、有效、动态的评价机制。

教师还可以将学生的文言文作业、作品等纳入评价范围，如学生为文言文配上的插图、在学习过程中绘制的思维导图、用文言语言表达生活中的小事等都可以成为评价学生文言文水平的依据。学生在文言文学习过程中的作业和作品，教师要选择合适的方式将它们收集保存起来，以丰富评价信息和评价体系。

（二）评价主体多元化

要促使深度学习在评价的过程中发生，学生学习的知情人就应该成为评价的主体。学生学习的知情人主要包括学生自己，以及教师、家长和同学，他们搜集的评价信息不同，能够让评价信息更加全面和真实。不同的评价主体可以观察到不同的表现，教师观察到的是课堂表现，同学观察到的是课后表现，家长观察到的是学生在家里以及生活中的表现，学生自己则可以对学习整体进行反思和调控。所以，为了让评价更加客观和全面，要让学生自己、教师、家长和同学都参与到评价中来。

要让多主体有效地参与文言文教学评价，教师需要做好目标引领和标准建立两方面的工作。目标引领是指教师让评价主体明确学习目标，只有评价主体对学习目标有清晰认知，他们才能进行有效的评价。因为评价主体的认知水平不同，要让各主体明确学习目标并与教师保持一致理解，教师就必须进行有效指导和引领，帮助评价主体理解学习目标。有了学习目标的引领，评价还需要一定的规则和标准。在制定标准的过程中，教师可以让学生和家长都参与进来，如诵读活动的评价应该包含哪些方面，达到怎样的标准给怎样的成绩。

在制定评价标准的过程中，学生会反思自己的文言文诵读有怎样的问题，怎样才能达到更高的水平；家长也会分析自己的孩子有哪些不足，哪些方面可以改进。以《两小儿辩日》为例，两小儿“辩斗”的过程语言激烈而精彩，适合学生进行诵读表演。教师可以举办《两小儿辩日》的诵读表演活动，制定评分表，与学生、家长一起修改完善该表和评分细则。教学评价的最终目的是学生的进步和发展，小学语文文言文教学评价不应该局限于纸笔测试，也不应该只有教师一个评价主体。为全面了解学生的文言文水平和语文素养的发展，教师要转变以往“唯分数论”的观念，从文言文学习过程中收集评价信息，鼓励其他评价主体参与评价，让评价成为深度学习的一部分，在评价中持续推动学生深度学习能力的发展。

第七章　深度学习视域下小学语文课堂提问研究

第一节　概念界定与理论基础

一、概念界定

（一）课堂提问的界定

“提问”这一概念，自战国时期便有迹可循。孔子提倡“启发式”教学，抛出问题，循循善诱，引导学生掌握正确的知识，这就是提问最初的表现形式。古往今来，众多的研究者对课堂提问持不同的观点，有的人认为课堂提问是一种课堂活动，有的人认为是一种学习方式。但课堂提问这个概念，至少包含两个要素，一是问题的内容，二是提问的过程。它的对象有两个：教师和学生，教师既可以是提问者，也可以是被提问者，学生既可以是被提问者，也可以是提问者。本书将课堂提问的概念界定为教师根据教学目标、教材、学情，设置能够引导学生完成教学任务的问题，要求学生思考、回答，以实现教学目标、促进学生发展的教学行为。

（二）课堂提问的一般分类

关于课堂提问的一般分类，不同的研究者有不同的角度。下面将从布卢姆（Bloom）的目标分类法、课堂提问的结构、有无标准答案等角度对课堂提问的分类进行阐述。

按照“布卢姆教育目标分类法”问题可分为知道型问题、理解型问题、应用型问题、分析型问题、综合型问题、评价型问题。

知道型问题：它关注的是学习者对知识的识记程度。具体的外在表现形式是学习者能够“复述、写出、说出、标注出”等。

理解型问题：它的关注点在于学习者对所学知识的意义识记，能否掌握知识之间的联系。它的外在表现形式为“概述、总结、分析、比较、区分、推测”等。

应用型问题：它考查的是学习者的学习能力，能够将新知识、新思想内化于心，为己所用，并将其应用到新的学习情境中。具体的外在表现形式是“解决、应用”等。

分析型问题：它主要考查学习者的思维水平，即考查学生运用元认知策略对新知识、新思想进行批判、总结、分析的能力。这是一种较高水平的问题。需要学生具备整体意识，并能把握知识间的联系，从而做出自己的评判。其表现形式为“分析、证明、找出原因、得出结论”等。

综合型问题：它关注学生融合新知识与原有认知的能力。要求学生将新知识与旧的认知相结合，形成一种新的图示，是体现学生创造力的重要问题类型。具体表现形式有“设计、创新”等。

评价型问题：它关注的是学习者运用自己的逻辑能力、分析能力，对材料进行评定的能力。具体的表现形式有"评价、论证、说出见解"等。

按照课堂提问的结构问题可分为主问题和次问题。主问题是指在阅读教学中，凝练教学目标，将教学环节以一定的逻辑串联起来，引导师生进行深度思考和探究的主干问题。次问题是以浅层思考为主，服务于主问题的问题。

按照有无标准答案问题可分为答案固定型问题、开放型问题、半开半闭型问题。小学低年段应以简单明了的问题为主，中高年段应渐渐增加分析、应用等对思维要求较高的问题。

（三）小学语文课堂提问设计的内涵

语文首先是一个工具，注重学生的思维发展与表达能力，其次具有人文性，聚焦于学生情感、价值观的软实力发展。课堂提问作为小学阶段语文课堂上沟通交流的主要方式，能够促进学生的思维发展和表达能力，帮助学生体会语文情感和提高感受语言美的能力。小学语文课堂提问不同于其他学科之处在于三点。第一，语文学科具有开放性特点。同样一段语言文字，不同的读者由于自身经历、理解力、侧重点的不同，对该语言文字的理解和解读也不同。教师抛出的问题并不像数学题那样，有唯一的答案，它没有一个可以具体量化的标准，只要言之有理即可。第二，语文学科是实用工具性与情感人文性的统一，注重语言训练和情感体验，而这些往往体现在师生之间的问答与指导、生生之间的交流与沟通之中，因此小学语文课堂提问更关注的是过程。第三，语文学科起源于文本，回归于生活。语文学科的魅力透过课文中的文字语言表达，最后回归到学生的感情体验和现实生活中。因此，教师需要仔细钻研文本，设计有助于引导学生理解文本、联系生活、产生真实情感体验的问题。

语文课堂提问设计的概念界定为教师依据教学目标、教材和学情对一节课的课堂提问进行整体安排和具体设计，它以完成课堂教学任务、促进学生发展为目标，以语言为载体，既包含着一堂课中全部问题的设计思路，又包含着具体问题的表述，是一个完整的提问体系。

二、理论基础

（一）深度学习理论

在教育领域中，深度学习理论最早起源于美国学者马顿（Ference Marton）和萨尔乔（Roger Saljo），他们以瑞典大学生为研究对象，让瑞典大学生共同参与一场阅读实验，并在研究后分析浅层学习与深度学习的区别。我国学者黎加厚又将这一概念引入国内教育领域，自此更多学者开始对深度学习从多方面展开研究，丰富了深度学习理论。笔者阅读各类文献后，进行归纳与总结，将深度学习理论的主要内容梳理为以下几点。

第一，注重知识之间的联系，促进知识的整合与建构。深度学习理论强调整合思维在学习中的作用，要求学生在学习新内容时，代入已有的知识与经验，建立新旧知识之间的联系，这样能通过已有的认知结构，促进新内容的深度理解。

第二，重视知识的迁移与运用，最终形成问题解决能力。深度学习要求学习者不能仅仅停留在理解知识的层面，更要学会迁移运用。在深入学习并理解已有知识的基础上，学习者能准确把握新的学习情境，学以致用，最终掌握新知识并解决新的问题。即学习者能够熟练掌握知识的迁移与运用，并运用相关知识技能去解决新情境中的具体问题，形成高效的问题解决能力。

第三，注重以学生为本，强调学习的自主性。深度学习要求学生完善内在学习动机，考虑到自身发展需求而主动探索知识，全身心地投入学习当中，建立较强的学习决心和较强的意志力，进行高情感投入，真正实现深度学习所要求的“深度”。

第四，侧重合作探究的学习方式，发挥学习的自主性。深度学习理论的关注点不局限于认知领域的传统学习能力，还包括学习过程中的合作交流与协同沟通能力，以及在合作过程中所能提升的自主探究能力。深度学习要求学习者积极参与小组学习活动，善于在团队合作时倾听并采纳他人的意见，与团队成员在配合中共同解决所面临的疑难问题。在这一过程中，学生提高了团队合作能力，在与他人的沟通交流中能产生思想的碰撞，并对知识形成更加深刻的理解与认识，在解决问题的过程发挥了极大地探究主动性。

第五，拓宽思维的广度，培养创造性思维能力。深度学习理论拒绝墨守成规，提倡学生的多维度考量与判断能力，要求学生从多角度看待问题，培养创新意识，并发挥想象力，创造性地提出问题或解决问题。

第六，注重批判与反思，发展批判性思维能力。学生在学习知识时不能停留在内化知识表面，不能被动地接受和理解知识，理解是批判的前提，深度学习要求学生在理解的基础上，对所学内容持有合乎逻辑的怀疑与批判的态度，深入思考并表达自己的观点，在对问题审视与批判的过程中，加深对知识的深层理解。

（二）教育目标分类学

20 世纪 50 年代，以布卢姆为首的专家团队编写并出版了《教育目标分类学，教育目的分类法，手册 I：认知领域》，该书提出了一套系统的可供观察和测量的分类体系，为课程教学的各方面提供了科学的依据。书中将教育目标从认知维度分为六个层次，每一层次又被细分为若干子类。随着实践中问题的不断出现，教育学者不得不再次关注该手册的应用价值，并对其进行进一步的研究，最终安德森带领团队在 2001 年完成了著作《布卢姆教育目标分类学修订版（完整版）分类学视角下的学与教及其测评》，对具体内容进行了修改，将认知水平由低到高定义为记忆、理解、应用、分析、评价和创造。为了能够在教学实践中更加合理准确地运用这一分类维度，研究者还将六个认知层次细分为十九个亚分类。

（三）SOLO 分类评价理论

SOLO 分类评价理论是比格斯教授（J. B. Biggs）教授及其团队通过大量的研究，并根据实际情况不断完善而提出的一种描述学生学习情况的学业评价方式，该理论是以皮亚杰认知发展阶段理论为基础，但后者不适用于教学评价。而比格斯的 SOLO 分类评价理论克服了皮亚杰认知发展阶段理论在实际运用中的不足，超越了皮亚杰认知发展阶段理论中所强调的思维的顺序性，并解决了认知结构不可测量的问题，以学生的效果为出发点，关注学生回答问题时的思维结构，据此判断学生处于何种思维层次。皮亚杰认知发展阶段理论只适用于0～15岁的儿童及青少年，而SOLO分类评价理论，不再局限于特定的年龄阶段，就同一问题，可以判断不同人对于该问题的思维差异，现将这五个水平的差异做一个具体说明，如表7–1所示。

表7–1 学生作答结果水平的具体表征

思维水平	结果表征
前结构水平	学生没有作答，作答结果完全避开要点
单点结构水平	学生只回答出了问题的一个要点或者只找到了解决问题的一种方法
多点结构水平	学生能想到多个思路，但却未能实现思路的有机整合；学生回答出两个及两个以上的要点，但并没有回答出全部的要点
关联结构水平	学生能够将多种解决问题的思路有机结合起来；学生能够回答问题答案的全部要点并且能够与其他相关的知识点建立联系
抽象拓展结构水平	学生能够抽象概括问题，凝练地分析问题，进一步拓展并深化问题

三、深度学习视域下课堂提问研究的应为与可为

研究深度学习视域下的课堂提问，必然要找出两者的内在联系以及将两者一起进行研究的必要性及可能性，以下部分将从这三个方面进行相关论述。

（一）深度学习与课堂提问的殊途同归

批判理解、强调信息整合、促进知识建构、注重迁移运用、面向问题解决和提倡主动与终身学习是学者概括的关于深度学习的六个特征。批判理解指批判性地看待任何实物、任何知识，在批判性基础上深入思考，促进对知识的深度理解；信息整合除了指将原有的知识信息与新知识、新信息相整合外，还指多渠道信息与多学科知识的相互整合；知识建构旨在强调个体能够将所获信息主动化为自身知识，并在已有知识基础上建构新知识；迁移运用是指学习者深入理解学习情境，有效判断关键要素，在新的学习情境中迁移运用原则思路；问题解决要求学习者必须解决复杂的实际问题；主动与终身学习则强调学习者要积极主动地去学习知识和技能，在树立终身学习理念的基础上，持续促进自身知识结构的更新。深度学习的这些特征都旨在促进学习者高效学习、解决问题以及更好地适应并引领社会发展。

课堂提问作为一种专业教学手段，贯穿于教学过程的始终，它不仅有利于转变学生的知识观，更能够促进教师教学观的嬗变。一方面，学生可以根据自身的文化背景、价值取向以及生活经验回答课堂提问，同时还可以质疑某些知识，在师生问答中学生基于已有认知图式进行积极的知识建构，在这一过程中，学生既能找到日常生活与课堂教学之间的联系，深刻体会知识的客观性与普遍性，也能够培养自己批判、鉴赏与判断知识的能力，确

立新的知识观。另一方面，在课堂提问过程中，学生提出的新思想和新观点将促使教师不断丰富其课程资源，使教学内容更加多样化，囊括学生自身的经验，让教学充满生机活力，不断促进学生的学习与发展。

由此可见，不论是深度学习还是课堂提问，两者都旨在提升学生思维，促进学生的有效学习，不断完善其认知结构。在深度学习视域下对课堂提问进行研究，将有利于进一步探索促进学生学习的新路径。

（二）深度学习之课堂提问的重要任务

深度学习为什么能够引起教育界的强烈回应及提倡？人们该如何行动？回答这些问题还需对时代背景进行剖析。当前，人们处于信息化时代，获取知识及信息的途径多种多样，而这些信息良莠不齐，学习者需要拥有足够的理性批判思维去辨别是非真伪，否则很容易在不知不觉中沦为信息的“奴隶”。同时，学生对于想获取的知识，只需要通过网络信息工具去搜索便可获得，在这样的条件下，学生相应的探究与创新精神的培养受到了极大的挑战，培养他们创造引领未来社会实践的目标更是难以实现。由此可见，在传统“教学即传授知识”的观念下，难以培养时代所要求的人才，深度学习的出现便成为必然。它意在指明学生在教师引导下，为应对和顺应未来所需要具备的思想、态度、精神及能力等。

但是，深度学习的发生并非易事，它需要各种各样的条件，如经过教师精心设计并能够实现教学目标的学习材料、致力于教学目的的预先方案、平等轻松的学习氛围以及依据教学信息进行及时的教学调整等。仔细研究这些条件会发现，它们都与课堂提问息息相关，精心设计的学习材料，需要通过教师的课堂提问去引导学生体会其背后所隐含的思想及意义；已预先设计的教学方案，更是离不开一个个环环相扣的课堂问题来帮助学生搭建思维通道，以达到教学效果；而课堂氛围，更是需要教师使用平和、舒缓的提问语气语调来调控；教师的教学调整也依赖相应的课堂提问、追问所获取的学生学习情况。因此，以上种种条件，皆属于深度学习之课堂提问的重要任务。

（三）课堂提问于深度学习的落实意义

深度学习作为一种复杂的学习活动，具有多方面的表现特征，这些特征无疑是判断深度学习是否发生的重要条件，而课堂提问在这些判断条件中发挥着举足轻重的作用。对于联想与结构特征，教师的课堂提问可以引导学生联想、激活当前的已有经验，将所学习的内容进行合理组织，建构自身的知识结构；活动与体验作为核心特征，主要指学生通过主动的活动参与去充分体验知识的形成过程，而科学的课堂提问则可以有效还原知识的发现过程及内容，帮助学生激活知识背后的丰富内涵；而本质与变式特征强调学生能够把握事物的本质属性，以达到举一反三、闻一知十，而教师则可以通过关于知识的正例或反例提问帮助学生把握知识的联系及本质，克服片面认识并提升智力水平；迁移与应用特征意在将学生学到的静态知识转换为实际的问题解决能力，它是对学生知识能力的综合考察，并非易事，需要依托一系列循序渐进的问题加以引导，帮助学生对未来可能从事的实践活动进行尝试与探索；价值与评价特征旨在促使学生形成正确的价值观，它需要基于学生所学知识，通过一个个的问题激起学生的思维矛盾，不断质疑与批判，逐步建立正确的知识观，在不否定知识正当合理性的情况下，又能避免成为知识的奴隶。由上可知，课堂提问对于落实深度学习具有极其重要的意义。

四、基于深度学习理念的小学语文课堂提问设计

（一）基于深度学习理念的小学语文课堂提问设计原则

结合小学语文课堂提问设计的要素，从问题设计的目的、切入点、内容以及呈现方式四个方面阐述小学语文课堂提问设计的原则。深度学习视域下的小学语文课堂提问设计应该体现以下四条原则。

1. 目的生本性

教师在进行问题设计的时候，心中必须有一杆秤，就是在自己的课堂上，更看重学生的哪些发展。即所有问题的设计都应以学生为本，以促进学生发展为目的。一般来说，教师需要基于课程标准对学生的要求、对文本的深度解读、对课后习题的把握、对学情的精确掌握，提出适合学生的问题设计。深度学习更加关注学习过程，即更加看重学生学习能力的培养与学习过程中的主动性。因此，教师在问题设计的时候，不能将问题的关注点过分聚焦于学生眼前的成绩，要有“长远发展”的意识，每堂课中尽量设计能够锻炼学生迁移运用能力的问题，设计与学生生活相联系的问题，设计能够调动学生头脑中旧知识的问题，帮助学生形成新的认知结构，形成学习能力。深度学习还重视学生是否真正地参与到课堂中，即注重学生的课堂参与度，只有真正参与到课堂中，才能够享受学习的乐趣，形成内在的学习动机。因此，教师在问题设计的时候，要考虑到班级内不同水平的学生，创设真实情景，设置出既能提高学生课堂参与度又能满足不同层次学生需求的问题。

2. 内容阶梯性

深度学习非常注重知识的整体构建，即纵向上关注知识的逻辑结构，横向上关注知识与其他学科的联系。基于深度学习理念进行小学语文课堂提问设计时，教师首先应该深入研读文本，对文本有整体把握，设置能够“拎”出课文筋骨的主问题，主问题是在语文课堂中能够将教学环节串联起来的问题，是一节课中最具有引导意义的问题，发挥着提纲挈领的作用。一堂课中不仅仅需要主问题，还需要在主问题之下设置一系列的次问题，以补充主问题，引导学生一层层地解决主问题。因此，教师需要在头脑中形成知识的逻辑框架，明确主问题，设置层次清晰的次问题，使得问题设计形成纵向体系；还需要扩大自己的知识面，广泛涉猎其他学科知识，找到学科之间的共通点，设计出与其他学科相关联的问题，横向上扩大问题的知识涵盖面。

3. 切入点多元性

深度学习区别于浅层学习最重要的一点在于关注高阶思维的发展，当前新课改也提出

了鼓励学生提出问题、发现问题、独立解决问题这一要求。这就需要教师在设计问题的时候，不仅仅要关注知识，更要关注学生理解能力、批判精神、质疑精神的发展。要引发学生的批判、质疑精神，最好能找到设置问题的“切入点”。一篇课文，可设置问题的点有很多，有知识碰撞点、价值观冲突点、留白点等。教师设计问题，不必拘泥于传统、固定的知识点，可以换一种角度，仔细分析文章中的这些“点”，在此基础上，设置出可以引发学生批判、质疑的问题。

4. 呈现方式开放性

问题的呈现方式指的是问题的语言如何组织，以一种什么样的方式表述出来。深度学习不仅仅关注学生的创造性精神，更关注学生学习的主动性、学生深度的思考、学生形成自己的认知结构、学生对所学知识的迁移运用。若想在一堂课中实现这些关注点，教师需要具备极高的专业素养。因此，教师在设计问题时，不仅要做到尽可能合理组织语言，以简洁明确的语言组织问题，而且需要设置一些开放性的问题。开放性的问题是最能促使学生深度学习的问题，它提供给学生更宽广的想象空间，并给予他们主动学习的空间。在此种问题之下，他们可以不受限制的思考，与同学们讨论交流，实现思维的碰撞与深层发展。

（二）基于深度学习理念的小学语文课堂提问

小学语文课堂提问的设计思路，主要有两条。一是总体思路。教师将教学目标细化为一个个教学任务，在考量小学生现有水平的基础之上，合理组织语言，最终将教学任务分解为一个个细小的问题在课堂上呈现出来，这是小学语文课堂提问设计的总体框架。二是具体问题的设计思路，即选择何种语言和形式表述。涉及构建问题的最佳结构、语言组织与提问方式。即教师依据教材、学生的已有知识和身心发展水平，选用合适的语言和方法将问题呈现出来。教师在进行课堂提问设计的时候，需要先运用总体设计思路，找出应该设置问题的点，设置出主问题，然后基于这些点合理组织语言，选择适宜学生的提问形式，将问题表述出来。总得来说，小学语文课堂提问设计思路主要包括以下四个环节。

1. 分析教学目标，设置主问题

教学目标与重难点是教师设计课堂主问题的重要依据。深度学习视域下的小学语文课堂提问，绝不应该是满堂问，而应该有明确的主问题，主问题之下，有层层递进的次问题，问题之间逻辑清晰，有助于学生明确课文结构。教师要想设计出好的课堂提问，首先要做的事情就是深入研读文本，制定教学目标并确定重难点。从整体上把握课文的结构与情感，找出本节课最需要掌握的知识点和最需要学生体验的情感点，设置出能串起课文结构的主问题，帮助学生从整体上把握课文。并不需要针对所有的知识点提问，只需要在教学重难点和具有独特意义的地方进行问题设置。清晰准确地定位教学目标，设置出主问题，是教师课堂提问设计的第一步。

2. 分解教学任务，明确问题意图

教学环节不同，教学任务的重点也不同。一堂语文课，通常来说，包括导入环节、字词环节、讲授新课环节、总结归纳环节、课后作业环节。在导入环节，教学任务更多地指向激发兴趣、凝聚注意力、铺垫教学内容。在字词环节，低年段教学任务指向字词知识性的识记，中高年段指向字词的理解性记忆，并注重培养学生在新情境中使用字词的能力。讲授新课是一节课的中心环节，教学任务多，具体教学任务根据课文要求而定，主要指向于把握课文结构、读懂课文、了解写作技巧、体会情感、语用训练。总结归纳环节则更关注学生对本节课所学知识的梳理、总结、评价。课后作业环节则强调对知识的巩固与迁移运用。基于深度学习理念的小学语文课堂提问设计，更加关注学生的理解力以及质疑、批判、创新精神，这也正是新课改对学生提出的发展要求。因此，教师在进行课堂提问设计的时候，需要做到明确教学环节，突出每个环节中需要着重训练的深度学习指标。

3. 全面分析学情，找准知识切入点

教师在明确教学目标、分解教学任务之后，下一步需要做的就是找准切入点，将教学任务细化为提问内容。提问内容指的是知识内容。需要在哪一个契合点、留白处设置什么样的知识提问，在此处设置了提问学生又会做出什么样的回答，需要教师设置什么样的次问题进行引导，都是教师设计提问时需要考虑的问题。这非常考验教师对学情的把握能力。基于深度学习理念进行小学语文课堂提问设计，教师势必要全面分析学情，精准地把握每个学生的特点，抓住文章的切入点，精巧的设置问题。

4. 合理组织语言，多元化呈现问题

确定了提问的切入点，下一步需要合理地组织语言，选择问题的呈现形式，将问题完整地表述出来。同样一个问题，不同的表述方式会产生不同的效果，这就是语言的魅力之处。比如询问一个人是否吃饭，“吃饭吗？”“来吃饭。”“要不你也吃点？”“来吧，我们一起吃！”这四句话带给人的感受是不一样的。教师在设计问题时，首先应该考虑到该问题的设计意图，其次考虑到学生的接受水平，接着选择反问、设情境提问、连锁追问等形式呈现问题，值得一提的是，开放型的问题、分析型的问题、评价型的问题、应用型的问题、追问式的问题更能够促使学生深度学习，最后组织语言，使用简明、清晰的语言将问题表述出来。

由于每节课都不同，教师的教学风格也不同，因此并不是所有的课堂提问都必须按照以上环节进行设计，仅将以上环节作为常态课堂提问的设计思路。对于基于深度学习理念的小学语文课堂提问设计应考虑到的具体环节，仍要依据具体课文和具体教师而定。

第二节　深度学习视域下小学语文课堂提问存在的问题

课堂提问是小学语文课堂教学的重要环节，能够促进小学生不断提升思维能力与表达水平，在促进师生互动、启发学生思考等方面具有重要作用。结合前文研究现状，笔者认为深度学习视域下小学语文课堂提问主要存在以下问题。

一、设计方面的问题

（一）浅层提问较多，问题价值较低

通过课堂观察发现，小学语文课堂提问设计方面的问题主要是浅层提问数量较多，问题零碎，且多数问题价值较低。具体表现如下。

一是基础模块问题数量较多，拓展模块问题偏少。在小学语文课堂中教师提出的问题大部分属于认知和理解水平的问题，学生通过读课文可以迅速地找到对应的答案，这个过程不需要深入思考，教师所提出的问题并不能很好地培养学生的发散思维。例如，G 教师在《美丽的小兴安岭》一课共提问 21 次，其中拓展模块问题仅有 2 个，即“如果你有机会到小兴安岭旅游，你会选择哪个季节去？”与“为什么说它是宝库呢？又为什么说它是花园呢？”，其他问题多为字词识记类及通读课文后就能回答的问题。基础模块问题过多不利于学生应用与分析能力的培养，问题价值较低不利于学生思维水平的提高和情感的锻炼与提升。

二是以预设性提问为主，缺乏生成性提问。为了维护课堂秩序以及确保教学任务顺利完成，教师在实际课堂中严格按照设计的问题进行教学。此类预设性提问大多为低水平提问，缺少生成性提问，不利于学生在教学活动中主动积极地进行知识构建。例如，C 教师在《月迹》一课共提问 22 次，其中预设性提问多达 19 次，整节课基本按照设计好的流程进行。有一处提问为“请同学们找出描写月亮静态美的句子并读一读。”学生找出的句子在教师的后续课件中均有所呈现，学生读完句子后，教师并没有根据学生的回答情况进行追问和引导。C 教师在课后访谈中也提道：“上课过程基本都是按照课件来的，在实际讲课过程中，一般不会改变设计好的问题，不然就无法达成这节课的教学目标了。”教师课堂提问设计中较少追求互动、开放和生成性的师生交流，可能是考虑到生成性对话交流带来的不确定性，因为这种非预设意外生成的问题非常考验教师的教学智慧和拓展延伸能力。但教师如果能够给予学生有效的价值引领和点拨，则很容易激发学生学习的积极性，促使学生在语文课堂学习中实现深度理解。生成性问题有助于把握学生的思维动态，开启深度学习。

三是以强化基础为首要目标，对情感教学目标重视不够。《课标》提出“追求语言、

知识、技能和思想情感、文化修养等多方面、多层次发展的综合效应”。因此，小学语文课堂应当将其与帮助学生掌握学习方法、提高语文能力融为一体，而不是作为课堂教学的外在附属任务。但在实际教学过程，情感教学目标往往容易被忽视。例如，Y 教师在《为中华之崛起而读书》一课共设计了 11 个问题。具体问题如下。

（1）课文中有一个词和“中华崛起”意思相反，请找出来。

（2）如何理解“中华不振”这个词？

（3）边读课文边思考：这篇课文主要写了几件事？

（4）是什么原因让周恩来立下了如此远大的志向呢？

（5）走进课文看看哪里是写中华不振的？

（6）自由读第 7、8 自然段，哪些地方可以看出“中华不振”？

（7）看到“衣衫褴褛”“得意洋洋”等关键词你有什么感受？

（8）同学们请看图片，此时此刻你是什么心情？

（9）再次读课文思考第 9 段为什么不把周恩来沉思的内容写出来？

（10）课文中的三件事情之间是什么关系？如何将三件事连在一起？

（11）谁来说一说当他目睹了租界发生的那一幕回来后会沉思什么？

课堂提问中的大多数问题均是围绕课文内容展开的，更多是为了夯实基础，以引导学生体会课文中人物思想感情以及升华情感为目的进行的提问很少。教师应当根据语文学科以及所学课文内容的特点进行课堂提问设计，注重熏陶感染，通过潜移默化的方式，将其渗透于日常教学过程之中。

（二）问题指向不明，影响学生答题

根据课堂观察，小学语文课堂提问中仍存在少数指向不明的问题，这会影响学生回答问题的主动性和积极性。“保证问题表述的明晰度”是教师在进行课堂提问设计时应遵守的一个基本标准，但实际课堂中仍有个别问题的表述指向不明，影响学生思考作答。例如，H 教师在《祖父的园子》一课中的一个提问片段：“同学们，第 17 自然段是这篇课文中最值得我们仔细研读的，作者在进行 67 行写作的时候是如何写的呢？”同学们在经历过长达 2 ～ 3 分钟的思考后仍无人举手。H 教师尝试指名回答后，被点到的 A 同学站起来后支支吾吾，最终并没有回答出来。上述问题作为该节课的重点问题，教师只是简单提出，并没有进一步引导学生回答。同时，问题设计缺乏针对性、指向不明，比较空泛，以致学生不明白教师要问什么而无法作答。

（三）候答时间较短，思考深度不足

候答时间是指教师提出问题后留给学生的思考时间。研究表明，小学语文课堂经常出现候答时间较短，学生深度思考不足的现象，多数教师提问后虽然会有意识地留出一定的等待时间，但往往候答时间较短，限制了学生的深入思考。教师做出理答之前，通常需要留给学生一定的等待时间，让学生对自己的答案进行补充或完善，但通过观察发现实际课堂当中并没有按此进行。当学生未能及时回答出问题后，教师通常会寻找其他同学进行作答。例如，J 教师执教《夏天里的成长》一课的一个片段：

教师：“昨天是苞蕾，今天是鲜花，明天就变成了小果实。”这句话你是怎么理解的？能用“昨天……今天……明天……”说一句话吗？（教师等待 60 秒左右便开始选择学生回答）

学生 A：我认为这句话的意思是花朵形态变化很丰富。昨天……（答不上来）

教师：你先坐下想想。谁还有其他答案？

学生 B：老师我还没想好。

教师：你也请坐。这句话主要通过三个表示时间的词语表现了夏天植物生长速度快的特点。我们可以试着用这三个表示时间的词语说一说动物或者其他事物生长速度快的特点。

实践表明，J 教师提出问题后留给学生的思考时间远远不够，当出现学生 A 的答案偏离主题的情况时，J 教师并未给出候答时间，让学生对自己的回答重新思考后进行修改，而是迅速选择其他学生回答，甚至直接将答案告诉学生。这样的情况通常会让学生更加紧张，回答问题时更怕出错。

造成上述问题的原因，主要有以下几个。

一是课堂教学忽视思维启发。部分语文教师进行课堂教学时，将小学语文知识看作浅显易懂的内容，认为在课堂中无须设置具有启发性和需要动脑思考的问题来调动学生的积极性，仅通过一些简单的问题或者教师自问自答的方式就能够实现巩固基础知识的教学目标。这种观点容易导致教师在教学过程中忽视学生的主体地位，师生互动交流不够。少部分教师甚至误认为学生在课堂中只要做到遵守纪律、认真听讲，就能够将所学知识完全掌握，这种教学方式严重阻碍了学生主动思考，不利于学生的思维发展。

二是教师缺乏对教材的深度钻研和整合。教师在设计提问时往往只通过总结书本上零散的知识而提出一些细碎的问题。学生面对浅层提问时，通常不需要进行深度的加工思考，仅凭借课本上的固定知识内容或大脑中固有的知识就能够应答出来。面对这类问题，学生看似在积极地进行思考和举手作答，实际上难以进行深度思考。这种低层次、低质量的提问未能摆脱传统的机械记忆和思考，很难让学生基于已有的逻辑结构联结新旧知识，以至于无法进一步形成自己的知识体系，更不利于学生实现知识的整合和建构，从而无法实现深度学习。

三是缺乏对学生学情的了解。小学语文教师在日常备课过程中将更多的精力聚焦在教学目标以及教学重难点上，对学生学情的了解并没有那么充分。在上课之前，如果教师没有做好充足的准备工作，就更加缺乏对学生当前学习情况的了解。这导致的直接后果就是无法抓住学生的“最近发展区”，在讲课过程中难免出现高估学生的认知能力和学习水平，无法留给学生充分的思考时间的情况。另外，小学语文课堂课时短，而教师所设置的课堂任务量又偏重。学期末或者重要的考试之前，教师追赶教学进度的现象经常发生。当教师追赶教学进度时，原本固定的课堂内容会增加甚至超出课堂容量。同样的课堂时间面对更多的教学内容，教师只能压缩学生的思考时间。

四是缺乏全面的课堂观察。一般来说，教师进行提问后，在短暂的候答时间内应该认真、仔细地观察学生的反应，这一细节对于教师掌握学生的认知程度、思维能力具有非常重要的作用。在这一过程中，最重要的就是观察学生的面部表情发生的一系列变化：学生出现眉头紧锁的情况，说明学生在思考过程中遇到了持续性的障碍，教师应做的就是调整讲课节奏，给予学生更加充分的思考时间；而大部分学生出现了蠢蠢欲动想要举手或表情十分放松自然的情况，则说明学生大多已经想出了答案，教师就应该加快课堂节奏，及时选择学生作答。很多学生对教师课堂当中提出的问题仅仅停留在浅层学习的理解程度，没有足够的时间进一步思考。不同学生的认知水平存在一定的差异，思考同样一个问题所需要的时间也大相径庭。如果经常出现候答时间不充足的情况，部分学生会直接放弃独立动脑思考的机会，不再主动尝试深入思考和自主建构，而是选择“坐享其成”——等待教师公布正确答案或将成绩比较优异的学生回答出的标准答案作为自己思考的结果。这样做的后果就是失去了自主思考的机会，难以进行深度学习。同时，与深度学习提倡的让学生主动批判建构的观念不相符，不利于实现深度学习。

二、回答方面的问题

（一）记忆性回答多，创新性回答少

课堂观察发现，教师进行课堂提问前，所预设的学生的回答类型可能是多种多样的，但实际情况却是学生的回答大多以认知、记忆性的基础类回答为主，缺少充满创造性的答案。这样的回答无法激发学生积极动脑思考问题，学生只是被动地提取大脑中已有的知识。例如，G教师在《秋天的雨》一课中的问题回答片段：

教师：齐读课文，说一说每段话都是围绕着哪一句来写的？

学生A：秋天的雨，是一把钥匙。

学生B：秋天的雨，有一盒五彩缤纷的颜料。

学生C：秋天的雨，藏着非常好闻的气味。

学生D：秋天的雨，吹起了金色的小喇叭。

教师：这样开头能概括每一段内容的句子，我们把它叫作——

全班学生齐答：总起句。

……

教师：谁能试着说一说秋天的雨里为什么会藏着香甜的气味呢？

教师：小朋友的脚怎么会被钩住？没有钩子，怎么钩？（这两个问题提出后只有极个别的学生举手回答）

造成学生回答类型以基础记忆、不够创新的基础类回答为主的原因可能与以下情况有关。

一是教师在设计提问过程中存在问题。部分教师在上课过程中，设置问题数量过多且内容偏基础，学生面对教师的频繁提问会感到疲惫并有可能会忽视教师提问。过多提问呈现出的模式较为分散，问题之间的关联性弱，学生面对大跨度的问题很难专心思考。此外，提问大多为一些事实性问题或是记忆性问题。这类问题大多数来源于课文当中的固化知识，提问类型较为简单并且很容易得出答案，答案的类型也以记忆性回答为主。教师的关注点局限于学生对于本节课的知识是否学会和掌握，即便针对重难点设计了问题，往往也是一些表层问题。固定类型的提问导致学生的回答更加机械化，缺少创新性的思考和答案。

二是学生习惯于机械固定的学习模式。在传统的教学模式之下，学生容易形成机械且固定的学习模式，缺乏积极的建构意识。大多数教师开课即问，由生字词入手到朗读课文，接着分析课文，最后练习写作。教师按照这种固定的模式所设计的问题缺乏创造性和评价性，学生在面对问题时也会缺乏学习主动性，课堂效率较低，容易出现“教师教得辛苦，学生学得痛苦”的困境。学生进行识记性问题回答时，很少需要将所学新知识融入原有认知结构甚至迁移应用，知识以相对独立、互不关联的状态呈现，其并没有建构起属于自己的知识网络，这也是浅层学习和机械学习的直接表现。

（二）指答倾向明显，面向全体不足

课堂观察发现，教师进行课堂提问时，选择学生回答问题的方式基本上是指答，选择个别学生回答。但教师选择问题回答的对象时，会受到座位、学习成绩以及是否担任班干部等因素影响，往往带有主观印象，造成选择回答对象时面向全体不足。

这一问题主要有以下表现。教师会自动以问题的难易程度进行归类，认为简单的问题应该选择学习成绩一般的学生回答，这样不会影响课堂教学的进度；稍微难一些的问题要留给那些成绩比较优异的“好学生”，他们的答案就是标杆和模范。同时，教师经常与前排和中间位置的学生互动，这部分学生会更加认真、积极地参与课堂提问，从而形成一种良性循环。而座位在后排和角落位置的学生回答问题的机会更少。此外，担任班干部的学生在课堂提问互动中会受到“特殊优待”，教师对班干部通常都寄予较高的期望，希望他们能够在班级发挥带头作用。部分教师在平时的课堂提问中较少关注回答机会的公平性，指答倾向明显，提问对象固定化，面向学生全体不足，影响学生回答机会的公平性。例如，J教师在《丁香结》一课中的提问片段：

教师：课文围绕丁香写了哪些内容？谁能画出写丁香花气味的关键词？谁能画出写丁香花外形的关键词？……（该类问题所选择的回答对象学生A、学生B、学生C等人的位置基本上靠边或位于教室后面，是平时学习成绩中等或偏差的学生）

教师：谁来说说这样写有什么好处？丁香结又引发了“我”对人生怎样的思考呢？丁香结与人生有什么相似之处？……（该类问题所选择的回答对象学生D、学生E、学生F等人的位置基本上在教室偏靠前或中间，是平时学习成绩较好的学生，且其中多数学生担任班干部）

造成教师指答倾向明显，对象固定化，学生回答机会违背公平性原则的原因可能与以下情况有关。一是教师对提问公平认识不足。教师在选择回答对象时做到公平公正对学生的发展和成长起着至关重要的作用。但多数教师并不认为在课堂中能够实现提问的公平，他们对提问公平的理解存在着一定的认知偏差。很多教师会误以为回答机会公平就是要和“平均”划等号。还有的教师会认为回答公平就是将难度较大的问题交给学习成绩较好的学生，而简单的问题则留给成绩一般或者较差的学生。这种认知偏差在很大程度上会影响部分学生主动思考的积极性，部分成绩不理想的学生遇到需要动脑思考的问题时，会直接放弃思考的机会，从而逐渐偏离“深度学习”的轨道，无法顺利实现深度思考的目标。

二是学校客观环境的限制。以某校为例，每个班级学生容量为 50 人左右。教师无法将自己的注意力和有限的回答问题机会平均分配给每一位学生，不能时刻注意到班上每一位学生。教师无法及时关注到能反映学生当下状态的一系列行为，比如面部表情、肢体动作等，并且经常会有学生被疏忽。在这种情况下，那些反应敏捷、头脑灵活的学生就能得到教师更多的“青睐”，可以获得更多的回答机会，解决更加具有突破和挑战性的难题。相反，另一部分资质较为“平庸”的学生往往会和这些机会失之交臂，久而久之，这部分学生就会将自己归为与教师积极进行课堂互动的“局外人”。

三、理答方面的问题

（一）理答引导不够，缺少个性评价

课堂观察发现，部分小学语文教师课堂提问理答程式化倾向明显，教师的理答行为多数是对学生回答的简单正误判断或对学生答案的直接重复。这样的理答行为缺少明确的指向，不能使学生明白自己好在哪里、不足在哪里，甚至错在哪里也不清楚。教师对学生的回答缺少引导、归纳或进一步的追问，就无法引起学生进一步的思考。此外，教师的问题理答方式大多数属于语言理答行为，非语言性理答行为相对不足。例如，C 教师在《四季之美》一课中运用了 6 次简单肯定、15 次简单激励话语，大多是“你很棒”“回答得不错”“很好”“再想想”等习惯性理答语言，实际上对学生并没有太大的激励作用。教师说得多了，学生习以为常，第一次听到后可能会很开心，频繁地使用此评价可能会使其失去应有的激励作用。这种现象表明小学语文教师在课堂理答过程中缺少情景化与个性化的评价，距离真正高效的课堂理答还有差距。

造成上述问题的原因可能与以下情况相关。

一是教师完全按照课前预设进行理答。在备课过程中，部分教师会提前预设好学生的回答情况。即使在实际的课堂中学生所生成的答案与教师所预设的答案存在一定的出入，教师也会坚持按照自己的理答预设进行教学。这种情况可能会影响课堂的教学效果，也会限制学生的思维发展。教师在理答时缺少基于学生给出的回答所进行的针对性点评和对话式互动，也无法及时向学生提出解决问题的建议。学生虽然获得了正确答案，但答案与已

有的经验之间无法形成真正意义上的连接。这种学习方式并不是对知识的主动构建，而是一种对知识的量化积累，在很大程度上会影响与限制学生的思维潜力激发。

二是教师专业素养存在一定差异。在课堂教学中，教师是进行教学理答的行为主体，是教学理答的具体执行者。教师的教育观念、教学经验以及其他因素都会对教师的课堂教学和行为习惯产生影响。长期的教学实践经验会让教师对教学中的各个环节产生不同的观点与看法，如有的教师比较注重学生能力的培养，有的教师专注于提升学生的成绩，有的教师对于理答概念有准确、清晰、深刻的认识，有的教师则一知半解，对这个概念的理解存在一定的认知偏差等。

（二）理答方式单一，外在影响显著

课堂观察发现，绝大多数教师能在学生回答问题后做出恰当的处理与反应，但也有部分教师理答方式单一，态度随意，评价不够客观公正，受学生性别、座位位置、学习成绩、是否担任班干部等外在因素影响显著，难以给予学生客观准确的反馈与评价。例如，J老师执教《丁香结》一课的理答片段：

教师：课文围绕丁香写了哪些内容？

学生1（座位靠边、成绩一般、普通学生）：主要写了花的形状、颜色和气味。

教师：很好，请坐。那么谁能找到并画出写丁香花外形的关键词？

学生2（座位靠边、成绩较差、普通学生）：我找到了“星星般的小花”“许多小花形成一簇”。

教师：找得很准确。那么谁能继续找到并画出写丁香花颜色的关键词？

学生3（座位靠后、成绩较差、普通学生）：“白的潇洒”“紫的朦胧”。

教师：对啦，你也请坐。最后谁来试着找找描写丁香花气味的关键词？

学生4（座位靠前、成绩一般、普通学生）：“淡淡的幽雅的甜香”“非桂非兰”。

教师：同学们可真厉害，老师还没讲你们就都能解决了。谁愿意试着谈一谈丁香结又引发了“我”对人生怎样的思考呢？

学生5（座位中间、成绩优秀、班干部）：作者面对丁香没有一味地哀愁，也没有产生抱怨生活的想法，而是对人生有了更深刻的领悟。他认为人生的问题和丁香结一样是永远存在，是解不完的；正因为解不完，人生才不至于平淡无味。

教师：真不愧是大家公认的小小哲学家！你已经成功地找到了丁香结引发了作者怎样的思考，那么谁来补充一下丁香结与人生有什么相似之处？

学生6（座位靠前、成绩优秀、班干部）：当人身处逆境时不应该怨天尤人、自怨自艾，要以更加乐观豁达的心态面对生活。人生的乐趣和意义就是在不断解决问题过程中实现和寻找到的。

教师：真棒！你一下子就找到了丁香结与人生的相似之处，今后在生活中面对困难的时候同学们也要以乐观豁达的心境去面对……

案例中教师对班干部和成绩优秀学生的理答反馈多为积极正向的，这部分学生面对教师的提问也能够主动自信地回应，从而进一步获得教师的正向反馈。在课堂提问中，教师在提出高水平和较高难度的问题后更倾向于选择固定的一部分学生进行回答，而其余学生很难获得回答的机会，且较难获得教师的积极反馈，这在一定程度上会影响这部分学生的学习表现与发展水平。

造成上述问题的原因可能与以下情况有关。

一是教师受固式思维模式的影响。作为课堂互动的“主导者”和“权威者”，教师能够自主选择互动的对象以及方式。受固式思维模式的影响，教师更倾向于以学习成绩为标准来选择班干部。学习成绩优秀的学生成为班干部后会获得更多与教师互动的机会，也更有可能得到教师的青睐。

二是教师对学生的评价标准单一。在传统教育理念的影响下，教师对学生进行评价的基本标准就是唯成绩论。追求更好的学习成绩成为学生努力的动力和方向，这种单一的评价标准忽视了学生的个体差异。教师习惯于按照学习成绩将学生分类，为了“高效”地完成教学任务，在进行理答时习惯性对成绩优秀的学生进行激励和表扬。即便学生回答错误也会耐心纠正和引导，反而习惯性地忽略后进生。传统教育观念对课堂理答行为的负面影响很深，片面追求“分数”的行为会导致课堂提问中教师以大量的知识传授为核心，忽略对学生情感和价值观的培养，不利于深度学习的发生与发展。

四、反思方面的问题

及时进行课后反思对于任何教师来说，都是促进其专业成长的一个重要手段。无论教师多么优秀，都难以保证教学不出问题。在小学语文课堂提问过程中，除了教师的问还有学生的答，课堂中的不可控因素比教师预想的更为多样和复杂，教师在对课堂提问准备的过程中，可以提前控制自己预设哪些问题，围绕哪些方面进行提问，却无法预估学生如何回答。因此，教师课后及时进行回忆和反思，一方面有利于丰富教学经验，促进专业成长；另一方面有利于深入了解学生，引导学生深度学习。

（一）反思内容不全，行动落实不细

为深入了解小学语文教师对课堂提问反思的认识，专门对相关教师进行了课后访谈，以进一步了解教师对课堂提问反思的理解和行动落实情况。结果表明，小学语文教师在课堂提问反思方面存在反思内容不全、行动落实不细等问题。现将部分访谈内容摘录如下。

G教师：我不经常反思，每天除了上课还有很多事情要处理，真的没时间。

Y教师：有时间的话会对其他方面进行反思。

C教师：关于怎么提问，我反思得比较少。

H教师：正式的总结反思，除了公开课时会做，平时基本不会做。

J教师：会对自己精心设计过但效果不好的环节进行反思，看到底是自己提问时存在

的问题，还是孩子们没有掌握好。

从几位教师访谈内容可以看出，多数教师缺乏课堂反思的意识和动力，尤其是针对课堂提问这一环节，无论反思内容还是行动落实都需要进一步加强。造成这一问题的原因可能与以下情况有关。

一是教师教育工作任务繁重。小学语文教师基本上都同时担任着科任教师和班主任。大到从早到晚的教学活动，小到班上每个学生的生活细节，这些都需要教师亲力亲为，工作量大且烦琐的特点在很大程度上缩短了教师课后反思的时间。教学工作的繁重是影响教师进行课后反思最为重要的因素。根据实际情况，小学语文教师正常的教学工作包括备课、上课、批改作业等，这些内容基本占据了教师在校的全部时间。这样一来教师就没有完整的时间及时总结并反思课堂提问中存在的一些问题。

二是教师自我发展需求不强。一个人的行为除了受外部因素的影响外，在很大程度上还受自身意识的影响。教师的自我发展需求是实现自身发展的内在动力。在长期的教学实践中，不少教师对于课堂提问积累了丰富经验，形成了自己的问答风格和提问模式。课堂提问在一定程度上成了教师课堂教学的一种公式化的活动，缺乏相应的生机与活力。要想改变这种“以不变应万变”的固定模式，就需要培养教师对提问环节的反思意识。只有充分认识到自我发展的重要性，才能增强教师进行反思的意识和能力。然而，部分教师受年龄、认知或其他因素的影响，关注重点仍停留在学生的学习成绩如何、教学任务是否能完成上，教师的自我发展意识不强，不注重课堂反思，进而缺乏相应的行动落实。

（二）理论理解不深，联系实际不强

教师进行课堂提问设计与实施的过程中，为了保证提问的质量与水平，需要具备与深度学习相关的理论知识。而深度学习理论相对来说属于较新的理论，教师要了解深度学习的内涵与特点，需要阅读大量相关文献。研究发现，目前一部分小学教师对于深度学习理论的理解尚停留在初级阶段，对深度学习的要求定位模糊，对深度学习的运用存在困惑。现将教师关于深度学习理论理解的部分访谈内容摘录如下。

G 教师：听说过，但不太了解。

Y 教师：应该听说过，强调的是“深度”吧。

C 教师：我听说过，但是具体是什么意思就不太清楚了。

H 教师：我对这个概念有一些了解，但是认识比较浅。

J 教师：确实没听说过，以后有机会的话多学习、多了解。

从对几位教师的访谈中可以看出，部分教师对深度学习理论的理解尚不到位，实践过程中缺乏理论内容知识作为支撑，且影响了对课堂提问的设计与实施，较难做到深度学习理论与课堂提问实际的紧密结合。究其原因，可能与以下情况有关。

一是教师缺乏主动学习新理论的意识。受“应试教育”的影响，部分教师主动学习新理论的意识比较淡薄，而是将全部注意力集中在所教学科上。部分一线教师认为，研究是课程专家应该重点关注的问题，教师只需要教好课就可以了。因此，部分教师不愿学习、研究新理论，固守程式、安于现状。

二是理论学习对教师知识储备要求高。小学语文课堂本身具有动态、复杂的特点，而深度学习更要求教师在教学过程中考虑学生已有的经验基础，不断发展学生的高阶思维，积极促进其知识经验的建构，帮助学生深度学习与理解语文知识。因此，深度学习需要小学语文教师具有较高的知识素养，对教师知识储备的要求更高。

第三节 深度学习视域下小学语文课堂提问优化策略

下面将从深度学习的视角出发，结合研究中五位教师课堂提问的现状，针对小学语文教师在问题设计、回答、理答以及反思等方面存在的问题及原因分析，提出改善小学语文教师课堂提问的策略。

一、优化问题设计，提升提问效果

（一）设置主问题，形成纵横交织的问题网络

深度学习视域下的小学语文课堂提问设计应该注重知识的整体构建，纵向上有逻辑清晰的问题链，横向上有跨科整合、交叉融合的问题网。纵横交错，形成层层交织的问题网络。

1. 纵向结构清晰，主次问题层层递进

课堂提问纵向有主次问题，指的是形成完整的知识体系。深度学习倡导框架式学习，即强调学习的框架与脉络。深度学习视域下的课堂提问设计，从纵向上说，应该有清晰的主问题，目的明确的次问题，主问题与次问题之间逻辑明确，层层递进，形成纵向上的知识体系。这种主次问题的递进，既有利于学生循序渐进地掌握知识，又有助于学生形成自己的知识网络框架。首先，教师需要深入研读文本，深层挖掘文本信息，文本是一切信息的载体，只有吃透文本，把握住文章的主要内容和主旨，才能设计出具有深度的主问题。其次，教师要善于把握文章的逻辑结构，层层解读语言的内在结构，语言都是围绕一个中心点，以清楚的逻辑，条理分明的脉络，由浅入深、由表至里层层设计的，教师在教学设计时要悉心观察，找到暗含在文章中的主线，设计出有深度的主问题。最后，主问题和次问题的数量要有一定的限制。在整篇文章中，应该有 1 ～ 2 个主问题，主问题之下，设置层次清晰的次问题，有连续性，有引导性，有逻辑性，切忌细、碎、重复。次问题之于主问题，就像是枝干与主干，枝干太多且杂乱，主干便会不明确，枝干整齐有度，那么一棵知识问题树便会清晰地出现在眼前。

2. 横向跨科整合，实现问题交叉融合

课堂提问设计横向跨科整合，指的是拓宽问题的广度。深度学习认同建构主义的相关理论，坚持学科之间是互相联系的，需要分析知识，找到知识之间的联系之处，实现知识的内在融合。要做到这一点，教师需要敏锐地观察知识之间的内在联系，准确地抓住契合点，巧妙地设置问题。比如在学习诗歌《七律 · 长征》时，教师提出问题“长征的时代虽然已经过去了，但长征精神却永远留在我们心中，你认为这首诗歌留给我们一种怎样的长征精神，放在现代社会是否还有意义？”这个问题的设置便是教师捕捉到了语文学科与思想品德学科之间的内在联系，借助诗歌的学习渗透给学生一种不畏艰险、英勇、顽强、乐

观的革命精神，再通过思考其对于现代社会的意义，给予学生以现实德育，可谓实现了语文与德育学科的整合，知识与德育精神的内在融合。深度学习视域下的小学语文课堂提问设计在纵向上主问题突出、次问题层层递进，形成了结构清晰的问题树状图，横向上整合学科，扩大知识面，产生学科交叉，形成了密密麻麻的问题链条。教师设计提问时，需要横向纵向上同时入手，在学生头脑中形成纵横交错的问题网络，使学生从整体上把握知识。

（二）紧扣困惑点，搭建高阶思维平台

小学语文课堂提问的切入点应该是多元的，问题应尽可能以开放式呈现。多角度切入问题，不限制问题的答案，是促进学生批判、创新等高阶思维发展的重要一环。

1. 深入研读文本，找准激发学生思维的碰撞点

质疑、批判、思考是高阶思维的基本特点。因此，教师在进行问题设计时需要认真分析文本，找到知识的困惑点、知识的留白处、知识的矛盾处、能够激发学生思维的碰撞点，在此基础上，设置问题，引发学生的批判与深度思考。例如，在《圆明园的毁灭》一课中，教师抛出问题："课文的题目是'毁灭'，为何却花了大量笔墨描写圆明园的辉煌？"这便是知识之间互相"碰撞"的地方。这篇文章用词优美，结构严谨，通过描写圆明园的辉煌，反衬出侵略者的恶劣行径。因此，教师在进行教案设计的时候，既需要带领学生学习圆明园相关的事实性知识，又需要带领学生感受语言文字的魅力，领略圆明园金碧辉煌的气魄，体会作者对侵略者的愤怒之情和振兴中华的爱国之情。这一"碰撞之处"既使学生领略了语言文字的魅力，加深了感情体验，又引发了学生的质疑、批判与思考。

2. 设置开放性问题，给学生思考的空间与时间

高阶思维的核心特点在于创造力。在小学语文课堂上，创造力的培养需要一定的自主空间和思考时间。语文本身就是一门人文性较强的学科，对于同一件事情，不同的学生有不同的感受，教师应该利用好这一点。设置开放性问题，最重要的是问题答案具有开放性，给学生留有一定的思考、想象空间。这就需要教师紧紧地把控住课堂，张弛有度，尽可能地将问题以开放性的形式呈现，不拘泥于固定答案，仅要求学生有理有据、逻辑清楚地表达出自己的观点与想法。例如，在《坐井观天》一课中，教师在处理完本节课知识点之后，提出问题："你认为故事的最后，青蛙听了小鸟的话之后，会做出什么样的反应？"面对可以发表自己观点的问题，有的学生回答最后青蛙从井里跳了出来，看到外面的天空真得像小鸟说的一样大；有的学生回答青蛙太自信了，固执地坐在井里守着自己的一方天空，坚信自己就是正确的；有的学生说青蛙想跳出井底，却因井太深怎样都跳不出来，于是想办法让小鸟找来帮手将它拉出井底。只要该学习的知识学会了，该体会的情感体会了，故事是可以有不同的结局的，教师的问题给予学生想象、创造的支架与空间，学生有思考的时间，这一思考过程，就促进了学生的创造力发展。

（三）坚守学生立场，提高课堂参与度

学生的参与包括思维参与、情感参与、行为参与。思维参与的具体表现形式高阶思维，

在上文中已经提到，在此不再赘述。因此，下文分别从情感和行为两个角度，谈一谈提高学生参与度的具体做法。

1. 分层次设置问题，满足不同学生的发展需要

分层次设置问题，首先需要分层次设置教学目标。问题设计服务于教学目标，因此教师分层次设置问题需要从教材出发，仔细解读文本与教学参考书，在学生较难理解的地方设置不同层次的教学目标。其次，准确分析学生，给学生分层。给学生分层对教师的观察力有着极高的要求。有些学生学习能力强，思考力强，反应迅速，能够及时、准确地找到问题的关键，这种层次的学生一点即通。有些学生学习能力中等，面对一篇文章，虽然能积极思考，但却不能迅速地给出反应，回答问题时语言简洁却逻辑结构不缜密，这种层次的学生需要教师巧提问题，及时点拨。还有部分学生学习能力相对较差，反应力和理解力相对较弱，同一个问题，需要教师反复重复几次才能理解，这种层次的学生需要教师多一些耐心，反复地为其讲解。教师可以采用建立学生档案袋、与学生常交流、课上课下留心观察每一位学生的方式，充分了解每个学生的特点，做到对学生的分层了然于心。在问题设计时，教师应结合每个层次学生的特点，提出满足不同学生发展需要的问题，调动起全班学生的学习积极性。

2. 凸显语文与生活的联系，提升学生情感体验

学生的情感体验参与度与学生的课堂参与度是密不可分的，学生的课堂参与情况受到意志和情感的调节与支配。积极的情感体验能够促进学生主动地学习，消极的情感体验则会导致学生厌恶学习。知识本身具有抽象性，小学生的理解力还较弱，教师需要在知识与学生之间架起一座桥梁，帮助学生在日常生活中找到知识的落脚点。具体到问题设计，教师要善于发现文章与生活的“联系点”。提升知识的趣味性，找到知识在生活中的依托点，在呈现问题时，教师要举一些与学生日常生活相关的例子，或者设置学生熟悉的问题情境，使书本上的知识与生活相结合，这样既提高了学生的学习兴趣，又加深了学生对知识的理解，实现了学生与文本的深度对话，在文本中发现生活，在生活中理解文本。在《珍珠鸟》一课中，教师设计了一个问题：“作者为什么把珍珠鸟叫作小家伙？想一想在生活中谁会喊你小家伙？”教师抓住了“作者和小鸟”与“长辈和孩子”这一联系点，这个问题瞬间拉近了学生与文本之间的距离，学生体会到生活中父母长辈喊自己“小家伙”时的那种喜爱之情，自然就理解了作者对一只小珍珠鸟的喜爱之情。

3. 弹性理答，激发学生正向学习情感

学生的情感体验反作用于学习行为。正向的学习情感体验能促进学生更加主动地学习；被动的应付学习则随负向学习情感体验产生。

弹性理答，需要教师在设计问题时，预先设想该问题的可能答案，针对不同层次的学生，给出针对性的、弹性的理答，切忌泛泛而谈。对于成绩较好的学生，及时引导，促使其能够自己说出完美的答案；对于成绩中等的学生，除了有针对性地鼓励之外，还要一针

见血地抓住他们的问题，在关键点上给予点拨，帮助其实现能力的提升；对于学困生，需要有针对性地鼓励，发挥长善救失的教学作用。

弹性理答，需要教师善用激励性的理答语言。每个学生都是一朵独特的花，都有着独特的潜能，教师要做的，就是发掘他们的潜能，使其外显出来。教师的语言，对学生的影响是非常大的，因此教师要善用鼓励、表扬性的语言，向学生传递“你真棒！”“你可以的！”“你是值得被肯定的！”“你会做得更好！”这种积极的信念，并借助肢体动作、鼓励的眼神、关爱的表情使学生感受到温暖和信心，帮助学生树立对自我的认同感，感受到学习中被肯定的快乐，激发学生学习的内在驱动力。

弹性理答，需要教师的理答内容能够引导学生思维向着更高层次发展。教师的理答如果仅仅是空泛的口头表扬，并不能促进学生学习效果的提高。因此，教师需要提前查阅大量的资料，准备充足的相关知识，在理答时灵活应对学生的回答，随机提出能够引导学生思维向着更高层次发展的问题。

学生只有真正喜欢上学习这一过程，才能真正地实现深度学习。弹性理答促使他们产生正向的学习情感体验，从而促进其正向学习行为。

（四）紧抓语用训练点，发展学生迁移运用能力

相比于学习成绩，深度学习更加注重培养学生的学习能力。成绩是一时的，但是解决问题的能力却是长久的。因此，教师在设置问题时，需要设置有助于锻炼学生学习能力的问题，帮助学生不断练习，将学习能力内化为自己真正的能力。

1. 设置语用类问题，促进学生“学”向“用”的转化

迁移运用能力，即将所学知识内化为自己认知的一部分，在以后遇到相似情境的问题时将其调动出来，以解决新的问题的能力。因此，教师在进行问题设计时，需要精确地找出文章的语用训练点。教师在设置问题时，需要结合课后习题、单元导语、文本特点和学情，找出文章中适合设置语用训练的地方。可以是特殊句式的仿写，可以是遣词造句，可以是概括文章的方法。教材中一些地方“言虽尽而意未尽”，给读者留下了无穷的想象空间。这些留白，如果让学生通过想象填补，不仅有利于激发学生的阅读兴趣，培养其独立思考的习惯，还能进一步帮助其领悟作者的写作意图。语用训练可以以这些留白为立足点，引领学生体会文本语言的准确、含蓄的特点。阅读教学中，充分利用课文中蕴含的留白之处，引导学生思考和感知作者的言外之意、弦外之音，对文本进行补白，就会激活学生与文本的对话，学生的思维可以得到碰撞，情感可以得到触发。例如，在《大禹治水》一课中，教师将课文分为“洪水泛滥图、三过家门图、开通河道图”，让学生利用这三幅图完整地讲故事，这便很好地抓住了语用训练点，让学生以图片为支架，锻炼学生讲故事的能力。学生习得了这种讲故事的方法，并内化于心，今后碰到讲故事的情境时，便可以将这节课所学到的知识应用于新情境中。

2. 链接新旧知识，促进建立新的认知结构

在进行问题设计的时候，第一，教师要发挥好问题“梯子”的作用，找到新旧知识的交汇点。引导学生将新知识与旧知识联系并链接，使其相互作用，最后促使其产生“同化”和“顺应”，形成新的认知结构。这种新认知结构的建立过程，就是实现学生知识由“旧”到“新”的链接过程。提问应该目的明确，找到与已有知识的关联，把当前的问题纳入已有的知识系统，从而解决了问题，也就是知识的实际应用。例如，在《曹冲称象》一课中，教师设置了这样的问题：“结合你见过的秤，想一想可以用哪些方法称大象？”小学生在生活中已经或多或少地接触过秤，这便是学生头脑中已有的旧知识。教师给出“梯子”——“结合你见过的秤”，让学生想一想可以用哪些方法称大象，有助于引导学生在头脑中思考自己已有的知识经验，再结合大象这一新的具体情境，新旧结合，思考出问题的答案。

第二，教师要善于调动学生的学习主动性，设置有趣的问题、引起学生好奇心的问题、交流讨论型的问题，及时地评价，引起学生主动学习的愿望。因此，教师务必抓住学生“学习的主动性”。在《草船借箭》一课中，教师提问：“你最想成为文章中的谁？请选择任一人物，为他说一段自我介绍。”这个问题既有利于学生重组书本知识，仔细地分析人物形象，又给了学生展现自我的机会，使学生在回答问题时加入了主观想象的元素，充满了趣味性，是个好问题。

二、认真做好学情分析，公平选择指答对象

（一）学生为本，提前分析学生学情

教师要顺利完成教学活动，应提前对学生进行深入的学情分析。在课前，教师应当充分了解每一位学生的知识基础、思维方式、学习习惯等基本情况，以确保在课堂提问的过程中能够做出最合适和公平的选择。每节课结束后，教师也应该主动了解在课堂上没有获得回答机会的学生对本节课所学知识的掌握情况。当学生遇到困难或问题时，教师应当及时进行帮助和指导。做好学情分析是教师了解学生的重要手段，也能够体现教师以学生为本，充分关注学生成长过程的教育理念，为教师后续顺利开展教学活动提供保障。

首先，教师应当关注学生的预习情况和课后作业完成情况。观察课前的预习情况能够准确了解学生的知识基础和对已有知识的掌握情况，而课后作业则是直观了解学生学情的另一种手段和方法，也是学生反馈给教师的一种重要信息。通过批改作业，教师能够了解到学生对之前课堂中所学内容的掌握情况，更能察觉到学生的学习态度是否端正。根据预习情况和作业完成情况，教师能够更好地分析学生的学情并依据学情设计教学。

其次，教师应当认真解读教学内容。教材所呈现的具体内容是众多篇课文，但是课文只是教师教学内容的载体并不是直接的教学内容。教师应当依据课程标准、学情以及课文的文体特点综合确定教学内容。学生学情与教学内容两者之间是互相参照、补充的关系。教师在充分了解教学内容的基础上设计的课堂提问更符合学生当前的认知水平，更有助于

学生将所学新知识与原有认知结构进行联结，从而提升高阶思维。

最后，教师应当进一步挖掘学生的学习需要。立足于学生学习需要而进行的课堂教学能够激发学生的学习兴趣，对于帮助学生开展深度学习起到了促进作用。在充分了解每个学生学情的基础上选择问题回答对象，并根据学生的学情采用分层指答的方式，才能更好地促进学生的深度思考。

（二）关注公平，面向全体学生提问

教师在选择提问对象的过程中，可能会由于客观环境限制和认知不足等因素造成指答倾向较为明显，面向全体学生的叫答行为缺失，从而导致学生获得的指答机会不公平。教师在面对这一问题时可以适当扩大叫答对象选择范围，面向全体学生进行提问，并在课堂中选择多种方式灵活进行指答。也可以参照罗尔斯的关于课堂提问公平的三个原则，即平等原则、差异原则和补偿原则。平等原则就是教师要公平公正地对待每个学生，班上任何一位学生都应该得到教师相同的对待。差异原则是指教师在对待学习能力和知识水平不同的学生时要存在一定的差别，在提问时按照学生接受、理解、运用新知识的能力的不同而区别对待，这样更能体现公平性。而补偿原则是指教师在面对智力水平较低或回答存在困难的学生时，应给予他们相应的帮助，让学习存在困难的学生同样有机会回答问题，努力表现自己并积极参与课堂，以实现深度学习的全员化。

首先，教师可以建立全新的指答方案，根据点名册建立指答记录档案。教师提问后，应及时并准确地记录下本节语文课堂当中学生回答问题的情况，在记录的过程中要注意精确到回答的具体问题和内容、回答次数，以及学生是主动举手回答还是被动指答。而对于本节课未被提问到的对象，教师应该主动地将这些学生列入下节课的指答对象的预选名单中，争取能够在语文课堂互动中实现相对的公平。

其次，教师可以尝试采用随机选择回答对象的方式来扩大叫答范围。比如随机抽签选择学生的学号或学习小组来进行提问，这样一来，每个学生在课堂当中获得参与课堂提问的机会都是公平的。全班学生都有了参与课堂提问的机会，大家的注意力也会高度集中，积极参与课堂提问的互动。教师能够更趋于合理和公平地选择提问对象，保证每位学生都能获得回答机会，从而实现课堂互动的公平和合理化。

最后，教师要基于学生的最近发展区开展适当的跨层指答。在提问的过程中，教师可依照“跳一跳，够得着”的原则选择学生进行提问。这样能够激发学生深度思考的积极性，调动学生学习的热情，鼓励学生通过动脑思考进一步掌握所学内容。而教师在这个过程中也要为学生提供合适的“脚手架”，对不同水平的学生提供不同程度的支持：对于基础较好的学生，教师可以适当增加提问的难度；对于学习能力一般的学生，教师要想办法巧妙地进行引导；而对于学习能力相对较弱的学生，教师需要付出更多的耐心加以点拨和指导。教师提供的帮助包括为学生解释难以理解的问题背景、为学生提供问题中涉及的拓展性知识以及点拨问题思考的关键点等。

三、培养学生问题意识，引导学生深入思考

（一）问题导向，激发学生问题意识

问题贯穿于整个学习活动的始终，问题意识是学生进行创新的源泉和动力。提出问题能够帮助学生发现和解决问题，创新思维往往来源于强烈的问题意识。能够积极主动地提出问题意味着学生真正意识到了提问的重要性，开始逐渐成为学习的主人。因此，在语文课堂教学过程中，培养学生的问题意识能够帮助学生保持强烈的好奇心和求知欲，帮助学生主动发现并寻求解决问题的办法。大多数学生还是按部就班地解决教师提出的问题。教师很少在课堂当中设置让学生提问的环节，学生也很少主动提出自己在课堂学习过程中产生的疑惑和问题。

教师要培养学生深度思考的能力就要不断激发学生的问题意识，鼓励学生在独立思考以及互相启发的学习氛围当中发现问题并提出问题，大胆质疑并进行追问，提高学生在课堂当中的学习效率，把课堂还给学生。

首先，创设情境，鼓励学生追问。教师在进行课堂教学的过程中，可以根据课文内容并结合生活当中的实际案例创设情境，并引导学生融入所创设的情境中，积极主动地学习和探究课文内容，不断激发学生的学习兴趣。同时，教师也应该引导学生，激发学生主动思考的学习意识，让学生参与到情境的创设中，更加深刻地理解所学知识，帮助学生建立知识框架，不断提升学生的主动思考能力和文字赏析能力。

其次，提高学生的主体地位，锻炼学生的语言表达能力。学生只有成为参与课堂活动的主体，才会在课堂当中产生表达自己的兴趣和欲望。而锻炼学生的语言表达能力，教师需要营造良好的课堂氛围，增强培养学生表达能力的意识，通过多种方式引导学生注重语言表达的学习和训练，也要引导学生通过阅读来积累语言词汇，丰富自身的语文功底，使用丰富、精彩的词汇和表达方式来使语言表达更具有说服力和感染力。这样学生在产生问题意识的情况下就能够在课堂中大胆表达内心的疑问。

最后，树立课堂提问观念，培养学生的问题意识。学生只有具有主动提问的意识，才能够积极主动地进行追问，而在学生追问的过程中教师也要注重引导，教给学生提问的有效方法和技巧。当学生觉得无从问起、无法提出高质量的问题时，教师可以多启发引导并通过示范培养学生质疑提问的学习意识，让学生学会自主探究，培养学生的主动思考和主动质疑的能力。

（二）观念引领，加大学生思考深度

学生观是教师以及其他教育工作人员对学生的本质、特征和发展过程的基本看法，对教师的工作态度以及教育方式有决定作用。因此，教师在进行课堂教学的过程中需要树立正确的学生观，改变固定单一的指答习惯。受传统应试教育的影响，部分教师的课堂教学和提问面向的是小部分学生，并且会把学生视为被动学习的对象，认为只要不断灌输就能

够完成教学。传统的学生观会影响教学效果，也会影响学生身心健康发展。教师要用发展的眼光看学生，不能凭借刻板印象将学生按照学习成绩划分等级，更不能简单粗暴地将成绩偏差的学生拒于深度学习的门外。

首先，教师可以通过理论学习和自我反思等途径重塑学生观，公平公正地对待全体学生。破除过去对部分学生的刻板印象，在指向深度学习的语文课堂提问中给予每个学生公平公正的表现机会，尽量多采取鼓励的态度激发学生的发展潜能，推进深度学习的全员化。其次，教师应主动转变教学理念，准确给自己定位。在小学语文课堂中教师应该多引导学生自己读课文、感受文章所表达的内容和思想感情，并尽量保证每个学生都能有独立思考的时间以及回答问题的机会，让课堂成为学生共同参与的天地，给每位学生锻炼的机会。最后，教师应当充分相信学生的发展潜能。主动了解学生，发现每位学生的优点和特长，从而能够在课堂教学中设计出适合学生发展和成长的环节，帮助学生扬长避短，使每个学生都能够得到有效的学习和发展。

四、规范课堂理答行为，实现公正理答反馈

（一）规范行为，树立正确理答观念

教师要树立正确的语文课堂提问理答观念，改变部分教师将理答理解为判断学生回答正误的错误观点。教师要充分认识到课堂提问的理答环节对于学生课堂参与动机、学习情感体验、发展高阶思维等方面所具有的重要意义。首先，教师应当明确“理答”的概念。将理答与传统意义上的“评价”区分开，理答作为教师课堂提问后的一种教学行为，是提问环节中最后一步也是起关键作用的一个步骤。这一概念不仅仅局限于师生之间的对话，也包含教师对学生的非语言性的回应和处理。明确这一概念有助于教师在课堂当中进一步观察到自身的理答行为，也有助于教师不断提升和改进自身的理答行为。其次，教师应当辨别清楚理答的各个类型。对于教师而言，理答行为按照不同的维度可以有不同的分类方法，但是其中最重要的还是有效理答和无效理答这一分类标准。如果教师在课堂当中根据学生的回答内容只是进行简单的肯定或否定，这样的理答内容就是无效理答，对提升课堂教学效果缺乏较为明显的作用。教师应当尽可能地多学习和观摩一些优秀名师的示范课或者课堂教学实录，观察这些教师的理答行为，及时进行记录和学习，并将所学内容与自身的课堂教学相结合以提升自身的理答能力。最后，教师应该认识到理答的重要作用。教师的理答行为尽管只是课堂提问的一个环节，但是这一细微行为同样是教师课堂教学的关键组成部分。适当的有效理答既是教师对学生心灵的一种抚慰，也是教师对学生个体的赏识。总而言之，任何一个课堂当中出现的理答行为都应该受到重视，无论这个理答行为是语言上的还是动作或表情上的，任何关键的理答都能够让普通的课堂焕发无限的精彩，都可能产生教学过程中重要的“拐点”。

（二）及时反馈，有效发挥理答功能

教师在理答过程中除了要运用多元化的理答方式来加深学生的深层思考外，还应同等对待所有学生的回答。教师的理答态度不应该因为学生平时表现或成绩好差有所区分，但是教师的理答行为却应该因人而异。总得来说，教师应当减少简单、单一的肯定，多采用具体的鼓励式和发展式的理答方式，给学生足够的思考空间，让学生的思维产生碰撞的火花，也要有针对性地给予正向反馈，针对学生的回答要点进行有的放矢的表扬。经课堂观察发现，程序化的固定理答语言会让学生丧失学习的积极性、主动性。

首先，教师要加强公平理答意识。教师应对自己有一个正确的定位：作为学生的倾听者、指导者，应该给予每个学生充分的尊重、鼓励和信任，并将这一原则落实到课堂提问理答的过程当中。教师对学生的反馈评价标准要多元化，意识到学生作为独立个体存在着一定的差异性，不能以单一的评价标准去考核和衡量学生。

其次，教师要主动学习、注重积累。只有丰富自身的阅读量，不断研读各种书籍，提高自己的语言修养才能在课堂当中的理答环节对学生进行恰到好处的引导。教师和学生一样都是应该不断学习、不断丰富自身知识储备的群体，活到老学到老，特级教师在课堂上的一些理答方式和理答语言更值得广大教师借鉴。例如，王崧舟精致大气的诗意语言、张祖庆简约而丰满的理答语言、窦桂梅深情而饱满的理答语言等。

最后，教师要将所学内容与实践相结合。除了积极主动地学习和积累之外，将所学内容应用于实践也是提高自身理答水平、建立理答语言框架的重要环节，教师要学以致用，不断提升自己。此外，教师还可以适当采用鼓励性的眼神、表情以及肢体动作来营造有温度的课堂理答氛围，帮助学生提高自我效能感，激发学生学习的内驱力。

五、积极学习前沿理论，持续提升提问水平

（一）更新观念，主动学习先进理论

教师应该主动学习前沿的教育理论，努力摆脱传统、落后的教育观念，使自己的教育理念符合教育改革的要求。近年来，“深度学习”逐渐成为教育研究的热点问题，深度学习对教师的能力和水平提出了一些要求。首先，学校应主动建立专业学习社群。学校内应建立多个教师学习共同体，这是促进教师发展的有效途径。成立同学科或不同学科之间的教研组，在对各种教学问题进行经验分享的同时还可以共同学习新兴的教育理论，各抒己见以实现知识的融合及思维的碰撞交流。其次，教师应提高教学整合能力。深度学习指向高阶思维，而教师的教学整合能力同样指向问题解决和知识应用的高阶思维能力。教师树立整合意识、打破学科界限、跨越新旧知识边界，可以促进高阶思维教学的开展。最后，教师应将所学理论运用于实践教学当中。教师通过仔细阅读专业理论书籍、积极浏览前沿教育理论等方式，能够不断巩固专业基础。同时，教师也应该将所学的理论与实践相结合，不断从实践中发现问题，并能够运用所学的理论研究和解决问题。在实践教学基础上建构

经验，也能够为教师今后明确学习方向奠定基础。

（二）加强反思，积极促进能力提升

明确反思的价值和意义是教师提升反思能力的首要前提和重要保证，能够有效地提升教师的反思水平。教师只有主动进行反思，才能明确教学思路、提升教学能力、改善教学效果。教师只有自觉、主动地反思，才能够及时发现教学中的缺点和不足，并且能够关注到自身原有的观念和理论是否符合学生的发展和需要。同时，具备反思意识对教师的专业成长具有长远意义。

一方面，教师要不断更新教育观念。提升教师的反思意识的重要前提是教师主动树立对提问环节的反思观念。只有当反思这一观念存在于教师的脑海当中，教学过程中的反思行为才能实现，很多教师本身对反思并没有强烈的意向。促进反思意识的苏醒需要教师更新自身的教育观、教学观以及师生观，认识到教育的根本是为了学生的发展而不仅仅是为了成绩的提高，也要更加注重强调以学生为教学的中心，改变传统的以教师为主导的局面。教师还要更加尊重、理解学生，注重师生之间的沟通和交流。

另一方面，教师要努力培养问题意识。只有当教师具有问题意识，开始主动质疑、发现问题所在时，反思意识才会发展。当提问环节出现问题时，教师可以在课后通过反思来验证自身的教学设计与实施，不断增强自身的反思意识从而促进反思能力的提高。此外，教师还应增强自身批判质疑能力，改变过去将教科书看作权威的错误观念，在设计提问环节的过程中也要加入自身的思考和理解，不能绝对服从书本上的内容。教师对提问环节更应该反复观察、思考、质疑以及评价，不断提出各种问题并想方设法解决问题，在这个过程中逐步提升自身对提问反思的意识和能力。

第八章　深度学习视域下小学语文背诵研究

第一节　背诵概述

一、背诵的内涵

从字面上看，背诵可以简单理解为凭借记忆在不看原文文本的情况下用高低抑扬的腔调有感情地将文本内容诵读出来。细细琢磨，“背”重记忆，“诵”重表达和感悟。一般认为，“背”是将呈现的文本材料通过一定的方式方法熟记下来，并且能够在不看原文材料的情况下回忆出原文内容；“诵”贯穿于“背”的全过程，可分为“前诵”和“后诵”。“前诵”可以简单理解为依赖于文本的诵，此时的“诵”是对文本的朗读，在读的过程中对文本进行理解，加深对文本的感悟和思考，借助“诵”来达到记忆的目的，“后诵”是指脱离文本的诵，此时强调在不看原文文本的情况下能够有感情地将原文诵读出来。“诵”更重情感和体悟，包含对文本的理解，背诵即借助声音的形式有感情地再现一个文本。

对于背诵的理解，不应该局限在“记住内容，在脱离原文的情况下念出来”这种浅层理解的视域中。背诵是一个完整的过程。背诵的过程包含着学生对呈现的文本材料的理解和感悟，包含着学生对语言的存储、消化、加工、提取和应用。在语文教学中，背诵是学生通过对语言文字材料的朗诵和理解，将内容输入到大脑之中，在不断地朗诵、学习和记忆中，结合自身的经验，加深理解和感受的过程。

在课堂教学中，教师不能片面地以学生读一节课来指导背诵，对文本的分析和鉴赏也同样重要，背诵的真正意义在于体悟和应用。小学语文背诵的内容主要是汉语言文字及其作品，其具有较强的情感性和文化特性；此外，小学语文背诵的主体主要是小学生，其记忆处于由机械记忆向理解性记忆转化的阶段，因而小学阶段的语文背诵要突出学生对汉语言文字及其作品的情感领悟和文化渗透，注重理解和感悟，体现学生对语言文字的存储、消化、加工、提取和应用，实现由机械记忆向理解性记忆的转化。

二、背诵的要素

背诵的要素主要有朗读、理解、记忆和感悟。大多学者和教师容易忽视背诵的理解和感悟，窄化了背诵的内涵。理解，作为背诵的要素之一，是背诵的有效基础。在现实的语文背诵教学中，经常会出现学生死记硬背的现象，即忽视了作为背诵要素之一的理解。感悟，是背诵的高级要求，是背诵的思维方式，强调在背诵的过程中有所体会和感悟，能够有自己的新的思考和创造。

（一）朗读

背诵作为一种吸收语言和培养语感的学习活动，离不开朗读。朗读是一种将文字转化为有声言语的活动，要求读者运用普通话，清晰明亮地将文章中的语言文字有感情地朗读出来。读者在朗读文本的过程中，可以初步体会文章的大意，在反复地熟读之后，增加对文本语言词汇的记忆，加深对文章的理解，达到背诵的程度。

1. 朗读的规范性

《课标》对学生的朗读做出具体的要求，即朗读要正确、流利、有感情。朗读要求学生在读书时大声地读，声音要洪亮，速度要舒缓。不读错一个字，不牵强地去暗自记忆。学生在读的过程中要对每一句话进行仔细地体味，对文本内容反复地琢磨和思考。朗读的正确性、流利性对应着背诵的准确性、流畅性。

2. 朗读的一致性

朗读要求做到心口一致。“口诵心维”，即朗读时要用心思考，综合运用眼、口、耳等多种感官，全身心地投入作品之中，与文本交流，与作者交流，形成自己独特的思考和感受。只有这样，学生才能在专注中进入情境，对文本的理解更深刻，背诵也就更有效了。

3. 朗读的节奏性

朗读的规范性和一致性重在论述朗读之中的理解、体味和感受，体现了背诵之中的“背”，而朗读的节奏性则体现着学生的出声“诵”。“诵”带有高低起伏、抑扬顿挫的腔调，节奏亦是带有一定规律性的变化。朗读时，学生需要适当地停顿和留白，可以根据课文的标点符号和段落分布进行停顿，朗读语速不宜太快。此外，学生也可以通过重音和语调的变化来突出某个词汇，起到强调的作用。

（二）理解

要想摆脱死记硬背，理解的成分必不可少。理解具有非常丰富的内涵。理解不仅仅是明白、懂得意思，更要能够应用知识，是创新的基础和前提，因为只有理解了知识才能应用知识，只有理解了已有知识才能创造出新的知识。浅层次的理解停留在知道、了解，而深层次的理解则是一种运用知识的能力，是与死记硬背和固定答案相悖的一种实践能力。从这个方面来看，理解的过程与背诵的过程是相吻合的。在理解基础之上的背诵才有深度，才能脱离死记硬背的困境，凸显其真正的价值。

根据心理学中有关记忆的规律，记忆效果与对记忆材料的理解程度成正比，有意义材料比无意义材料的遗忘速度要慢。学生理解程度越深，效果也就越好，遗忘速度也会更慢。因此，学生在理解之上进行背诵，更容易掌握知识之间的联系，不断地更新和构建自己的知识库，这样在需要背诵时再现和提取也就更加迅速和流畅。

理解是学生内化知识的过程，学生在朗读时以语音的形式输入信息，通过听觉系统和大脑的认知加工，将感知的语音转化为信息。理解重在将语言材料与学生个体固有的知识经验结合起来，对文章的内容有更深入的理解，与文本产生共情，与作者对话。对于低阶段的小学生而言，其理解能力有限，背诵大多是机械式的背诵，但对于高年级的学生而言，背诵中理解的部分应该慢慢增多，如若不然，其后果大概就是慢慢演变成死记硬背。

（三）记忆

背诵，即有意识地对语言材料进行记忆，记忆是背诵的内在核心。国外研究者通常从认知心理学角度将“背诵”等同于“记忆”。记忆是人脑对经历过的事物进行识记、保持、再现和再认的过程。记忆与背诵相吻合，也是一个完整的过程。由“记”到“忆”是学习者进行完整思考的过程。“记”是储存知识内容的过程，而“忆”则是提取和使用知识内容的过程。背诵是以感官形式将信息内容登记在感觉寄存器，通过“诵”的刺激，信息被注意到则进入短时记忆，通过多次的诵读，个体对文本内容加以加工、整合和利用，以顺利存入长时记忆。最后，通过顺利提取长时记忆中的信息，学生以“诵”的形式有情感地出声地进行表达。

记忆首先要进行编码。编码是信息获取、个体经验获得的过程，相当于“记”的过程。编码的层次和水平不同，主要有视觉编码、听觉编码和语义编码。同时运用多种编码方式，学生可以更好地分析新内容。其次是存储，是人脑对经历的活动、感受和经验的保持。要想存储保持时间持久，就需要反复朗读和理解。最后是提取，学生在接收到某种刺激时，对头脑中的知识进行回忆。记忆的提取能力十分重要，这关系到学生对于背诵过的内容是否能够应用。小学阶段的学生记忆力强，因此需要好好进行开发和利用，这也说明了小学阶段语文背诵是有必要性和可能性的。

（四）感悟

在传统的观念当中，背诵倾向于训练而甚少关注学生的感悟。所谓感悟，是“外感”到“内敛”的过程，是有所感，而致有所悟。作为一种心理能力，感悟是学生主动体会、吸收和内化语言的过程，是学生将外部信息和已有的内部信息相结合并产生自己独特的新思想的过程。感悟，是背诵的高级要求。主体在理解、记忆的基础之上，结合已有的知识经验，对文本逐步产生深入的感悟，创造性地获得新的感受和发展。感悟强调经验反思，其发展有一定的机制，对学生的认知水平要求较高。

要改变传统观念对背诵的桎梏，感悟理应受到更多的重视。当学生对背诵的文本具有一定的感悟时，其与文本之间即产生了对话，学生能够深刻地感受和感知文本所蕴含的情感。在此基础上，个体结合自身的经验，能够对背诵文本所蕴含的内容有更为深刻的印象，那么感悟也就更多、更独特，创新能力也就越强。与朗读、理解、记忆相比，感悟具有无形的特征，不易被观察和被量化，因而难以被教师所把握。同时，感悟具有鲜明的个体独特性，是每个不同的个体在各自的经验基础之上对文本的感受和体会，具有一定的个体差异性，如若使用量化指标来评价感悟，那么背诵甚至整个语文教学将走向模式化。因此，在背诵中要多鼓励学生自主地进行多元化解读，肯定学生独特的感悟。

三、背诵教学的历史发展

教育的发展经历了漫长的时间。原始社会的教育是生活经验的口耳相传，这些生活经验大部分由长者通过实际活动言传身教，先记忆后领悟模仿得以延续的。直至文字出现，学习机构才产生，最初的学校开始萌发。

（一）古代教育时期

中国古代教育以私学和官学为主要形式。不论是私学还是官学都十分注重背诵。

1. 私学注重启蒙教学，以蒙养教育为代表

蒙养教育是中国古代的基础教育，一般指现在的小学教育阶段。蒙养教育十分注重背诵，从教材与教学方法上可以看出。

蒙养教材可分为以下几种类型，涵盖各种常识的识字课本，如《三字经》《百家姓》《千字文》等。《三字经》三字一句，四句一组，短小精悍，朗朗上口，内容上大多采用韵文，取材典范，非常适合背诵。《百家姓》是一本关于中文姓氏的书，它的次序不是各姓氏人口的实际排列，而是这样读来顺口，易于背诵。《千字文》是由一千个不重复的汉字组成的韵文，四字一句，对仗工整，语句平白如话，易诵易记。这些识字课本，通常要求全篇背诵。诗文教学的课本有《千家诗》《唐诗三百首》《训蒙诗百首》《小学诗礼》等等。诗文教学的课本注重培养学生的文辞能力与审美能力，选择适合儿童的诗词歌赋，符合他们的年龄特征，且易于背诵。历史知识课本有《蒙求》《史学提要》《十七史蒙求》等。这些课本句式多是四言，对仗工整，押韵，便于记诵。伦理道德课本有《小学》《弟子规》等。《弟子规》三字一句，两句一韵，内容涉及生活起居、行为礼仪等，非常适合儿童背诵。各类蒙养教材韵律自然，语句朴实，颇有情趣，易于记诵，为学生背诵学习奠定了基础。

蒙养教育主要采用注入式教学法。上课时，先生首先示范读书，学生跟着念。然后学生自己大声朗读，通过反复朗读，达到自然成诵。大多时候，学生可能并不理解其中的意思，但必须要先记诵。古时对背书要求十分严格，不仅注重背诵的结果，更注重读书习惯的培养，朱熹曾说："余尝谓读书有三到：谓心到、眼到、口到。"只有同时做到三者，背诵效果才好，才能记得牢，记得久。古人读书还注重诵读的腔调，他们在读书时必须大声诵读，字字读得响亮，声音抑扬顿挫，带有很强的感情色彩。古人在读书时常常摇头晃脑，以肢体动作配合读书的节奏，既把书中的韵律表现出来了，也加强了记忆。

2. 官学是封建王朝培养人才的主要场所

官学的办学目的是培养各种封建统治人才，学生的最终目的是参加科举考试，供朝廷之用。隋唐科举常科主要为明经、进士两科。明经所考内容为儒家经典，《唐六典》卷四《尚书礼部》记载"凡正经有九：《礼记》《左氏春秋》为大经，《毛诗》《周礼》《仪礼》为中经，《周易》《尚书》《公羊春秋》《穀梁春秋》为小经。通二经者，一大一小，若两中经；通三经者，大、中、小各一；通五经者，大经并通；其《孝经》《论语》《老子》并须兼习。"由这些记载可以看出学生为了考试要背诵相当数量的经典。关于考试的方法，明经重帖经、墨义，注重强记博诵。《新唐书卷四十四·志第三十四·选举志》记载"凡明经，先帖文，然后口试，经问大义十条，答时务策三道，亦为四等"。其中"贴文"在

《通典卷十五·选举三·历代制下》解释为"帖经者，以所习经掩其两端，中间开唯一行，裁纸为贴，凡帖三字，随时增损，可否不一，或得四得五得六者为通"，相当于现在考试中的填空与默写。帖经与墨义都要求熟读、背诵经传及注释。

宋代科举所考内容及考试方法同唐代相似，直至宋神宗时废除了帖经、墨义等传统科目，改成经义。把《易官义》《诗经》《书经》《周礼》《礼记》称为大经，《论语》《孟子》称为兼经，考试时大经与兼经是必考科目，这些书为考生的必背书。

明清时期的科举考试主要考八股文，题目来源于"四书五经"，解释必须以朱熹《四书集注》为准。学生须熟练掌握"四书五经"，并且要熟读、背诵比原文更多内容的注释。

由于古人十分重视背诵，还出现过不少关于背诵的名人轶事。《汉书·艺文志》："诗三百五篇，遭秦火而全者，以其讽诵，不独在竹帛故也。"《后汉书》记载王充幼时学习，"好博览而不守章句，家贫无书，常游洛阳市肆，阅所卖书，一见辄能诵忆，遂博通众流百家之言"。曾国藩曾多次在给儿子的书信中教导孩子要多背诵，他给儿子规定的每日功课就是"习字、熟读、背诵、作文"，对于自己所选文章，教导他的儿子要抄写、熟读、背诵。

《中国语文教育史纲》中记载古代学习语文的方法第一点便是"记诵和积累"，并解释到"记诵就是多诵读，边读边记"。综上所述，在中国古代教育发展中，背诵这一教学方法备受重视，经久不衰。不论是孩童的启蒙教育还是正规的科举考试，不论是学习的教材还是教学的方法，都十分注重培养学生的背诵能力。

（二）近代教育时期

中国的近代社会从1840年鸦片战争开始，随着大变革时代的到来，教育发生了翻天覆地的变化，背诵这一历史悠久的教学方法也经历了较为曲折的发展过程。

1902年清政府颁布了中国近代第一个学制"壬寅学制"，亦称《钦定学堂章程》，其中《钦定蒙学堂章程》中提到了背诵，"凡教授之法，以讲解为最要，诵读次之"。古时学习，先生最重诵读，而讲解是次要的，有时甚至不进行讲解，只要求背诵，这里虽要求背诵，但更注重讲解，背诵要在理解的基础上进行，不可死记硬背。1904年清政府颁布了《奏定学堂章程》，教学中依然注重读经，注重背诵。章程的细则中明确写到"中小学堂，宜注重读经，以存圣教"，"在学堂时，经书必宜诵读讲解。各学堂所读有多少，所讲有浅深，并非强规一致。极之由小学改业者，亦必须曾诵经书之要言，略闻圣教之要义，方足以定其心性，正其本源"。

辛亥革命推翻了中国两千多年的封建制度，建立了中华民国。1912年9月南京临时政府教育部颁布《小学校令》，在全国小学废止读经科，背诵这一传统的学经方法遭受了打击。同年发布《小学校教则及课程表》（以下简称《教则》），规定初等小学和高等小学均设立国文科，内容包括读法、书法、作法和练习语言。《教则》中提到在学习国文时，要默写短句短文。这里没有明确提到背诵，然而默写必须以背诵为前提，体现了背诵的重要性。且《教则》中强调读与默写是可以运用到写作中，提高习作能力的，由此可以看出背诵是有利于提高学生阅读及写作能力的。

这一时期一些专家学者对背诵也颇有见解。朱自清在文章《再论中学生的国文程度》中提到“国文科若只知养成学生写作的技能，不注重他们了解和欣赏的力量，那就太偏枯了”而“了解和欣赏是诵读的大部分目的”。他还主张“中学生应该诵读相当分量的文言文，特别是所谓古文，乃至古书，这是古典的训练，文化的教育”。

四、语文教学对背诵的要求

中华人民共和国成立以来，语文教学依旧十分注重背诵。从小学语文教学大纲到义务教育语文课程标准以及语文教材都对背诵有明确的要求。

（一）教学大纲、课程标准对背诵的要求

语文教学大纲是国家教育行政部门制定的语文教学指导性文件。中华人民共和国成立后一共颁发过五次。从 2001 年开始以课程标准代替教学大纲，相对于教学大纲，课程标准对课程的理念、目标、实施建议等部分的阐述更为具体、明确。

1. 第一阶段（1956—1987）

从 1956 年到 1987 年之间，国家教育行政部门共颁布了四个教学大纲，分别是 1956 年的《小学语文教学大纲（草案）》、1963 年的《全日制小学语文教学大纲（草案）》、1978 年的《全日制十年制学校小学语文教学大纲（试行草案）》、1987 年的《全日制小学语文教学大纲》。这四个教学大纲从整体上说主要从两个方面对背诵做出了明确的要求。第一，为了提高学生的语文水平，要重视背诵。认为背诵不仅可以帮助学生理解课文，提高阅读能力，还可以帮助学生积累知识，提高写作的能力。第二，对背诵的要求是能背诵指定的课文。如 1956 年颁布的《小学语文教学大纲（草案）》针对每个学年都做出了具体的规定，背诵内容从简单的诗歌到散文再到寓言，逐步加深。1963 年颁布的《全日制小学语文教学大纲（草案）》规定背诵的数量要针对每个学段的课文情况做出不同要求，如一年级能背诵全部课文的 90% 左右，二年级能背诵全部课文的 80%，等等。

2. 第二阶段（1992—2011）

1992 年颁布的《九年义务教育全日制小学语文教学大纲（试用）》首次对小学阶段应当背诵的古诗文数量做了规定，包括课文总共不少于 150 篇，并在附录部分添加了古诗词背诵推荐篇目 80 篇。2001 年颁布的《全日制义务教育语文课程标准（实验稿）》，要求一到六年级学生背诵古今优秀诗文 160 篇（段），并附有推荐背诵篇目 70 篇。2011 年颁布的《义务教育语文课程标准（2011 年版）》要求学生背诵相当数量的古今优秀诗文，其中小学阶段需要背诵的数量是 160 篇，并附有推荐背诵篇目 75 篇。这三个大纲或标准对背诵的要求体现出以下几个特点。第一，首次对小学阶段学生需要背诵的古诗文数量做了硬性要求。从具体数字可以看出语文教学对背诵的要求越来越高。第二，附录给出了推荐学生背诵的古诗文具体篇目。这些篇目以诗为主，涵盖了汉乐府、北朝民歌、唐诗、宋

诗、宋词、清诗等，其中唐诗最多。1992 年版的教学大纲推荐篇目共 80 篇，唐诗 55 首，占比 69%。2001 年版的语文课程标准推荐篇目共 70 篇，唐诗 43 首，占比 61%。2011 年版的语文课程标准推荐篇目共 75 篇，唐诗 45 首，占比 60%。第三，关于现代诗歌、散文及外国文学没做具体要求，主张由教科书编者和任课教师推荐。

（二）部编版语文教材对背诵的要求

1. 规定背诵的篇目

（1）一年级。

诗歌：以课文形式出现的诗歌有《金木水火土》《对韵歌》《江南》《画》《静夜思》《古对今》《人之初》《池上》《小池》；以日积月累形式出现的诗歌有《咏鹅》《悯农（其二）》《古朗月行（节选）》《风》《春晓》《赠汪伦》《寻隐者不遇》《画鸡》。

白话文：《秋天》《小小的船》《四季》《大小多少》《升国旗》《比尾巴》《雪地里的小画家》《春夏秋冬》《姓氏歌》《荷叶圆圆》。

（2）二年级。

诗歌：以课文形式出现的诗歌有《登鹳雀楼》《望庐山瀑布》《夜宿山寺》《敕勒歌》《村居》《咏柳》《晓出净慈寺送林子方》《绝句》；以日积月累形式出现的诗歌有《梅花》《小儿垂钓》《江雪》《数九歌》《赋得古原草送别》《悯农（其一）》《二十四节气歌》《舟夜书所见》。

白话文：《植物妈妈有办法》《场景歌》《树之歌》《拍手歌》《田家四季歌》《黄山奇石》（第 2 ～ 5 自然段）《日月潭》（第 2 ～ 4 自然段）《传统节日》《雷雨》。

（3）三年级。

诗歌：以课文形式出现的诗歌有《山行》《赠刘景文》《夜书所见》《望天门山》《饮湖上初晴后雨》《望洞庭》《绝句》《惠崇春江晚景》《三衢道中》《元日》《清明》《九月九日忆山东兄弟》；以日积月累形式出现的诗歌有《所见》《早发白帝城》《采莲曲》《忆江南》《滁州西涧》《大林寺桃花》。

文言文：《司马光》《守株待兔》。

白话文：《秋天的雨》（第 2 自然段）、《大自然的声音》（第 2、3 自然段）、《燕子》（第 1 ～ 3 自然段）、《荷花》（第 2 ～ 4 自然段）、《花钟》（第 1 自然段）、《溪边》《火烧云》（第 3 ～ 6 自然段）。

（4）四年级。

诗歌：以课文形式出现的诗歌有《暮江吟》《题西林壁》《雪梅》《出塞》《凉州词》《夏日绝句》《四时田园杂兴（其二十五）》《宿新市徐公店》《清平乐·村居》《芙蓉楼送辛渐》《塞下曲》《墨梅》；以日积月累形式出现的诗歌有《鹿柴》《嫦娥》《别董大》《卜算子·咏梅》《江畔独步寻花》《蜂》《独坐敬亭山》。

文言文：《精卫填海》《王戎不取道旁李》《囊萤夜读》。

白话文：《观潮》（第3、4自然段）、《走月亮》（第4自然段）、《繁星》《绿》。

（5）五年级。

诗歌：以课文形式出现的诗歌有《示儿》《题临安邸》《已亥杂诗》《山居秋暝》《枫桥夜泊》《长相思》《四时田园杂兴（其三十一）》《稚子弄冰》《村晚》《从军行》《秋夜将晓出篱门迎凉有感》《闻官军收河南河北》；以日积月累形式出现的诗歌有《蝉》《乞巧》《渔歌子》《观书有感》（其一、其二）《游子吟》《鸟鸣涧》《凉州词》《黄鹤楼送孟浩然之广陵》《乡村四月》。

文言文：《少年中国说（节选）》《古人谈读书》《自相矛盾》《杨氏之子》。

白话文：《白鹭》《四季之美》。

（6）六年级。

诗歌：以课文形式出现的诗歌有《宿建德江》《六月二十七日望湖楼醉书》《西江月·夜行黄沙道中》《七律·长征》《浪淘沙（其一）》《江南春》《书湖阴先生壁》《寒食》《迢迢牵牛星》《十五夜望月》《马诗》《石灰吟》《竹石》；以日积月累形式出现的诗歌有《过故人庄》《春日》《回乡偶书》《长歌行》；古诗词诵读有《采薇（节选）》《送元二使安西》《春夜喜雨》《早春呈水部张十八员外》《江上渔者》《泊船瓜洲》《游园不值》《卜算子·送鲍浩然之浙东》《浣溪沙》《清平乐》。

文言文：《伯牙鼓琴》《学奕》《两小儿辩日》。

白话文：《草原》（第1自然段）、《月光曲》（第9自然段）、《少年闰土》（第1自然段）、《匆匆》《为人民服务》（第2、3自然段）。

2. 背诵篇目分析

需要背诵的诗歌总数是118首，其中以课文形式出现的66首，文言文总数12篇，白话文总数36篇，总计需要背诵篇目166篇，其中以课文形式出现的114篇。部编版教材（2020版）一至六年级的课文总篇数是313篇，其中需要背诵的课文就占了36.42%，超过了课文总数的三分之一。由此可见，这版教材对背诵的要求还是很高的，尤其重视诗歌的背诵。除了课文之外，每本书中语文园地的“日积月累”版块都是需要背诵的，“日积月累”版块中需要背诵的诗歌总数为52篇，需要背诵的名人名言、古诗名句、谚语、歇后语等粗略统计共107句，需要背诵的成语75个。从这些数据中不难发现，教材对背诵的要求非常高。

五、背诵对语文教学的作用

《课标》明确指出“语文课程是一门学习国家通用语言文字运用的综合性、实践性课程”。语文课程要重视培养学生学习运用国家通用语言文字的能力。语文能力通俗来说就是听、说、读、写四种能力，而背诵作为一种行之有效又历史悠久的教学方法，对这四种能力的培养都是有十分重要的作用的。

（一）提高听力水平

在语文教学中，听力是指运用听觉器官倾听他人说话的一种能力。倾听是一个接收—分析—思考的过程，这个过程中需要运用到学生的记忆及理解能力。在听的过程中为了准确接收他人表达的语言信息，首先人们要在短时间内记住他人表达的信息要点，不能过耳即忘；其次人们要处理所接收到的信息，运用理解力去分析他人说话的含义、重点、感情色彩等；最后人们需要认真思考，整理判断出他人想要表达的话外之音。因此，好的记忆力与理解力是提高听力水平的关键所在。背诵可以增强记忆力，提升听话效率。背诵需要眼、耳、口、脑并用进行记忆，它是一个不断重复的过程，有助于刺激大脑的记忆神经，从而增强记忆力。记忆力越强，人们在倾听时接收的信息就越多，这样人们在对他人表达的信息进行整理的时候就能及时提取出有效信息，删除无关信息，从而提高听话效率。背诵可以增强理解力，保证听话的准确性。俗话说“打雷听声，听话听音”，说话是一门艺术，有的人比较含蓄，说话不会直接将自己的想法表达出来，这就需要人们在倾听的过程中去理解他人想要表达的真正意思、说话重点及说话时的感情色彩。背诵是一个加深理解、强化理解的过程，读得多了，记得牢了，自然能加强理解力。背诵能增强人们的理解力，帮助人们在倾听时正确理解他人想要表达的含义，保证听话的准确性。

（二）培养说话能力

说话是一种口头表达能力，目的是要他人听懂自己所要表达的信息，它是一个信息传递的过程。而背诵是把书面的语言变成口头语言表达出来，它是提高口语表达能力的有效手段。

背诵能够积累语言，增强人们选词表意的能力。说话是一种态度的表达，要选择合适的语言表达想要传递的信息，这是一种正确使用语言的能力，需要丰富的语言储备，而背诵是积累语言的最佳方式。背诵各种作品材料能够进行语言的原始积累，而且学生背诵大量的名篇佳作，从中积累的都是最规范的语言素材，熟记大量的词汇、句式及表达技巧，从而提高了说话水平。

背诵能够促进思维发展，增强表达能力。背诵是一个需要眼看、耳听、口诵、脑记同时进行的复杂过程，不断重复这样一个过程有利于训练大脑机能，发展思维能力。人们在进行口语表达时需要有灵活的思维能力去组织大脑中储备的语言。

背诵能够训练发音，增强运用语言的能力。口语表达对普通话的要求很高，人们在日常生活中可能受方言及一些网络用语的干扰，在说话时表述往往不够正式、精练，有时甚至词不达意。而口语表达恰恰需要发音准确、字正腔圆，这样才能表达得体。背诵是一个发声的过程,诵读时要字音准确,声音洪亮,这有利于训练学生大方自然地表达自己的能力。

（三）发展阅读能力

阅读是一个主动获取知识的过程。在语文教学中，阅读能力是学生学好语文不可或缺的能力，《课标》对学生的阅读能力有明确说明，指出小学生应该具有独立阅读能力，要求小学生能阅读日常的书报杂志，可以初步鉴赏文学作品。背诵是一种有效提高阅读能力的方式，它与阅读具有不可分割的联系。

背诵能够扩大学生的识字量，增强学生的认读能力。认读能力是指对文字符号的感知能力，是指学生能准确和迅速地辨认语言文字，了解这些文字符号所代表的意义。生字生词是学生阅读过程中的一大障碍，尤其是小学生，他们的识字量非常有限，在阅读时难免遇到困难。而背诵是一种很好的识字方法，古时学生就有专门的识字读本，如“三百千千”，学生通过背诵这些读本来集中识字。而现在学生也可以通过背诵名言名句、成语俗语以及诗词儿歌等，认识更多的字，扩大知识面，减少阅读中的障碍，提高阅读的能力。

背诵能够培养学生的审美能力，提高阅读的品质。值得背诵的文章可以说都是佳作，它们吸引你的或许是优美的语言，或许是巧妙的构思，或许是华丽的修辞，又或许是深邃的感情。无论是哪一样都能给人们以美的感受。背诵这些美文，可以让学生认识美、理解美、体验美，培养学生鉴赏美的能力。这样，学生在阅读中，就能更好地理解文本的内容，发现作品的美，丰富阅读时的情感体验。声情并茂的阅读才能将作品的美呈现出来。

（四）加强写作能力

写作是一种书面表达，是一个运用语言文字反映事物、表达情感、传递知识的过程。《课标》的要求是“能根据需要，用书面语言具体明确、文从字顺地表达自己的见闻、体验和想法”。背诵是一种提高写作水平的好方法。背诵许多优秀的文章，不仅可以积累写作素材，还能获得一些布局谋篇的能力。

背诵可以积累素材，充实写作内容。一篇好的文章需要有很多的材料来支撑，这样才不会显得空洞。古人作诗写文章喜欢用典，因为用典不仅可以充实内容、委婉表意，还可以使文章立论有据，更有说服力。习近平同志在讲话时就常常引经据典。据此，人民日报评论部还专门编著了《习近平用典》，号召每位党员群众学习理解习近平同志的思想精髓。学生从小学开始就会接触到很多优秀作品，从古至今都有，适当地挑选背诵可以积累丰富的知识，这些知识都可以运用到写作当中，只有背诵的东西多了，积累的材料够丰富了，写作时才能胸有成竹，才能“下笔如有神”。

背诵可以积累写作技巧，增强布局谋篇的能力。写作是一个复杂的富有创造性的脑力劳动过程。从信息的收集积累到文章的立意谋篇再到用语修改等，每个环节都十分重要。而背诵除了能帮助积累材料及语言外，还可以提高学生布局谋篇的能力。布局谋篇简单来说就是围绕文章中心组织材料，选择表达方式、修辞及适当的运用句式等。背诵经典著作、名人文章，可以学习、吸取很多的写作表达技巧及修辞方法。例如朱自清的《春》，这篇散文十分简短，但在修辞的运用上达到了极致。全篇仅三十个句子，却有二十多处运用了修辞手法，有拟人、叠音、反复、排比、比喻、通感、引用、对偶等。学生在背诵这篇文章时，可以反复琢磨这些修辞，将这些知识内化成自己的知识，运用在写作上。

第二节　深度学习视域下对小学语文背诵的要求

一、背诵的语言理解

深度学习者与浅层学习者区别之一在于，深度学习者在阅读和记忆时运用了理解的高水平认知加工方式，而浅层学习者则运用了机械记忆。深度学习要求学习者的记忆方式为“在理解的基础上记忆”，因此深度学习要求学生在学习和背诵的全过程中贯穿理解，逐步实现由表层理解向深层理解的转化。

真正的理解意味着能够以新的方式对知识加以利用。如果局限于死记硬背，那么并不是真正地掌握了知识，这种死记硬背并未深入到理解的层次，学生的思维也未得到相应的提升。深度学习的基础不是获得知识，而是理解的发生。因此，教师在教学之中首先应该帮助学生理解教学内容，并运用适宜的记忆策略帮助其进行有意义的记忆，而不是简单地机械记忆。

背诵是学生有意识地对语言材料进行记忆的过程，学生在深度学习的过程中要强化对文本语言的理解，从整体上进行把握，架构起一个完整的知识框架和逻辑体系，而不仅仅是孤立、零散的记忆。

有学者曾对人的记忆力和理解力与年龄之间的关系进行了研究，发现人的记忆力在年龄小时强，年龄增大了，记忆力反而变弱；而理解能力在年龄小时弱，随年龄增大而增强。因此，小学生在记忆力方面是十分占优势的，但理解力相似。同时，“机械识记”和“意义识记”与年龄也具有相似的关系：年龄越小，机械识记能力越强，年龄越大反而较弱；意义识记能力在年龄小时较弱，随年龄增大而增强。这表明，学习者在年龄小时更容易因为记忆力的优势，在未理解的基础上机械识记，深度学习对此提出了理解的要求。小学生要逐渐转向意义识记，增强背诵的语言理解。

二、知识的深度加工

知识的深度加工是指在对文本反复理解的基础上进行批判性思考和反思性建构。批判性思考和反思性建构的对象即被反复理解的文本。深度学习强调对知识的深度加工和理解，重视高阶思维的批判性发展和学习过程的反思性建构，需要学习者能够自我转换和内化知识。

背诵在应然状态下，即对呈现的语言文字材料进行理解、记忆和感悟内化的过程，包含着学生对语言的存储、消化、加工、提取和应用。深度学习认为被动地接受知识容易导致学习者缺乏对知识的思考和再加工。因此，在进行背诵之前，学生应该先对背诵篇目进行一个深入的学习，对背诵知识的深度加工应该包含对知识进行理解和感悟的过程。

学生在背诵相关文本材料时，绝不仅仅限于简单机械式地重复记忆文字，只熟记文字是低级的浅层学习，对于高学段的学生来说，这种浅层学习不能很好地发展其思维能力。因此，对于具有一定认知水平的学生来说，背诵学习的过程中需要深度学习的参与，需要学生对知识进行深入的理解和思考，注重高阶思维的训练和发展，从而提高认知能力。

在心理学上背诵被理解为一种记忆活动，而记忆系统恰好加工和组织一个人所拥有的全部知识。背诵最需要的是长时记忆。新信息的呈现引起学习者的注意，被注意到的信息首先进行登记，保持时间非常短。一部分被注意到的信息会消失和遗忘，一部分信息能够进入短时记忆系统；进入短时记忆系统的信息如果想要进入长时记忆，则需要学习者对信息和知识进行深度加工。经过人脑深度加工过的知识和信息，更容易储存到长时记忆当中。深度学习要求学生对背诵文本进行全方位加工，以便背诵文本更易储存到长时记忆之中，增强记忆的长久性和牢固性。

三、积极的背诵态度

深度学习十分重视学生的学习情感，强调以内在学习需求为动力。因此，学生在对待背诵和学习时，要树立正确的学习动机，以正确积极的态度对待背诵，以达到良好的背诵效果。

心理学认为，知识的掌握与学习者学习动机的强弱有着十分密切的联系。学习动机直接影响着学习者学习的动力，倾向于引发并维持学习活动。要想长期进行有效的背诵，积极的学习动机和态度是必不可缺的。学习者要正确认识和理解背诵之于语文学习的重要性，以内在学习需求作为背诵的动机。学生如若不拥有积极的背诵态度，反而消极地看待背诵，势必会减弱背诵的兴趣。此外，背诵贯穿于语文学习的始终，在如此之久的背诵中，如果学生感受不到学习的意义，无法保持较强的学习动机和良好的学习情感，那么学习将始终浮于表面，无法达到一定的高度和深度。处于小学阶段的学生，其学习情绪容易因教师的批评或表扬产生波动，受外部影响较大。基于此，教师要逐渐引导学生将对学习的态度由外部要求转为内在自身需求，培养学生学习的主动性和良好的学习态度。

四、良好的应用能力

深度学习之深在于重视知识在真实问题中的迁移性应用，其要求学习者能够在不同的真实情境中学会变通，灵活巧妙运用知识。应用意味着学生能够将在一种情况中获得的知识应用到另一种情况中，达到解决问题的目的。在此过程之中，学习者的批判性意识、创造性思维和合作能力等方面得到进一步发展，从关注知识的获得到聚焦知识应用的能力。此运用能力是衡量学习深浅和效果好坏的重要指标。要应用知识首先需要学生有所可用，厚积而薄发，背诵作为储存语文知识的一种重要方式，为学生累积了大量的知识。同时，应用背诵内容是语文背诵的必然回归之旅。具体来说，学习者应该在理解情感、熟练记忆的基础上累积大量的知识，并将背诵过的优秀语句和文章灵活应用在日常生活、写作、比赛中，让自身的表达更加生动和准确，写作的语言更加优美。在日常小学语文教学中，教师要关注学生运用能力的输出，在阅读理解、口语交际、作文、主题演讲、语文园地等板块中加强背诵内容的输出，使学生在应用的过程中进一步悟化知识，形成良好的循环。

第三节　深度学习视域下小学语文背诵的问题及建议

一、深度学习视域下小学语文背诵问题分析

（一）背诵兴趣淡薄化

深度学习十分关注学生的学习情感体验，重视培养学生的学习兴趣。小学生喜不喜欢背诵和记忆是其学习兴趣的重要表现。兴趣与认识和情感相联系。兴趣会对人的认识和活动产生积极的影响，人们对某件事情或活动很感兴趣时，就会积极投入其中。人在投入的状态下，注意力会十分集中，大脑进入高度兴奋的状态，有利于提高记忆力，并且产生一定的情感联系，因此印象深刻。

学生在自我认知中对于背诵是存在一定兴趣的，这与小学生的记忆特点和小学语文背诵材料的特点有关。当被问及“你喜欢背诵吗”，16.19% 的学生表示非常喜欢。然而，当教师要求背诵某篇课文时，学生第一反应表示为很开心、喜欢背诵的仅为 5.65%。在访谈过程中，从教数十年之久的 F 教师表示，学生对背诵还是存在一定的厌烦和抵触心理的，只是在现阶段学生自己并未意识到，事实上，真正因为喜欢某篇课文而主动背诵的学生很少，最多也就是多看多读几遍。D 教师也表示，相较于低年段的学生，六年级的学生对背诵的兴趣更为淡薄。在无外界要求的情况下，学生主动进行背诵、主动进行自我监督和主动进行复习的积极性仍有待进一步加强，学生潜意识里对背诵的兴趣或许并不像学生自我认知中的那样浓厚。

随着年段的增长，背诵篇目难度加大、篇幅增长，内容也更具丰富性，这些使得学生不再像低年段时那样容易背诵，再加上学生如若对文章内容一知半解，更使得背诵越加枯燥乏味。如此循环反复，学生对背诵的兴趣会越来越薄化，背诵也流于一种形式，未能真正达到理想中的效果。这在一定程度上与深度学习注重学生在学习中具有良好的学习情感相左，导向浅层学习的表征。

（二）背诵目的功利化

深度学习重视激发和培养正向发展的学习动机，主张学生的学习由外部功利化逐步转化为自身内部的需求。通过调查发现，小学生背诵大多是为了完成教师布置的任务，或者为了在考试默写试题当中取得高分，背诵目的功利色彩浓厚，缺乏自身的内部背诵需求和目标。学生为了考试而背诵，长期如此缺乏主动性，一旦遇上较难课文，很容易产生放弃的想法。虽然默写在考试中占据一定的分值，但仅仅为会做那几题而背诵那么多的课文，如此功利化的背诵目的在学生自主意识强的阶段容易导致学生对背诵的厌恶情绪，甚至不惜丢掉分数。

背诵目的的功利化削弱了学生在课外主动背诵的积极性，调查数据显示仅仅只有12.71% 的学生表示经常会主动背诵教师没要求背诵，但自己喜欢的文章段落。在无外界要求的情况下，小学生主动背诵的积极性较弱。

教育目的功利化色彩如此之重，究其原因，与传统的自上而下的控制取向的教育价值观和应试教育的影响脱不了关系，这也是导致浅层学习的重要原因。传统的课堂教学观认为课堂教学的核心是教师对学生进行系统的知识传授，教师发挥着主导性作用。教师系统地讲解，学生系统地接受教师所传授的知识，这种控制取向的教学体制与应试教育的长期配合，导致教学目的的功利化。在如此影响之下，学生的背诵自然带有功利化色彩。况且，受到以分数为导向的教育评价体系的影响，学生如果想在考试当中拿到默写的分数，自然要熟练背诵相关内容，而试题的呆板性也会让学生更多地去死记硬背。

（三）背诵方式机械化

深度学习强调在理解的基础上记忆，注重背诵过程中对文本知识进行批判性思考和反思性建构。背诵，可以分为机械背诵和理解背诵。机械背诵可以理解为机械地重复朗读课文，直至能够将内容完整地背下来。机械背诵曾一度被批判为“死记硬背”，但这个问题需要辩证地看待。小学低年段的学生经常运用机械识记的方式，这不可避免。他们缺乏已有的经验，思维发展水平低，知识库存少。因此，这正是学生积累知识库存以为后续学习奠定基础的阶段。学生在低年段进行背诵时，经常使用反复朗读、熟读成诵等方法。而在中高年段的背诵方式现状调查中，反复读直至背下来仍然是当前背诵方式中占比最高的，这在一定程度上反映了学生背诵方式的机械化。在访谈中也发现，当前教师在让学生背诵时，大多也是让其多读几遍然后将文字内容记住，在课堂之上，有时候表现为给三五分钟的时间让学生将某首古诗或课文背下来。由于教学时间的紧迫，在实际的教学当中，对于简短的古诗词，教师一般会在课堂上给五分钟左右的时间让学生将其背下来，对于较长的课文，教师一般在课程快结束时将其作为一个学习任务布置下去，中高年段的学生背诵训练较为机械，学生在实际背诵中很少会融入一些背诵技巧和情境联想。这在很大程度上与深度学习在记忆方式上的要求相悖，导向浅层学习的机械训练和死记硬背。从前面的论述中，我们了解到深度学习与浅层学习在记忆方式上有很大的不同。深度学习要求基于理解进行记忆，并且在记忆时采用高水平的认知加工方式。显然，当前小学语文背诵方式未能达到深度学习的理想状态。

（四）背诵效果差异化

深度学习与浅层学习在学习结果上存在巨大的差异，深度学习学习效果更好。关于背诵效果的调查数据结果显示，超过 50% 的学生表示自己会背教材所要求背诵的课文。在了解考试中完成背诵默写试题的情况时发现，也有多于 50% 的学生表示能够在考试中正确完整地写出全部内容。这看似背诵效果较为良好，然而分析发现，某试卷默写试题分值总共为 5 分，全班共有 42 人参加了此次考试，其中得到 5 分的学生为 16 人，仅有

38.10% 的学生全部正确完整地填写了试题。这也说明学生对于自身背诵效果的认知存在一定的偏差，在填写问卷时未能很清楚地认知到自己的真实背诵情况。因此，学生实际的语文背诵效果存在较大的差异。一方面，大多数学生在呈现背“诵”时，并不能够完整流畅、有感情地背诵出文章的内容；另一方面，学生在进行默写时，也经常会出现多字、少字、错别字、字不会写或者想不起来内容等情况。

（五）背诵评价单一化

深度学习在评价方式上强调多元评价，而浅层学习则指向单一评价。通过访谈发现，当前教师对于学生背诵结果的检查和评价方式过于单一，E 教师表示，对于背诵的检测，在课堂上一般是以抽查的方式进行，会指名学生起来背诵，一般重点关注学生是否能够将内容完整准确地说出来，其次会关注学生在背诵时是否语言流畅，有些学生背诵得不熟练，就会吞吞吐吐的。而当被问到关于背诵的评价时，部分教师表示有些疑惑，超过一半的教师会在学生完整背诵后简单表扬一下学生，诸如“你背诵得很正确”“背得不错”“背得比较流利”。

从访谈了解到，当前小学语文背诵评价导向浅层学习单一评价的表征。其具体表现如下。首先，教师在对背诵进行检测时，注重学生能否在不看文本的情况下一字不错地说出内容，只注重背的结果。对于学生背诵的检查方式也较为单一，采用较多的是指名单独背诵、集体背诵或默写等传统方式，缺乏新颖的检查学生背诵的方式，也缺乏对学生理解和运用背诵内容的检测。其次，教师在评价和反馈背诵时，对于学生的“诵”缺乏评价。“诵”强调有感情地朗读，具有一定的抑扬顿挫，并且要求学生对文本材料有一定的理解和体会，结合自身的已有经验对文本信息进行认知加工，最后有感情地诵读出来。因此，教师不应该仅仅单一地评价学生背诵正确与否，更应该多元化、多维度地对学生的背诵进行及时反馈和有效评价。

二、深度学习视域下小学语文背诵优化建议

根据当前小学语文背诵现状的调查结果和问题分析，不难发现，当前的小学语文背诵仍然较多地采用机械记忆、死记硬背的方式，背诵在兴趣、目的、方式、效果和评价等方面呈现出以浅层学习为主的表征。为进一步优化小学语文背诵，结合深度学习的内涵、特征以及深度学习对小学语文背诵的要求，根据学习情感与投入程度、思维层次与记忆方式、知识体系和迁移应用等方面的要求提出以下几点建议。

（一）主动投入，强化背诵情感

1. 激发学生背诵兴趣，提高学生背诵热情

深度学习要求学习者首先对学习有较强烈的学习情感，对学习充满兴趣。而从前文的分析中了解到，小学生对于背诵具有一定的兴趣，但背诵兴趣不够浓厚，且从访谈和实际情况来看，随着年龄的增长和背诵内容难度的增加，学生的背诵兴趣越来越淡薄。因此，

教师要悉心呵护学生已有的背诵兴趣，并且最大限度地激发学生的学习兴趣，提升学生的背诵热情，让学生乐于背诵，享受背诵。美国学者海蒂对兴趣进行了类别划分，即个人兴趣和情境兴趣。前者是个体对某项事物的较稳定的偏好，具有持续地指向某一话题的内部动机的特征；后者指向于对周围环境的感受。从稳定性上看，个人兴趣更为持久，因而要注意引导学生由情境兴趣向个人兴趣转变，但在实际的教学中，这种转变是一个十分漫长的过程。考虑到情境兴趣相较于个人兴趣改变的可能性更大，应重在激发学生的情境兴趣。结合已有的研究结果，根据影响兴趣的因素入手，结合语文背诵的实际教学情况，提出激发学生背诵兴趣的几点优化意见。

（1）多样化呈现背诵文本。在背诵内容的呈现上，如若只是简单粗暴地将只有文字的背诵文本展示给学生，可想而知学生学习和背诵的兴趣会大大削弱。根据记忆的三大环节，不同的文本呈现方式会对学生信息编码产生不同的刺激，对于简单机械的呈现方式，学生受到的刺激小，编码能力弱；对于多样有趣的呈现方式，学生兴趣高，受到的刺激大，编码能力强。因此，教师要打破原有单一的文本呈现方式，结合学习材料的特点和学生的实际水平，灵活使用教材，激发学生的学习兴趣。

（2）适宜运用诱惑性片段。诱惑性片段是指有趣但对文本主题不重要的片段，这些片段相对于文本主题来说不是主要的内容，但却是容易让人记住的。因此，当背诵的文本较为枯燥时，可以呈现相关的诱惑性片段以增加学生的兴趣和热情，提高学生对文本学习的激情。当然，如果背诵文本本身内容丰富，趣味性强，则不适宜运用诱惑性片段。当诱惑性片段的使用并没有对主题文本起到促进作用，反而覆盖了原有主题文本的内容时，学生则更容易记住诱惑性片段的内容，对于主题文本的记忆反而减弱。因此，教师要结合具体的背诵文本，对文本内容进行详细地解读，结合学生的生活经验，适宜地运用诱惑性片段。

2. 正确认识背诵目的，重视内部学习需求

深度学习注重学生内部的自身需求，希望激发和培养学生正向积极的学习动机，主张逐步将学生的学习动机由外部功利化要求转向自身内部的需求。针对当前小学生语文背诵目的功利色彩浓厚的现状，教师首先要树立科学的背诵观，正确认识背诵在语文学习中的重大意义。在此基础上，教师可以慢慢引导学生树立正确的背诵观，端正背诵态度。背诵不应该为了“背”而“背”，而应该要有所感有所悟，以期能有所思考和有所积累。学生对背诵目的的认识也会影响学生对于背诵的兴趣，如果仅仅是因为完成作业、教师要求、考试需要等外部因素，长此以往，学生对于背诵的兴趣将会减弱。教师在教学中要引导学生明白背诵的价值所在，小学阶段是学生存储知识的基础阶段，而语文背诵正是学生储存知识的重要方法。并且，学生在背诵中能够通过感受优秀文化的熏陶累积语文核心素养，在人生的基础阶段形成正确的人生态度，丰富审美情感体验，完善人格品质。

3.培养良好背诵习惯，增强学生背诵信心

深度学习在学习情感上注重学生的学习信心和学习习惯。作为学生接受正规教育的起始阶段，小学是学生培养良好习惯的关键期，这一阶段的习惯也会对以后的学习生涯产生重要影响。首先，习惯和有机体自身的需要直接联系，这种需要倾向于内部需要。需要得到满足，有机体就能够获得愉悦感和成就感，因而学习情感也更加饱满；其次，习惯需要学生的坚持，习惯成自然，学生需要有一定的毅力，持之以恒。背诵作为语文积累的重要方式之一，其习惯的养成对初中、高中及终生的学习和发展都具有重要的影响，因此学生作为背诵行为的主体，应结合教师的指导，逐渐培养良好的背诵习惯，并将背诵与个体自身的求知和学习需要相联系，不断地进行反复练习。

（1）主动进行背诵。学生要养成良好的背诵习惯，首先需要增强主动进行背诵的意识。当前小学生在无外界要求之下主动背诵自身喜欢的篇目或段落的积极性有待进一步提升，学生需要克服惰性，对自己感兴趣和喜欢的文本材料进行背诵和积累，提高主动背诵的积极性。其次，学生要增强自我监督背诵的意识。随着年段的增长，学生要逐步由家长或教师等外部监督背诵向学生自我监督背诵转变。这是自我意识的重要提升，有利于学生对背诵整个过程的反思和总结。

（2）制订科学的背诵计划。小学阶段的学生玩性特别大，如果没有计划的引领，小学生可能根本不会想起来学习和背诵。需要为学生制订一定的背诵计划，帮助其明确学习的目标，提高背诵的效率。首先，抓住背诵的黄金时间。在实际的背诵当中，如果能够充分抓住记忆的黄金时间进行背诵，那么就能够达到事半功倍的效果。一天当中要抓住的宝贵黄金背诵时间段分布在6:00～7:00、8:00～10:00、18:00～20:00、21:00～睡前。当前大多小学安排了晨读，时间大约分布在7:50～8:30。此时学生大脑进入兴奋状态，记忆力强。因此，学生要利用好这一段宝贵的时间。睡前的时间也不容小觑，21点至睡前的时间段也是学生记忆的绝佳时机。在这段时间，学生可以尝试回忆背诵过的内容，加深记忆，也可以对一些平时背诵效果不佳的篇目加以复习和巩固，攻克背诵的难关。学生通过长期的坚持，能够获得良好的背诵习惯。其次，明确每次具体的背诵任务。小学阶段的学生自主性较差，如果没有在背诵之前明确背诵的任务，学生很容易陷入迷茫走神的状态，因此，需要为学生制定明确的背诵任务，将每天需要背诵的篇目进行罗列，制成背诵计划表。背诵的内容可以是课内学习的篇目，也可以是学生自己喜欢和感兴趣的课外内容。

（二）批判反思，深化背诵理解

1.指向高阶思维发展，分层设计背诵目标

深度学习指向高阶思维的批判性发展，强调学习者在理解的基础上进行高水平的认知加工，这首先应当在教学目标当中有所体现。当前的小学语文背诵仍然呈现学生在外部动机的要求下，通过简单重复、强化训练等方式来进行记忆和学习的现象。将原文内容一字不差地背下来仍旧是当前小学语文背诵中最主要的教学目标，而背下来的方式是浅层理解和重复记忆，这些方式和目标均倾向于指向学生低阶思维的发展。为改善当前小学语文背诵现状，结合深度学习的要求，小学语文背诵最终应指向高水平的高阶思维的发展，深化背诵多维度的知识目标，因此教师可以对背诵提出不同维度的目标要求，从学生对背诵内容的理解、记忆、感悟和应用等维度分层设计背诵教学目标，最大限度地推动学生低阶思维转向高阶思维。在分层设计背诵教学目标之前，教师应预先完成两个步骤，其一是教师要对《课标》中的背诵理念要求和指导评价进行认真研读，其二是对学生背诵水平和学情进行预评估。

（1）认真研读《课标》中背诵的理念要求和指导评价。《课标》中明确规定了小学阶段应该背诵的具体篇目，对背诵进行了量化的规定。对于背诵的理念要求，《课标》中并未明示，而是蕴藏于丰富语言积累、培养语感之中。教师需要认识到背诵作为语文学习的重要方法之一，能够帮助学生积累语言，培养语感。因此，教师要注重培养学生对背诵内容的迁移运用能力，引导学生在阅读、写作和口语表达等实际中运用所背诵的内容。从语言积累到培养语感，是学生内化知识的过程，教师要对教材中明确提出要求背诵的文章进行深度的研读，了解其单元语文要素，包括内容要素、能力要素和写作要素，并且能够对类似背诵文本进行整合，帮助学生进行系统地、深入地思考。在此基础上，教师要对学生的背诵提出目标，这个目标不能局限于让学生记住语言材料，而应该深化学生的背诵要求，注重学生对背诵材料的理解和感受，指向学生思维的发展和语感的形成。

（2）预评估学生已有背诵水平，分层设计背诵目标。教师在制定背诵篇目教学目标之前，需要对学生的个性化特征、知识背景和认识发展水平有一定了解和评估，并在此基础上设计分层化的背诵目标。对于接受能力和认知水平较高的学生，提出指向学生高阶思维发展的学习背诵目标，对于接受能力和基础较差的学生提出基础的低阶思维的背诵目标，并在其不断地进步中慢慢提高背诵目标，逐步转向高阶思维的发展和背诵的迁移应用。综上，教师在进行背诵篇目教学过程中，要注重学生高阶思维的批判性发展，提出更高级的背诵目标，不仅要求学生记住课文原文，而且对学生的理解、思考和运用等方面做出具体的要求，锻炼学生实际运用背诵内容的能力。

2. 促进知识深度加工，使背诵材料意义化

深度学习注重学习过程的反思性建构，在学习过程中关注学生的思考和知识的有意义连接。学习者在学习时要全方位积极地投入感知觉、思维、情感和意志，对文本材料中所蕴含的事迹、人物、思想情感等产生共情，与所学内容产生有意义的联结，并且能够在已有知识经验的基础上，进行同化或顺应，构建自身完整、联结、有序的知识体系。语文历来被作为一门学习和运用语言文字的课程，语言文字的神奇魅力在于即便只是几个字的简单排列组合，也可以引起人们的无限反思和感慨。作为语文学习的一种重要的方式，一提到背诵，自然而然想到语言文字。古往今来，被要求学生背诵的篇目大多文质兼美、内涵丰富。如果学生在背诵这样的文章时根本不理解其内容，只是简单地将文本的文字材料记

住，不对其进行理解、思考和感悟，那么再优美的课文也无法泛起学生思维和情感的波澜，背诵即失去了它本来的意义。因此，在学生进行背诵时，教师应引导学生对背诵材料进行深度学习，促使背诵材料有意义化。学生对背诵材料的理解程度是影响学生识记效果的重要因素，为使学生与背诵材料之间产生有意义的联结，在具体的语文背诵篇目教学实践中，应注意以下几点。

（1）创设真实文本情境，唤醒学生情感体验。深度学习强调学习并不是简单地接受零散的、去情境化的抽象知识，学生应该在真实的文本情境中积极参与学习活动，只有将学习与真实的情境结合起来，学习才有意义。在进行背诵篇目教学时，教师可以运用现代多媒体渲染情境，为学生创设真实内容的相关情境，使学生对背诵材料产生一定的情感体验。当学生对背诵材料产生了一定的情感体验，那么背诵材料对于学生而言也变得有意义化了，能够帮助学生更好地理解和分析背诵材料。调查结果显示学生对古诗词背诵有较高的偏好，但学生有时较难理解和体会古诗词的内容，教师在教学时可以创设相应的文本情境。例如，在教学《枫桥夜泊》时，教师首先可以创设“失眠”的生活情境，唤醒学生“失眠”的情感体验，找到学生与作者情感的共同点，引导学生感受诗人因为愁而失眠的情绪。再以“失眠”这个共同点转向学生与诗人失眠原因的不同点为切口，引导学生感受诗人愁眠的心境。像这样，教师通过创设情境唤醒学生与文本之间的共情之处，促进背诵材料有意义化。

（2）进行启发诱导式教学，引导学生分析和理解背诵材料。语文这一门学科具有开放性，教师在进行教学时，要注重诱导学生强烈的求知欲，贯彻启发性原则，以环环相扣的问题为线索，启发学生进行深度的思考，培养学生开放性和批判性的思维能力和创造能力。此外，教师要关注学生分析和理解背诵材料的能力。在进行背诵篇目教学时，教师要首先引导学生关注教材的背诵要求，然后依据不同的要求、体裁特点等因素，对背诵材料进行简单的分析，采取适宜的教学和背诵方法。长期以来，文言文背诵对学生来说难度较大，文言文语句相对艰涩难懂，因此教师要格外注重引导学生对其进行分析和理解。例如，在教学背诵篇目《自相矛盾》一文时，教师首先要引导学生明确背诵任务，然后和学生讨论背诵这篇文言文的好方法。这篇文言文采用对话形式，故事性强，句式较为整齐且内容相对立，学生可以借助对话、故事演绎等方式帮助记忆。文章内容充满了丰富的辩证思想和矛盾律的逻辑原理，教师要注重引导学生对文言文内容的理解，首先让学生借助注释在组内交流理解大意，其次由学生质疑，解决难点，最后深入理解文章，以“‘其人弗能应也’的原因是什么”为主问题，明确自相矛盾的点。

（三）意义建构，优化背诵指导

1. 构建背诵“文本群”，搭建知识结构体系

深度学习要求学习者能够在众多的内容和观点中建立有意义的多元联结，批判性地看待新知识并进行深入的思考和学习，并将新知识纳入已有知识结构之中，完善自身的知识

体系。此外，深度学习十分注重对学习内容的有机整合，学习内容的整合包括两个方面：一是知识内容本身的整合，二是对学习过程的整合。前者是指学科内以知识间具有的某一方面的共同点来进行整合，包括新旧知识之间的联系；后者是指在进行内容整合的过程中学习者对所使用的认知策略或元认知策略的整合，如利用思维导图、图表等方式梳理新旧知识之间的联系，以方便理解和记忆。具体到背诵，教师应该帮助学生有机整合背诵材料，构建背诵“文本群”，搭建和完善学生的知识结构体系。

构建背诵“文本群”应以一定的主题或标准为统领，选择和组织适宜学生进行背诵的材料文本，整合相类似的背诵材料，将其打包，让学生对某一主题的“文本群”进行学习和背诵，在此过程中加深对文本的理解和运用，丰富和扩充学生的知识储备。例如，在学习《十五夜望月》时，教师可以以“思乡”为主题，将学生已经学习过和背诵过的有关思乡主题的古诗词罗列出来，也可以适当地增加一定的学生未曾学过或背诵过的、但在学生接受范围内的相关文本，构建以“思乡”为主题的一组背诵“文本群”。部编本教材在《十五夜望月》课后习题中也对构建背诵“文本群”做出要求和提示，课后习题写道：“《十五夜望月》中的‘不知秋思落谁家’委婉地表达了思念之情。在你读过的古诗词中，还有哪些类似的诗句？和同学交流。”从教材课后习题中可以看出，教材也注重学生对类似主题文本的整合和学习，教师也应该积极帮助学生构建背诵“文本群”，帮助学生完善知识结构体系。下面列举了六年级学生在学习《十五夜望月》时所用的以“思乡”为主题的背诵“文本群”，包括《九月九日忆山东兄弟》《秋思》《静夜思》《泊船瓜洲》《回乡偶书》《天净沙·秋思》等篇目。其中既有学生已经学习过的古诗，如《九月九日忆山东兄弟》《秋思》《静夜思》等，也有在学生最近发展区内的能够理解的拓展的学习篇目，如《回乡偶书》《天净沙·秋思》等。

2. 依据学生认知特点，合理进行背诵指导

深度学习与浅层学习区别之一在于对记忆方式的要求不同，深度学习要求学生在理解的基础上记忆，而浅层学习则指向机械记忆、死记硬背的记忆方式。提倡深度学习并不意味着一味地批判浅层学习，而是要求学生由浅层学习转向深度学习。具体到小学阶段，由于学生的认知发展水平的限制，小学低年段的学生主要运用机械识记的方式，因此学生存在一定的机械背诵是有一定的合理性的。而随着学生的认知发展，到中高年段，教师应该逐渐引导学生由机械记忆转向理解记忆。小学阶段的学生年龄在 6 ～ 12 岁，其认知发展水平与成人相比具有很大差异，教师在进行背诵指导时，要了解和掌握学生的认知发展特点。小学低年段学生的记忆依赖于直观的形象记忆，运用图片等直观方式能更好地帮助学生记忆。在小学中高年段，学生的抽象记忆得到发展，其文字记忆能力也会不断提高。

（1）低年段：熟读成诵，趣味背诵。小学低年段的学生在背诵时经常采用的是机械记忆，这与其生活经验匮乏、知识储存量少、思维发展水平低等原因有密切的联系。学生在一定程度上不能完全理解背诵材料，也无法对背诵材料进行组织和加工，并且小学生具

有爱玩的天性，教师在对低年段的学生进行语文背诵指导时，可以尝试采用寓教于乐、熟读成诵的方式，也可以结合背诵的内容合理运用音乐、图片、游戏等方式，以“唱”代读，寓学于“演”，丰富背诵的形式，使背诵更具有趣味性，激发学生背诵的积极性，让学生在欢乐之中轻松背诵。

（2）中高年段：理解式背诵。进入小学中高年段的学生已经逐渐有了学习的主动性，学生的思维水平进一步提高，对背诵材料的理解能力越来越强，并且在低年段的学习和背诵中积累了一定的语言和知识基础，注意力和记忆力有了较好的发展和提升。在小学中高年段，教师要引导学生逐渐减少低年段背诵时所蕴含的机械背诵成分，在深度学习中理解背诵材料，在理解的基础上进行记忆。理解式背诵强调学生要将背诵材料与自身的知识结构体系联系起来对文本进行理解，并且在背诵中进一步加深理解和感悟。帮助学生进行理解式背诵的具体方法有很多，例如想象画面协助背诵、角色扮演强化背诵、列提纲进行背诵、分段或分层背诵、联想背诵等。

3. 淡化单一背诵方式，尝试多样背诵方法

深度学习注重学习者基于理解的高水平认知加工方式，强调学习者在学习过程中能够进行主动地选择和反思，以期找到最适合的学习方法。通过调查发现，大部分学生在背诵一篇文章时很少会采用多种背诵的方法，单一方式容易造成背诵枯燥乏味，降低学生的情感体验，影响学生的学习情感。因此，学生在背诵时应该尝试多样的背诵方法，找到适合自己的背诵方法，并且根据背诵篇目的类型，采取不同的背诵方式。当学生用某一种背诵方法仍然记不住时，可以尝试换一种方法，或者结合几种方法一起来帮助背诵。结合当前小学语文背诵实践，小学生可以尝试以下几种背诵方法。

（1）抓关键词帮助背诵。当背诵的课文比较长，且文章句式较为工整时，学生可以通过抓关键词来帮助背诵。所谓关键词是指对文章内容具有重要意义的领头字眼，记住关键词就能记住文章的大体内容。例如，在背诵《少年中国说（节选）》一文时，对于课文第一段的内容，学生可以通过抓“智、富、独立、自由、进步、胜于欧洲、雄于地球”等关键词来帮助理解和背诵，并且这些关键词之间具有层层递进的关系。学生抓住了关键词，并且理解了关键词之间的关系，那么背诵自然并非难事。

（2）梳理文章结构帮助背诵。文章的结构脉络支撑着一篇文章的主线，梳理文章结构能够帮助学生对全文有一个整体的认识。当学生先对整篇文章的知识架构有了基本的了解以后，再对每一个结构之下的内容进行研读和背诵，背诵会更加简单和高效。叙事类的背诵文本一般具有较强的逻辑性，学生可以按照故事的发展顺序或者文章的写作顺序来理清文章的脉络，列出文章的知识结构框架，形成知识结构体系，借助提纲和框架优化背诵。例如，在背诵《花钟》一文时，教师可以引导学生对文章结构进行分析。第一自然段采用了总分的结构，按照时间顺序写不同的花在不同的时间开放。学生在背诵这一自然段时，可以先将段中的时间节点选出来，即“凌晨四点、五点、七点、中午十二点、下午三点、

下午五点、七点、晚上八点、九点”，然后再将每一个时间节点与开放的花对应起来，按照不同花开放的时间来帮助记忆，避免漏记。

（3）借助图画、想象情境背诵。对于小学阶段的学生来说，其记忆多依赖于直观的形象记忆，他们对事物具体的形象记忆深刻。在进行语言文字背诵时，学生进行理解和背诵是有一定的难度的，并且语言文字的背诵对学生缺乏一定的吸引力，因此学生可以借助图画、想象情境等方式来帮助背诵。当前部编版教材课文插图丰富有趣，几乎每篇课文都配有与课文内容相符合的插图，这符合小学生的兴趣。学生在进行背诵时可以借助插图理解课文内容，帮助记忆。另外，想象文中情境能够帮助学生更迅速地与文本产生情感的交接，通过想象具体的情境画面帮助记忆，学生能够将抽象的文本内容还原为真实的场景，促进思维的发展。例如，学生在背诵《惠崇春江晚景》这首古诗时，可以借助课文中的插图：三两枝桃花，几只鸭在江水里游玩，水边还有些许的芦芽。插图的内容与这首古诗的内容相契合，学生结合插图更能想象这首古诗所描绘的画面，更容易记忆。

（四）迁移应用，内化背诵效果

1. 加强背诵效果检测，完善多元背诵评价

深度学习重视学习者在学习过程中深层次的加工知识，并且能够对深度加工过的知识进行应用。经过学习者深层加工的知识并不意味着永不遗忘，只是相对于浅层学习中低水平认知加工的知识而言，其情感体验和记忆更为深刻。对背诵的检测和评价能够帮助学生及时发现背诵中的不足，进一步促进学生巩固和完善自身的背诵情况。在教学中，教师要加强对背诵效果的检测，帮助学生端正背诵态度，认真对待背诵，克服惰性。

对于学生的背诵情况，教师要及时进行检查，检查的形式要尽可能地多样化，例如抽查、分组接力赛背诵、开火车接龙背诵、同学相互背诵检查、默写、填空、男女组比赛抢答等多种检测形式，克服单一背诵检查的枯燥感。根据调查结果和实习期间班级期中试卷情况，学生提取完整内容的准确性有待加强，并且存在较多的错字，针对这些情况，教师要有针对性地对错字指导，了解学生错误的原因，是误解了此处字词的意思，还是对形近字辨识度不够，适当地采用默写的方式来检验学生的背诵效果。

此外，检查的实施者要多元化。教师可以放手让学生作为组织背诵的主体，具有双重身份的学生参与背诵的兴趣会更高。在检查时，教师也要对学生的背诵情况进行及时的评价和反馈，对背诵暂时有困难的学生进行鼓励和方法上的指导，帮助学生进行困难分析，而不是一味简单地使用罚抄等机械惩罚的方式，防止学生产生厌学和畏难的心理。

在评价方式上，突出评价的诊断和发展功能。教师在关注学生背诵内容是否正确的同时，应该更加重视学生的背诵过程，注重运用形成性评价，积极发现学生在背诵时的闪光点和存在的不足，注重正面评价，帮助学生发现问题，并给予相应的评价和指导。教师在对学生口头背诵进行评价时，要关注学生的“诵”，“诵”具有高低抑扬的腔调，具有一定的节奏和韵律。教师不能只关注背的结果，而缺少对“诵”的节奏、韵律和感悟的关注。

因此，在进行评价时，教师也要对学生的“诵”做出相应的指导和评价。

在评价主体上，倡导评价主体多元化。深度学习注重学习过程的反思性建构，要求学习者能够对学习过程进行主动反思。因此，评价主体不应局限于教师，也要注重学生的评价，包括学生作为背诵主体的反思自评和学生之间的互评。学生的自评体现了学生对学习过程和背诵过程的反思，适当的反思有利于学生提高自身学习的自主性，帮助学生更加深入地理解背诵，不断完善背诵的方式方法，从而不断发展学生的元认知能力。学生之间也要进行互评，需要注意的是，小学生的评价容易受到其主观喜恶的影响，教师应该对学生的互评制定一定的标准。教师也要让学生感受到评价的语言魅力。学生在对同学的背诵进行评价时，要先善于发现和肯定他人的优点，再针对其背诵中出现的不足提出建议，帮助其巩固背诵成果。

2. 丰富背诵实践形式，促进学生深度应用

学生对背诵内容的实践运用体现了学生迁移应用的能力。能否对知识进行迁移应用是区分深度学习和浅层学习的重要方式，迁移性是评价深度学习的一个重要指标。学生对背诵内容的运用建立在理解的基础之上，这也呼应了深度学习在记忆方式上的要求。学生背诵的目的并不在于将文字材料记住，而是累积知识，以便学以致用，举一反三，在应用的过程中，对背诵内容进行再巩固，内化背诵效果。

要求学生背诵的内容应该是用心挑选过的、适宜学生学习和背诵的、文质兼美的经典篇目。学生背诵的过程是加深语言意义理解的过程，也是内化背诵知识的过程。调查结果表明，学生对背诵过的知识迁移应用较少，一是部分学生缺少对背诵知识进行迁移应用的主动意识；二是部分学生不知道哪些背过的内容适宜用在某个主题或情境之中。针对这种情况，一方面，教师要在平时的教学之中渗透学以致用的意识；另一方面，教师也要丰富学生进行背诵实践的形式，开展多种活动和写作练习，促进学生对背诵知识的深度应用。

（1）开展“主题”背诵竞赛活动。开展背诵竞赛活动可以检验和巩固学生的背诵成果，并且能检验学生对知识的理解程度，激发学生参与的兴趣和信心。

在前文提到了构建背诵“文本群”，即以一定的主题或标准为统领，选择和组织与主题符合的材料文本进行打包背诵，促进学生对知识的学习和理解，克服当前学生背诵知识零散化、碎片化的弊端。开展“主题”背诵竞赛活动，与“文本群”学习和背诵相呼应。具体来说，可以以“思乡”“惜时”“明志”“友情”“家国”“四季美景”等为主题开展“背诵大比拼”；也可以给定某个关键词，让学生说出含有关键词的诗句或文章，例如以“月”为关键词，学生说出的语句中含有“月”字即可获得一分。在活动开始之前，将学生分成六人一组，每组推选一个领队组长。竞赛活动采用晋级赛制，并设定具体的奖励机制，以鼓励学生积极参与，激发学生对学习和背诵的热情。在此过程中，教师要做好总结，深化主题，引导学生强化对某一主题背诵内容的运用。例如，开展以“珍惜时间”为

主题的背诵竞赛活动，在活动中如果有学生回答的内容不符合这一主题，教师应该及时地进行指导，让班上学生进行讨论，在交流之中优化对内容的理解，并且在活动结束时，教师要将学生所背诵的符合主题的内容进行罗列、整理和呈现，对学生回答的不符合主题的内容进行归纳和整理，帮助学生对知识进行梳理，完善学生知识结构体系。此外，教师要逐步渗透在写作或演讲等情境中对背诵知识进行引用的主动意识，提高学生引经据典、旁征博引的能力。

（2）以复述加深理解。复述与背诵最大的不同之处在于，复述是学习者在原文内容的基础上，结合自身的理解和感悟，用自己的话将文章内容表达出来的一种学习方式。学生在进行复述时带有对课文内容的主观理解。复述能够帮助学生对课文内容进行知识加工，因此在教学中，教师应该适当地指导学生对背诵文本进行复述训练，促进学生对背诵知识的内化和迁移。三年级学生已经开始学习简短的文言文了，而文言文的学习十分注重内容的理解。由于文言文不易理解，因此学生在背诵时会有一定的害怕心理，教师可以要求学生对文言文进行复述，以复述文言文故事的形式激发学生的信心，同时加深学生对文言文内容的理解。学生在复述的基础之上，再借助教材插图、连环画等辅助工具，理解和背诵课文，积累语言。

（3）以写作深化应用。学生在写作当中运用背诵过的知识是背诵的一种重要实践方式。作文语言是否有文采、是否能够恰到好处地引用或化用背诵过的知识，体现了学生的背诵知识内化的成果。一方面，学生在写作中进行旁征博引，能够使文章更加具有信服力和感染力；另一方面，学生对背诵过的内容进行化用，即可以进行仿写和创作，灵活运用。通过不断的仿写尝试和优化修改，学生对语言文字的运用会越来越熟练，为其创作奠定基础。教师在进行写作指导时，可以要求学生在写作中运用一定的符合写作主题的名言名句、古诗文、美句、美词等，为作文添色。教师在进行作文批改和评价时，也应该对学生运用精彩之处进行标注，并配上明确具体的鼓励性评语，让学生知道其作文精彩在何处，为何精彩，强化学生进行运用的行为和意识。

3. 科学组织相关复习，巩固学生背诵成果

复习的过程是对背诵知识的反思巩固和深化感悟的过程，深度学习关注学习的持续性，对已学内容进行科学的复习，能够帮助学生强化和巩固知识，提升学生应用知识的能力。遗忘规律表明，遗忘在学习之后立即开始，因此要进行及时的复习。学生如果对新背诵的内容不及时复习，那么很快就会遗忘大部分内容。此外，学生还需要定期地组织复习。

（1）及时复习与定期复习相结合。遗忘在开始之初的速度非常快，如果不加以复习和巩固，学生的背诵效果将会大打折扣。因此，学生需要合理地安排时间进行及时复习与定期复习。例如，对于当天早晨新背诵的内容，学生可以在临睡前尝试回忆，了解遗忘的程度，接下来可以按照一定的时间间隔来复习，以减缓遗忘的进程，保持对背诵内容的记忆效果。此外，一开始遗忘的内容往往是学习者与背诵材料未产生有意义联系的内容，因

此学生在进行及时复习时，应该对背诵文本进行再次理解和再度加工，深入研读背诵内容，反复品味，积极思考，以达到对背诵内容有所感有所悟，提高记忆效果。

（2）运用多样化的复习方法。学生进行复习的时候其实对于背诵的内容已经较为熟悉，因此对背诵内容进行复习不应该局限于拿出背诵原文多读多背几遍这样单调的复习方式。如果只采用如此单一的复习方式，学生很容易产生厌烦等负面情绪。运用多样化的复习方式能够帮助学生多维度地进行巩固和检测，学生可以采用听、说、读、练、写等多样化的复习方法来巩固和运用背诵成果。

第九章　深度学习视域下语文教师语言策略研究

第一节　概念界定与理论基础

一、概念界定

（一）小学生高阶思维

1. 内涵认识

关于“高阶思维”的内涵至今并没有统一的界定，从不同学科出发，其本质概念也有所区别。因此，需要对不同学科视野中高阶思维内涵进行梳理，厘清高阶思维的复杂内涵，并结合具体对象与学科，才能确定小学生高阶思维内涵与相应要素。

不同学科对高阶思维有其特定认识和话语体系。在哲学视野下，高阶思维通常特指批判性思维，这可追溯至苏格拉底（Socrates）的教学实践。后来，诸如柏拉图（Plato）、亚里士多德（Aristotle）等哲学家都进一步阐释了批判性思维。因此，在哲学学科中，高阶思维是一种批判精神，是认识世界的态度，也是一种使用推理、分析、论证进行思考的方法。但对小学生而言，受思维水平与知识结构限制，批判精神在日常学习中表现得并不明显，话语情境也较为受限，因此小学生的批判精神或批判思维是聚焦在辨识理解能力与评价能力上的。当然，这不是简单的是非、正误判断，而是让小学生在对事物进行基本剖析、分辨、观察、合作和研究的基础上进行明辨与解释，而这实则就是小学生批判能力的表现。

在心理学视野下，高阶思维通常被认为是一种认知方式，是一种人格特质，也是一种智力体现。例如，皮亚杰提出的认知发展阶段理论指出不同阶段认知主体具有独特思维认知模式。所以，在心理学视野下高阶思维体现出以创造性思维为核心的思维表征，强调“怎么思考”。而小学生语文高阶思维强调的是小学生在语文学习过程中对语文知识的认知加工方式，虽然其认知体系不够成熟，但是重在认知理解方面，可以调动自身积极的学习热情来全身心体验语文学习过程和感知文本内容，对学科核心知识有个人理解与建构。

而在教育学视野下，高阶思维强调的是教育目标进阶到高水平，如布卢姆教育目标分类中的“分析”“综合”“评价”。新的研究理论与方法出现以及深度学习的提出，为认识高阶思维提供了更为具体的内容。参考有关学者研究论述，从广义上看，高阶思维是深度学习的发生标志，学生高水平的思维层次有助于深度学习的实现；从狭义上看，高阶思维可以近似看作深度学习。因此，结合小学生深度学习和小学生语文学习特点，教育学视野下小学生的高阶思维重在学生理解批判、联系建构、迁移应用的高阶思维能力目标达成。而在这个过程中，学生要与周围的人、事物紧密联系，通过合作、沟通帮助自己认识问题、分析问题与解决问题，并做出较为全面的评价，以此认识他人与自我。

总得来看，通过对不同学科中高阶思维内涵的梳理，发现高阶思维既有哲学的批判性精神、心理学的理性认知方式、教育学的高阶思维能力目标，也有敢于质疑和善于反思的态度倾向、人格特质以及协作能力与沟通能力。而小学生高阶思维有其自身复杂性和教育情境特殊性，通过分析也已经发现其自身内涵与小学生深度学习本就存在着内在联系。可见，高阶思维是各种因素交互下形成的综合体。综合上述观点，小学生高阶思维可以界定为在小学生深度学习过程中实践运用的思维质态，它既是一种学习能力，又是一种学习品质，具有综合性。它无疑是深度学习的关键。

2. 与深度学习的联系

在对小学生高阶思维内涵进行基本理解后，认识到小学生高阶思维是小学生深度学习的关键，而它自身作为多种能力因素的集合体，在促进小学生语文深度学习时自然应具备基本的能力要素，从而支持深度学习。因此，在综合考虑小学语文学科的特殊性的基础上，以及与深度学习的各个阶段相联系，进一步确定小学生深度学习发生时所需具备的三个基本高阶思维能力，即文本理解能力、人际沟通能力、评价能力，而且有着不同水平表现，这也为小学语文教师语言策略实施提供施策重点。

（1）文本理解能力。从学科本质来看，语文的基本规律是言意转换，在实际教学中，语文之“意”的重要载体就是语文文本，是通过字、词、句、段、篇、群文等展开的。小学生的高阶思维与语文深度学习的内容趋近，既有语文学科的核心知识，又包括一般科学文化知识，涉及文本内容之多，加上当前信息全球化进程加快，对文本的理解能力是提高信息理解与筛选能力的重要前提。因此，文本理解能力是小学生语文高阶思维的基本能力之一，使小学生在深度学习中逐渐还原下沉，以旧知认识新知，进行联想假设，认识概念，从“学会”到“会学”。具体表现有如下几个：能够在不熟悉的文本材料中尽可能多地搜集信息来了解课文梗概；能够根据课文主题、情境和教师问题，联系文本内容与已有知识理解重要词句的感情色彩；能够根据表达顺序、标点、人物背景推断应读语气或音调，体会作者的思想感情并掌握其表达方法；能够根据教师提示和文本内容分析、假设、判断或解释人物的动机、情感和决定，做出复杂的推论。

（2）人际沟通能力。在小学生深度学习的整个学习过程中，尤其在经验探究阶段，学生通过频繁而高效地协作，包括积极的沟通和收集信息与证据，充分表达个人观点与看法来对问题进行探究分析，从而达到深层理解的目的。其中凝聚了学生将思维语言化，语言思维化的过程，即通过外显的口头语言表达进行言意交换。因此，若要促进学生的深度学习，与之对应的高阶思维运用是以人际沟通能力为重点，即学生在交流与合作时用语音、语调、语法等方法反映出来的行为与态度。置于小学生语文深度学习情境中，具体表现有如下几个：能准确表达内容，有中心、有根据、有条理地描述自己印象最深的场景、人物、细节等信息和个人感受，让他人充分获取信息；能使用正确沟通表达方式，语法语序正确，有连贯性，语音语调抑扬顿挫，富有感染力，与作答语境相符合，并充满自信地表达个人观点，表现出强烈的共情、求知欲与学习积极性；能有正确的沟通态度，善于倾听他人观点，感知与了解他人作答内容与思想，秉持平等和尊重的态度与他人讨论、规划并协同作业，最终成功完成合作任务。

（3）评价能力。根据前文综述不管是早期的杜威、恩尼斯（Ennis）的观点，还是最新的高阶思维内涵，批判性思维都是高阶思维的重要内容，而其中以评价为核心成分。按照布卢姆对“评价”的解释，评价是指对一定的想法、方法和材料作出价值判断的过程，并且在判断之后，能够刺激思维主体进行新的思考和采取新的行动。而对小学生语文深度学习而言，其关键就在于小学生能够通过评价激活新的思考，包括对文本、他人观点和自我回答进行多角度评价、分析与反思，这有助于学生有效地将有关知识或技巧内化为个人经验，最终促进深度学习的反思上浮实现。因此，小学生运用评价能力本质上就是一种批判性思维的运用能力，成为小学生语文高阶思维能力的另一重要基本能力。这一能力在具体情境中表现为能够评价作者的观点或文章的观点，辨识和判断其逻辑性和可靠性；能够运用两个以上证据（尤其是个人生活经验和已有知识）对文本以外的相关事件、现象、人物进行评价；关注他人的理由及观点，权衡和判断他人观点是否正确与全面并说明理由；能够在评价他人观点的基础上，采纳他人意见，按需修正、调整个人答案。

（二）小学语文教师语言策略

教师的教学语言存在于学校的任何一个角落，其中包括教师的课堂教学语言、课外与学生进行交流的语言以及书写书面材料的语言，教师在教学中使用最多的是教师的课堂教学语言。下面从内涵、特点和类型三个方面对课堂教学语言进行概述。

1. 小学语文教师课堂教学语言的内涵

教师通过教学语言对学生产生一定的影响，教师在学校中使用的任何语言都属于教学语言。其中教师的课堂教学语言是最主要的一部分，它通过教师的课堂教学活动对学生产生重要的影响。

（1）教学语言。教学语言是教师在教学活动中传递教学信息的主要手段，教学工作中的备课、上课、布置与批改作业、课内外辅导、学生学业成绩的考查与评定等，都需要教师运用教学语言来完成。离开了教学语言，教学活动就无法顺利地进行。教学语言在一定程度上反映了教师的素质状况，也制约着教师的教学效果。

（2）课堂教学语言。课堂教学语言是教师在课堂讲课时所使用的语言，主要包括教师口语、书面语和体态语。教师在课堂上使用的教学语言是连接教师和学生的重要纽带，它能帮助教师传递教学信息，启发学生的思维，开阔学生的视野，是教师指导学生进行学习活动的重要媒介。为了使教学活动达到更好的效果，教师在课堂上使用的教学语言，应该富有艺术性，尤其在小学阶段，教师的教学语言应该具有幽默感，语言的逻辑性应趋于儿童化，而且要巧于启发、善于传情，以达到更好的课堂教学效果。

2. 小学语文教师课堂教学语言的特点

教师的教学活动是一项有目的的、培养人的特殊活动，这就决定了教师的课堂教学语言也具有其自身的特点，结合小学语文课堂教学活动的具体情况，其语言特点大致可以概括为教育性、规范性、启发性和艺术性。

（1）教育性。教学是教书育人的特殊活动，作为教师借以完成教学活动的教学手段，教学语言应始终贯穿着教育性。教师教学语言的教育性可以是直接的，比如用正面的、具有思想品德教育性质的语言；也可以是间接的，比如能转化为世界观和信念的教学语言。教师在与学生对话时，应时刻谨记自己是教师，担负着对学生进行言传身教的重任。教师教学语言的教育性主要体现在以下几个方面：一是教师要把“德育”渗透在全部的教学语言当中；二是教师的教学语言要积极健康、有分寸，不说脏话、粗话、野话，不强词夺理、恶语伤人，更不能用讽刺、挖苦的语言去批评学生，伤害学生的自尊心。正所谓“良言一句三冬暖，恶语伤人六月寒”，教师在对学生开口说话时，要时时做到“心中有人”“话中有人”。

（2）规范性。《课标》指出：“语文课程是一门学习国家通用语言文字运用的综合性、实践性课程。”这就要求教师在语文教学中要致力于培养学生的语言文字运用能力，因此教师的教学语言就成了学生学习语言文字的鲜活示范。在教学活动中，教师要时刻注意自己言语的规范性，给学生起到模范作用。教师语言的规范性一方面体现在教师必须运用国家宪法规定的“普通话”，另一方面体现在教师的语言文字一定要字音准确，遣词造句顺畅无误，避免语句不通、用词不当、语意表达模糊不清等语病。

（3）启发性。学生的学习活动不应该在消极被动中进行，而应该在积极主动的状态下完成。因此，教师在教学活动中的教学语言应该对学生具有一定的启发，重视激发学生思考，调动其积极性、主动性。在反对注入式教学的大环境中，合理把握“不愤不启，不悱不发”的时机，运用生动含蓄、耐人寻味、发人深思、循循善诱的教学语言，给学生提供一些思考问题的线索，让学生自己动脑去探讨多种解答问题的途径与方法。教学语言的启发性就在于富有问题性，给学生留下想象的空间，能由此及彼、由因到果、由表及里，收到“一石激起千层浪”的效果。

（4）艺术性。有人曾说过“教师的教学活动就是一门艺术”。教师在教学活动中，运用的教学语言时而风趣幽默，时而节奏紧张，时而生动形象，时而动情感人，在这样的教学语言带动下，学生积极主动地学习，兴趣盎然地讨论，形成一堂充满艺术性的语文课。教师课堂教学语言的艺术性主要体现在以下几个方面：使教师与学生产生共鸣的情感性；使课堂多姿多彩的丰富性；吸引学生注意力的趣味性；将课堂变“活”的形象性。

3. 小学语文教师课堂教学语言的基本类型

教师课堂教学语言按照不同的分类标准，可以有多种分类方法，最常见的分类是口语、书面语和体态语。相应地，小学语文教师课堂教学语言也分为口语、书面语和体态语。

（1）课堂教学口语。教师的课堂教学口语是教师在课堂教学活动中所使用的口头语言，是教师在课堂上根据一定的教学目标，针对具体的教学对象，以教材内容为依据，利用一定的教学方法，在规定的时间内，为了达到预期的教学效果而使用的特殊口语。教学口语是教师在教学活动中使用的最基本、最重要、最频繁的教学工具和手段，也是教师做好教学工作最基本的技能。它是将提前备好的书面语讲出来，但又不同于一般的书面语，是一种经过特殊加工的口语。根据不同的功能，课堂教学口语可以分为导入语、讲授语、应变语、提问语、评价语和结语等多种形式。

（2）课堂教学书面语。教师在课堂上使用的书面语主要包括板书和多媒体上呈现的书面语言。而课堂教学书面语中最常见、最主要的是教师的板书，因此仅讨论教师的板书。板书，是配合教学口语在黑板上写的文字、符号等，是教师提高教学效果的重要辅助手段之一，一般由主体板书和辅助板书组成。主体板书，又称为正板书，主要指教师在归纳总结教学内容的基础之上，有重点地反映教学内容的书面语言，它一般由教师在课前备课过程中精心设计，主要写在黑板的中部以及左半部。辅助板书一般是教师在课堂上根据教学情况现场发挥的书面语言，例如教师为了引起学生的注意而书写的板书，为了帮助学生学习重难点而书写的字、词、句，以及教学内容的关键词等。

（3）课堂教学体态语。所谓体态语，是以人的动作、表情、界域以及服饰等为工具，传递信息、表达思想感情的一种伴随语言，是人在交际过程中，用来传递信息、表达感情、表示态度的非言语的特定的身体姿态。例如，点头表示肯定，点头加微笑表示赞赏，皱眉头表示生气等。教师在课堂中的体态语具体包括两大方面：一方面是指教师动态的、有形的体态语言，即身姿语、表情语等，它在辅助教师课堂教学活动方面具有重要的意义；另一方面是指教师静态的、无形的体态语言，即教师的仪表语。所谓仪表语是指教师的衣着打扮、言谈举止等，它能够体现一名教师的整体风度，在日常的教学活动中会对学生产生潜移默化的影响。

（三）与指向高阶思维发展的小学生深度学习的联系

通过上述分析，了解了小学语文教师语言策略“为了什么”的问题，即为发展小学生的高阶思维以促进小学生深度学习。为进一步理解小学语文教师语言策略，可结合小学语文教师教学语言的特点，对其言说内容与言说形式进行探讨，明晰小学语文教师语言策略与指向高阶思维发展的小学生深度学习之间的联系，确定究竟“说什么”以及“怎么说”。

首先，小学语文教师语言策略与指向高阶思维发展的小学生深度学习，在具体言说内容上是一致的。结合小学语文学科特点，一方面，语文学科书本知识十分丰富，包括字词句短篇、语法修辞逻辑等内容，而且语文学科被认识是“学科之母”，与其他学科知识有紧密联系，因此语文学科知识更是包罗万象；另一方面，语文学科是以文转意为学习重点的，要求学生能够通过经验理解“文”，并将其“意”用于生活，具有较强的工具性和实用性，因此语文更是与现实生活的知识与经验密不可分的，即学科内的核心知识与学科外的通识知识是一致的，它们都包括外在的语文文本和内在的学科核心知识，涉及其他学科知识和现实生活内容与经验。

其次，小学语文教师语言策略与指向高阶思维发展的小学生深度学习，在言说方式上是一致的。指向高阶思维发展的小学生深度学习是改变传统“重演绎轻归纳”的语言学习模式，重视演绎、假设、推理、批判、评价等各种学习过程。而小学语文教师的语言策略突出的就是语文学习的过程属性，注重学生的学习经历和学习经验，可以与学生深度学习的各个环节联结，在导入、讲授、总结、提问、反馈等环节实施具体策略，从而贯穿于深度学习的动机、领会、习得、保持、回忆和创造各个阶段，帮助学生理解批判、联系建构和迁移运用，有效促进学生的深度学习。例如，可针对学生的个性特点、爱好特长和生活经验，在导入中，通过言语营造深度学习问题情境，触发学生的学习动机从而主动理解与探索；或在提问中，通过追问、反问等形式培养学生批判反思的思维习惯，进行知识领会与习得；或在讲授中，联系学生的已有经验，鼓励学生主动探究未知世界，体验创造的乐趣，将其迁移转化到实际生活中，进行知识创造。

二、理论依据

制定具有科学性的语文教师语言策略，需要以相适应的重要理论学说为基础。下文对深度学习理论、高阶思维理论、语言与思维关系理论、智慧教学理论等重要理论学说进行阐述。

（一）深度学习理论

1. 深度学习理论概述

深度学习起源于国外，被马顿和萨尔乔首次提出。他们围绕知识经验、知识结构与知识情景的整个知识学习过程与要素对深度学习进行阐释。而著名教育家杜威从思维角度出发，基于以“经验”为核心的实用主义哲学观提出了“U 型”学习过程理论，详细解释了学生如何在深度学习中掌握和转换知识。他指出，学习者在整体性的世界中的学习需要经历一个“U 型”的过程。具体而言，首先学习者需要经历“还原与下沉”，是指通过创设课堂教学情境，将知识“还原”到日常生活中和学生经验中，让学生在体验知识的发生背景、生产过程与使用情境中建立知识经验；其次经历“经验与探究”，是指根据学生个体经验对“还原”后的知识进行改造和重构，让学生带着真实性的任务在体验、理解、合作、对话中对知识进行深度加工，解决真实性问题；最后进入“反思与上浮”，是指学生在对知识进行深加工的过程中不断自我监控和再次建构，使学习与个人经验深度结合，并将学习技能等成果迁移到新的情境中，获得对知识运用与创造的能力。这一“U 型”学习过程实际上是螺旋式上升的过程，每个阶段的“反思与上浮”都意味着更高水平、更高阶段的“还原与下沉”，不断促进新的深度学习的发生。

2. 深度学习理论的运用

显然，深度学习理论中杜威所主张的“U 型”学习过程，正是深度学习中思维参与和进阶的过程。语文教师运用语言策略促进以高阶思维为核心的深度学习的过程就是在语文教学情境中，教师根据学生学习的过程运用合适的语言帮助学生转换与升华知识，达成深度学习的过程。因此，以杜威的“U 型”学习过程理论为代表的深度学习理论能够为研究所用，它们为认识深度学习提供了启示。“U 型”学习过程理论关注的是学生的学习投入与产出，在“还原与下沉”与“经验与探究”中，学生需要进行各种经验投入、情感投入、思想投入、实践投入等，而最后的“反思与上浮”以学生的创造性产品为学习结果标志。对于小学生而言，他们更多地是在体验学习，若是仅对其进行深度学习方法的系统训练，难免使其陷入单纯学科性学习的套路，忽视了其各种具体表现性学习行为。因此，在促进学生深度学习的过程中，教师必须要树立正确的深度学习教育教学理念，以学生对深度学习的有意义投入与建构为前提，提供方法指导。“U 型”学习过程的三个基本阶段为教师促进小学生深度学习提供了全过程方法指引，小学生活泼好动，想象力丰富，对文本的理解与加工主要依靠个人生活经验，他们在回答时常常使用“我在……见过”“我听……说过”句式，因此教师在运用语言策略时应该弄清深度学习的“还原与下沉”等学习阶段，将导入、讲授、总结、指示、提问和反馈等语言策略有机渗透其中，从而促进学生真正地探究、理解、体验、对话和反思学习。

（二）高阶思维理论

1. 高阶思维理论概述

高阶思维主要缘于对“问题”的疑惑，存在已久。但正式概念的提出是以布卢姆等人提出的认知目标分类为标志的。在 1956 年，美国著名教育学家布卢姆提出“教育目标分类”理论，将分析、综合、评价视为高阶思维。后来，安德森及其团队对布卢姆的教育目标分类进行修订，认为认知目标包括记忆 / 回忆、理解、应用、分析、评价和创造，而后三个属于高阶思维。从各认知目标的内涵来看，各认知目标是相互承接的，具有较强的系统性，而随着认知目标的进阶，认知主体需要将各个部分及部分与整体联系起来，创造产生新产品。随着时代的发展和研究的深入，高阶思维能力逐渐从传统的认知领域扩展到人际交往等领域。高阶思维的内涵与认识逐渐呈现综合性，涵盖认知方式与人际交往等领域，涉及思维认知能力与情感品质等要素。

2. 高阶思维理论的运用

了解了高阶思维理论的观点，并结合小学生具体学段和语文具体学科可知，高阶思维理论可以具体运用在以下几个方面。一是提高对高阶思维的认识。考虑到小学生的思维认知已处于形式运算阶段，小学生已初步具备高阶思维特质，而高阶思维理论中涉及的各高阶认知目标，与“核心素养”“学科素养”“关键能力”都密切相关，小学语文教师应在教学过程中将小学生的高阶思维发展作为重要的教育目标。二是明晰具体要素。根据布卢姆和安德森等人提出的认知目标分类，高阶思维在不同语境下的认知目标各有侧重与交叉，因此在实际研究中需要对认知目标及其关联词汇进行辨析、整合，提炼出高阶思维的重要行为特征和表现水平。因此，结合小学生的具象思维特征归纳总结出的高阶思维核心要素以辨识、理解为主，并囊括沟通、表达等新高阶思维，以此对学生回答做出不同水平分类与评价，可使调查研究与分析具有科学性与可行性。

（三）语言与思维关系理论

1. 语言与思维关系理论概述

促进小学生深度学习的语言策略实际上是建立在语言与思维密切相关的基础上的，因此需要以语言与思维关系理论为重要理论基础，进行研究调查和策略提升。

常言道："道可道，非常道，名可名，非常名。"语言与思维的关系普遍存在于人们的生活中，尤其是教学实践情景中，师生的思想、思维、智慧等总是需要用语言进行外显表达的。归纳起来，关于语言与思维的关系主要有三种代表性的观点。第一，语言决定思维。以沃尔夫（B. L. Whorf）为代表的学者认为人们对客观世界的认识是受语言支配的。第二，思维决定语言。以著名心理学家皮亚杰为代表的学者认为思维先于语言存在，并从思维不同发展阶段分别解释了思维决定语言的表现行为。以上两种语言与思维关系理论都有其合理性，为理解语言和思维提供了重要图式，但是它们都是将语言与思维作为二元对立进行论述的，忽视了两者的交叉与重叠，也未能从根源上认识两者的起源与发展，难以提供全面合理的解释。因此，第三种理论以前两种理论为基础，认为语言与思维相互作用和相互独立，其中以维果茨基的语言与思维关系理论为重要代表，他提出了语言与思维的异源论。人和动物共有的低级心理机能是人类思维的发生源，而抽象思维等高级心理机能是在人际交往互动中由低级机能逐渐形成的。语言与思维的关系是动态发展的。两者之间的关系会经历多个变化，并非同步。他还揭示了内部言语和言语思维的关系。维果茨基认为内部言语对人们的思维活动至关重要，而人的内部语言要由外部语言和自我中心语言两个语言思维阶段深化发展而来。

2. 语言与思维关系的应用

维果茨基的语言与思维关系理论为探究教师语言策略对深度学习的影响提供了科学理论基础，具体表现在以下几个方面。一是通过语言分析思维水平。维果茨基的语言与思维关系理论揭示出随着语言中介手段越来越高级，语言对思维发展所起的作用也越来越大。因此，可在调查研究中联系小学生的作答语言内容，对小学生的语文高阶思维水平做出具体评价与分析，从而判断小学语文教师语言策略促进小学生深度学习的效果。二是养成教师语言策略意识。思维与语言的发展是一个不断重叠交叉且可以螺旋上升的过程，这使得教师的语言策略大有可为，教师应努力使处于较低心理机能阶段的小学生的语言由"前语言"向更有抽象性和逻辑性的语言发展。语言与思维产生关系的重要场域就是人际社会交往，教师应在语文教学中为小学生提供更丰富多样的语言理解体验，帮助小学生的思维"语言化”，使语言具备“思维性”。三是注重个人内部语言。按照维果茨基对内部语言的解释，在达到入学年龄之际，儿童的语言发展进入自我中心言语阶段，也就是说小学生已开始学会运用内在联系和内部符号来运算，虽然运算方式与结果较为初级，在这个阶段教师运用语言策略促进小学生深度学习时要注重学生的内外部语言交换与内化，引导学生进行反思和评价，促进知识内化，逐渐形成稳定而高级的内部语言和思维水平。而且个人内部语言对教师个人而言同样重要，教师应通过“对自己言说的语言”进行反思，不断优化与提升自己的语言策略，生成语言智慧。

（四）智慧教学理论

1. 智慧教学理论概述

古人云：“慧于心而秀于口。”语言智慧无疑是智慧的重要外显特征。而在具体教学实践中，教师的语言智慧更是智慧教学的重要内容，与小学生深度学习和高阶思维培养有着紧密关系，换言之，教师语言策略实施行为可以看作智慧教学中“语智”的具体实践。因此，智慧教学理论是研究的重要理论基础，并以语言智慧为重点。对智慧教学理论进行梳理，可知其主要观点有以下几个。其一，智慧教学是“以学生为中心”的教学。学习是学生发挥自己的主观能动性去主动建构知识的过程，教师的职责在于运用启发、引导等方式辅助学生生成智慧。在智慧教学的指导下，教师应通过适合的、适时的语言启发、引导学生，发挥学生主体能动作用，使其能积极主动地将外在的信息和知识内化为个人领悟。其二，智慧教学的方法是生成性的。智慧教学的路径主要有三种，即呈现知识创生过程、找寻知识联系以统整知识、培养感悟能力以涵养创新素养。传统的教师语言预设和固定语言教学方式是无法有效促进学生生成智慧的，教师的语言智慧就是在学生学习的全过程中自然生成并发挥作用的。联系“U 型”学习过程理论提出的“还原与下沉—经验与探究—反思与上浮”三个基本阶段，教师的语言智慧就是在预设的前提下不断生成创造，综合运用语言策略，随语境和学生学习情况的改变而改变。教师需要发挥语言机智，随机而变，引导学生做到“化知为识、转识成智”。其三，语言智慧来源于教师心智。任何语言都受限于人类的心智。“心智”是一种特殊的知识形态，具有缄默性，与之相对的语言智慧具有较强的显性，是一种实践性的智慧，能够反映隐性的教师理念智慧与价值智慧。换言之，教师的语言智慧产生于教师自身的心智，没有智慧的教师，就没有智慧的教学，也就没有智慧的语言，也就很难培养出智慧的学生。由此可见，智慧教学理论是指导教师有效促进学生深度学习的重要理论，所运用的各种教师语言策略是教师语言科学、成熟而智慧的表现，也是教师专业水平提高的重要标志。

2. 智慧教学理论的应用

智慧教学理论以智慧发展和人格成长为教育追求，强调学生在学习中的中心地位，教师发挥语言智慧成为智慧教学最直接和鲜活的行动。该理论为教师语言策略实施提供了思想理论与价值指引。语文教师语言策略需要向智慧教学看齐。教师结合具体教学情境，在恰当的时机运用语言智慧促进学生高阶思维发展，以知识转换与智慧生成为重点，在预设的基础上注重灵活性，考虑教学活动的整体性、系统性，综合考量小学生学习能力与情感品格，关注思维理解、沟通表达、评价综合等高阶思维能力表征，以反思与调节作为教学策略提升的重要办法。教师语言智慧产生于教师心智，重在内省、思考与反思，从而生成实践智慧。教师作为智慧主体，即思维主体，其促进小学生深度学习的语言策略需要与语言智慧看齐，积极主动地进行思维自我监控和语言反思、修正和调节。这个动态过程是智慧教学最活跃的环节，更是教师运用语言智慧，帮助学生生成智慧的不可或缺环节。

三、小学语文教师语言策略实施的基本原则

（一）整体性：统筹兼顾学习全过程，促进学生整体发展

小学语文教师语言策略的整体性原则是指教师语言策略实施目的是学生的整体发展，并且实施过程要综合施策，这一基本原则是教师实施语言策略来促进小学生语文深度学习的价值导向。首先，教师语言策略的实施是为了学生的整体发展。因为学生高阶思维发展，是文本理解能力、人际沟通能力和评价能力三个基本高阶思维的综合进阶，而非仅仅某个方面，所以语言策略实施需要关注学生的整体高阶思维进步，避免陷入片面追求文字符号的理解与记忆的教学误区中。其次，教师语言策略的实施是一个追求整体优化的系统过程。从教师语言策略的基本内涵来看，教师“说什么”“怎么说”是由教师的基本语言能力和个人品格决定的，这既是一种语言能力的实践运用，也是知情意行的整体思维质态，因此教师语言策略实施蕴含着能力提升和人格素养修炼的整体内容，自身具有整体属性。同时，语言是处理复杂问题的进化系统，教师语言策略的实施需要注重整体性，贯穿于课前、课中与课后，只有这样才能保证产生最优结果。由此可见，促进小学生深度学习的语文教师语言策略必须坚持整体性原则，以整体性的优化实施促进学生的整体发展。

（二）情境性：调动学生生活经验，触发深度学习兴趣

教师语言策略的情境性原则即要求教师所言说内容与言说方式皆与学生的生活经验相结合，这是触发学生深度学习的重要开关，隔断了知识、经验与学习情境之间的联系，是无法激发学生创造兴趣的。教师语言策略一旦脱离情境，便割裂了知识与生活经验的联系，无法使学生真正认识知识的本来面貌，更无从建构知识。根据杜威的“U 型”学习过程理论，学生在深度学习过程中对知识的加工与创造是以“还原与下沉”为起点的。也就是说，若没有创设一个供学生还原旧知识并生成新知识的真实问题情境，学生便难以产生深度学习的动机，教师的语言策略便无从施展。所以，情境性原则要求教师根据学生经验，用语言还原一定的真实任务和生活情境，提供待解决的不良结构问题，刺激、调动并发展学生的高阶思维，这是教师语言策略促进学生深度学习的逻辑起点。同时，教师需要选择合适的语言策略指引学生解决当下情境中的问题，并将成果迁移转化到新的问题情境和生活场景内，用以解决新问题，真正实现从生活中来，再到生活中去。

（三）交互性：实施语言策略行动，聚焦师生交流对话

教师语言策略的交互性原则即要求教师在师生交流对话中和自我对话中实施语言策略，这是帮助学生在深度学习中进行合作探究的重要保证，教师适时、科学的语言不仅可以及时对学生做出有效回应，也能促进学生进行自我语言反思调节，从而促进接下来的“反思与上浮”学习过程。所以，小学语文教师促进学生深度学习必须坚持交互性原则，在语言策略实施中做到主动地、平等地、宽容地与学生交流，用语言鼓励学生参与集体交往互动，提高个人语言能力，发展语言思维与养成良好品格，并紧扣语文学习重难点，围绕学生的深度学习进行发问与反馈等，从而引起学生具有高阶思维水平的回答。更为重要的是，教师除与他人或环境交互外，还要进行主我与客我的互动对话，即在自省、静思、冥想中积极反思语言策略实施情况，有效监控与调节，从而优化教师语言策略，进一步促进学生深度学习。

（四）迁移性：强调学生迁移与转化的可产出性学习结果

从高阶思维与低阶思维的区别来看，低阶向高阶的跃升标志是能够将知识进行迁移、转化和运用，而一旦发生迁移，就涉及分析、批判、推理、应用等认知活动，这些认知活动就是高阶思维的表现。因此，教师语言策略的实施需要坚持迁移性原则，通过语言策略激发学生利用高阶思维对知识进行迁移与转化。这是教师语言策略实施的重点，也是促进学生深度学习的动力支持来源。具体而言，教师语言策略坚持迁移性原则，一方面要使自身语言内容联系生活内容，为学生提供知识的线索和搭建知识结构的方法，让其有能力完成语文知识点间的整合，甚至发现跨学科知识点间的联系，扩充知识结构网；另一方面要在学生知识迁移之后及时鼓励学生反思、创造与批判，将迁移后的知识与能力逐渐上浮，实现转化。可见，坚持迁移性原则贯穿于教师语言策略实施的过程始终，这是具有可产出性的迁移转化，也是教师语言策略作为供给侧有效实施的结果。

（五）时机性：适时选择合适的方式与内容，促进学生智慧生成

一个具有语言智慧的教师是具有教学智慧的，他能够在复杂多变、随时生成的教学情境中依据学生特点，敏捷而准确地给出耐人寻味的妙语，在语言表达中集中显示出特有的智慧和能力。面对小学生深度学习这一复杂的学习过程，教师实施语言策略时必须坚持时机性这一原则，根据学生深度学习的内在规律选择最恰当的时机，使用最适合的方式，说出最适合的内容，从而让学生的深度学习万无一失，得到时时保障。可以说，时机性原则其实就是教师语言策略具有智慧性的最直接表现，也是教师语言策略的有效实践方式。这一原则相应地要求教师在语言策略实施时，绝不能做知识的“传声筒”“贩卖者”，而是在适当的时机及时出现，又在恰当的时机及时“撤出”，通过科学而恰当的语言成为学生深度学习过程的组织者、实施者与指导者，在这过程中教师个人的语言智慧与学生智慧共同生成，共同成长。例如，教师在突发情况下能根据学生的表现迅速做出语言应对，或及时修正口误来更正错误、消除误解、澄清误听等。总之，教师语言策略坚持时机性这一原则是由深度学习的内在属性决定的，是“为学生智慧而言说”的生动灵活体现。

第二节　深度学习视域下语文教师语言策略存在的问题及原因

一、促进小学生深度学习的语文教师语言策略存在的问题

（一）语言不精准，使学生对文本的深度理解困难

在语言策略实施时，部分教师存在语言不够精准的问题，集中体现在教师的讲授语言策略上。具体而言，一方面，教师对知识点的讲解没有突出关键点，逻辑推演和分析过程不够严谨；另一方面，教师对语言的运用不够精练，如“这个”“那么”“是吧”“对吧”等口头习惯语出现频率较高，语言较为重复。这些使小学生在语文深度学习中，面对纷繁的信息文本进行阅读、发现、筛选、归纳和质疑，接受教师的语言策略帮助时出现了“断档”。换言之，教师语言策略无法对学生进行深度理解提供持续而有力的动力支持。教师语言不精准是思维不连贯的表现，这会影响到学生深度探究的思维连续性，导致学生不能对定义、概念或是术语做出精准解释和理解，在进行知识点的综合比较和关联时也存在困难，阻碍了学生文本理解能力的进一步发展。

（二）互动不完整，使学生缺少有效的合作探究

从教师提问、学生回答、教师反馈等语言策略建立的基本行为矩阵和对学生同伴交流这一环节进行的分析说明来看，教师语言策略在师生互动方面存在互动不完整的问题，从而使学生缺少有效的合作探究，难以引起学生人际沟通能力的高阶思维触发机制。具体而言，教师在提问语言策略上，方式较为单一，开放式问题类型占比不大，问题难度设置梯度不够，尤其是高频率的追问表现出互动假象的倾向；在教师反馈语言策略上，缺乏及时性和针对性，未能与提问语等其他语言策略和谐搭配使用；在小组交流上，教师语言策略以“等待”为主，缺少及时和必要的语言指导。上述问题使学生缺乏共享语言的活动，师生间、生生间的互动交流是不完整的，学生的以人际沟通能力为主的高阶思维没有全面参与深度学习活动，高阶思维也就没有进一步发展进阶的机会。

（三）迁移不及时，使学生评价反思缺乏有力支持

语言策略迁移不及时是部分教师存在的一个突出的共性问题，这会使教师对学生之后进行的评价反思缺乏支持，难以使学生的高阶思维得到发展。具体而言，部分教师这一共性问题在总结语言上表现得尤为明显，教师的总结语言在态度上虽然都是正面评价与鼓励，但是内容上却只是就文本或学生回答而论，“点到即止”，没有将话题进一步延伸，如未对学生从对当前知识学习拓展到文本以外的其他相关事件或情境中进行辨析与评价，也没有使学生进行相关的思维拓展练习。因此，缺少及时迁移的教师语言策略无法促进学生进行评价反思的思维活动，学生也就无法深入推动新的任务学习，从而无法形成显性的可迁

移学习成果，学生的深度学习过程“戛然而止”。

二、促进小学生深度学习的语文教师语言策略存在问题的原因

针对上述教师语言策略存在的问题，本书结合教师访谈和以高阶思维发展为重点的深度学习有关理论认识，并按照教师语言策略实施的行为逻辑，对其进行分析，从而为教师语言策略提升提供明确的思路。

（一）课前语言策略准备不足

一方面，教师对相关理论缺乏认识，不能使用科学理论指导和优化自己的语言策略，使自己的语言策略在小学生语文深度学习课堂中表现欠佳，对出现的问题也不能全面认识。教师对理论的认识与理解会影响个人的教学观念，从而影响具体的教学行为。教师对有关小学生语文深度学习以及高阶思维的具体内涵或理论观点多是根据自身日常教学经验做出的基本认知与判断，对其核心概念或涉及的相关理论认识得不够清晰，较多关注的是“应该是什么”“应该怎么样”“讲的内容对不对”“教学任务是否完成”等内容，较少主动关注有关语言策略的新理论和发展情况。于是，教师未能用科学理论武装自己，也就不能将其“活用”到实际教学中指导学生深度学习。智慧教学理论强调教育实践中的“转识成智”，即学习者将所学知识转化为自己的能力与人格。而教师语言策略是智慧教学中语智的直接表现，教师自然需要将先进科学的理论知识与教学实践结合起来，从而修炼个人能力与智慧品格。

另一方面，教师对语言策略缺少预设也是教师语言策略出现问题的原因之一。因为语文被认为是“训练学生语言思维的体操”，教师对自身语言策略准备的程度影响着教师的语言在实际教学中的表现以及学生的语言深度学习效率，所以“备语言”是教师语言策略实施和提升的重要一环。通过访谈发现，教师在课前备课时对语言策略的准备，或是没有计划，或是习惯于常规三维目标的思维定式，没有以培养小学生的高阶思维为语言策略的计划目标。于是在实际教学观察中，教师出现了语言重复多、无效输出多等不精准、不完整问题，也无暇顾及学生深度学习时会出现的种种情况，包括学生对教学内容的兴趣程度和意外事件的发生等。这是因为缺乏语言策略预设而造成的。如果教师对语言策略作出充分的预设与准备，认真深入地思考自身语言策略的目标、内容、方式以及其他注意事项，设计出一个具有明确而科学的预设方案，就能在一定程度上保证学生在语文深度学习过程中，个人语言策略的实施有条不紊，随机应变，更好地为学生深度学习提供线索，做到有的放矢。

（二）课堂教学中习惯使用传统语言教学方式

师生对话互动不完整，主要与教师习惯于应用传统讲授法有关。虽然教师已经刻意减少个人的语言比重，增加师生互动，但实际上其语言策略并未引起互动频率的明显上升。究其原因，虽然教师有意识地交还学生发言权和在深度学习中的主动权，但是长时间受传

统讲授法观念或教学行为的限制，一时间容易将师生对话与交流简单操作为“教师少说，学生多说”，使学生深度学习只停留在教师语言表达形式上，未能真正实现师生间“有来有往”和学生思维“有进有出”的真正深度学习课堂。实际上，教师语言的多少不是决定学生深度学习效果好坏的标准，更不是教师语言策略优劣的标准，教师真正需要的是走出传统语言教学方式的限制。

本书还发现语文教师的语言策略对学生迁移引导的动力支持较为乏力，难以在经验“下沉和还原”后继续促进学生对核心知识进行理解、分析、假设，使其进入“反思上浮”阶段。联系教师语言策略实施前后环节，其与教师习惯于传统语言教学有关。在传统的语言教学中，教师的语言策略更多的是关注学生掌握语法规则或基本文字符号，未能与学生生活建立关联，使学生无法及时进行理解、反思、批判、评价等更深层次的思维活动，使新的迁移运用就此止步。也就是说，这种割裂学生语言生活的传统语言教学是教师语言策略无法引起学生深度学习的重要因素。实际上，语文教师作为学生语文深度学习的供给侧，其语言策略实施理念与思路都要“新”，还应认识到语文是“语言中的语言”，仅是讲解专业知识是远远不够的，还需要与学生相关生活热点和经验相结合，并将它们作为重要“资源库”用于深度学习课堂中，从而更好地刺激学生进一步探索和发现，开阔学生的知识视野，升级学生已有知识结构，让语文深度学习既有语文学科的“好味道”，也能在迁移之后有新的、丰富的“营养”。

（三）课后缺乏及时反思与调节

通过不断反思语言策略修炼而成的能力能够最大限度地促进语文教师理性审视个人语言与策略行为，能够将教师逐渐从传统的、常规的、被动的语言策略行为中解放出来。这也成为教师个人专业发展的重要动力，帮助教师不断总结经验，优化语言策略，提升语言智慧。通过课堂观察和教师访谈发现，教师对于自身语言策略是否能够促进学生的深度学习或是否存在不足等问题，大多持待定及不确定的态度。这反映出教师自我语言策略反思意识的缺位，也导致教师未能在下次学生深度学习中优化个人语言策略，未能给学生提供更为科学的语言策略指导，甚至存在的问题长期得不到解决造成不良循环，从而影响到了小学生语文深度学习的教师语言策略实施效果。长此以往，会使教师语言策略提升的思路和方法认识不清，难以对症下药，不能为学生的深度学习提供有效语言策略支持，教师的语言智慧也就无从发生。

教师调节与改进方法、工具较少也是语言策略难以提升的重要因素。因为对于语文教师而言，大量的口头语言输出，无固定的开放式答案，仅靠个人的反思与总结是较为单一的，无法使他们在调节过程中对语言策略问题做到面面俱到，无法进行多角度、多侧面的分析，也就无法进一步做出合理的判断和持续、周密的新策略。所以访谈中大多数教师较多谈及的静心反思方式是远远不足的。教师在课后对教学语言策略的调节和改进是根据学习内容、学习阶段和学生的学习水平和层次等进行的再次反省、调整、矫正和设计的系统运作。这个系统过程需要丰富的调节与改进方法，从而帮助作为智慧主体的教师运用和生成语言实践智慧来促进学生通过学习语言、建构语言实现高阶思维的深度学习效果，使语言策略展示“语文味道”和个人语言魅力，以及促进教师的专业水平提升。

第三节　深度学习视域下语文教师语言策略的改进方法

一、做好课前语言策略准备工作

教师在正式授课前，对前期语言策略准备并不充分，主要原因是对相关理论缺乏深入认识和缺少语言策略预设。鉴于此，教师应围绕“促进学生深度学习”的根本语言策略目标，自觉加强相关理论学习，更新思想观念，并遵循教师语言策略原则预设语言策略实施内容，从而做好必要的工作准备。

（一）加强相关理论知识学习，深入认识语言策略

关于对“促进小学生深度学习的语文教师语言策略”的有关理论认识，实际上是教师在教学实践及教育思维活动中形成的价值态度、理性看法和个人要求。而由于其涉及的有关理论知识内容深刻，内涵丰富，部分教师虽有促进学生深度学习的意识并关注教师语言策略，但是其对相关理论的认识并不深入，没有一个科学的思想观念，导致课中与课后的语言策略实施缺乏必要准备和思想主线。因此，在这种情况下，教师的语言策略难以一语中的，不能真正促进学生发展高阶思维并达到深度学习效果。基于此，小学语文教师应立足学生，高度重视对相关理论和知识的学习，对涉及的概念、内涵、价值和基本要求等有一个深入而全面的认识。结合教师工作实际和现实条件，教师可以从校内工作和日常生活“双管齐下”，为深度学习而学，为语言策略提升与优化而学。

一方面，在校内，教师应积极与其他教师交流，不仅可以以专题研究进行组内讨论，还可以共同组建跨学科、跨年级的教研小组开展“促进小学生深度学习的教师语言策略”学习交流活动。教师之间也可以组织线上线下学习读书会与主题交流活动，或是开展学校、学区的网络研讨。在活动中，教师的深度学习理念与语言策略认识彼此碰撞，有助于教师彼此之间交流和学习，从而可以使教师意识到重要理论之于学生深度学习的现实指导意义。教师还可以利用学校与高校的对口帮扶、合作机会，多渠道参加专家学者的学术交流座谈会，在专业人士的指导下切实将深度学习理论与个人工作实际结合起来，使自己对深度学习等核心概念不断理论化、现实化，进而真正理解其理论价值和实践价值。

另一方面，在日常生活中，教师要具有“走出去”的意识，自觉拓展教师语言策略的学习渠道。例如，自觉养成每天阅读的习惯，且不限于教育类经典专著，多看“新书”“活书”，以在日积月累中逐渐延伸自己的知识圈，打开个人视野。教师还要在读书中自觉撰写和整理读书笔记，在记录中学习内化，加深对与深度学习有关的如“U 型过程理论”等重要理论的了解与认识，并从核心概念延伸拓展，对浅层学习与深度学习的区别与联系等重难点内容认真辨析思考，从而不断提升个人思想理论水平。总之，教师要对“促进小学生深度学习的语文教师语言策略”的相关理论做到心中有数，才能更好地在接下来的语言策略实践中活学活用。

（二）遵循教师语言策略原则，预设语言策略内容

针对教师缺少语言策略预设的问题，教师首先需要意识到语言策略的预设或是准备不只是明确规定策略实施的要求和路线，还应从教学实际出发考虑所预设的策略内容是否切实可行，做到有计划却不僵化。这就要求小学语文教师围绕“如何通过帮助学生提高文本理解能力、人际沟通能力与评价能力在内的高阶思维达到促进学生深度学习目的”等关键问题进行思考，并遵循所提出的语文教师的语言策略原则来预设语言策略，保证思想认识和策略行动的整体一致性与正确性，做到深度备课。

一方面，教师要结合语文教师语言的内在属性，认真遵循教师语言策略的基本原则。这就要求教师预设语言策略时考虑整体性，明确教师语言策略的根本目的是促进学生深度学习，具备“将语言策略贯彻到学生深度学习的全过程和各环节”的主动意识，统筹兼顾，综合施策；考虑情境性，以真实问题情境和生活经验触发和推动深度学习；考虑交互性，保证学生与知识、学生与学生、教师与学生之间的主客体互动联系；考虑时机性，关注言说主体（学生）的智慧和培养学生智慧的重要性，选择适当时机。当然，遵循语言策略原则不等于原封不动地按照预设内容执行策略，而是要综合考虑运用语言策略促进学生深度学习的协调性和可行性，将原则要求活用到语言策略预设方案中，不能为了追求深度学习或是语言策略的“形”而淡化了对学习内容深度理解的“质”。

另一方面，教师需要在教师语言策略实施原则的指导下，按照步骤对预设内容进行具体拟定。首先，进行学情分析。因为对语言策略的拟定和设计不能随意捏造，而且语言策略是以学生为实施对象，所以教师必须坚持“从学生中来”，才能真正“到学生中去”。对此，教师可以运用多种方法，如问卷法、访谈法等对学情进行整体评估，对学生在语文深度学习前自身学习准备、学习风格等方面进行全面了解，尤其是重点关注学生的错误前概念和错误思维，从而对促进学生深度学习的语言策略目标、具体方式，以及可能出现的问题做出全盘考虑，一一写出计划。其次，确定语言策略内容。教师要依据所得到的学生学习情况对语言策略实施需要达到的目标进行考量，包括所提出的以小学生语文基本高阶思维能力为核心的深度学习水平，即文本理解能力、人际沟通能力、评价能力，然后依据课文内容对学生学习的低中高水平做出预设，为后续评价和反思提供依据。最后，对预设目标与内容做出修正。因为前面两个步骤的行动主体是教师个人，存在较强主观意愿，教师可以通过试用或是预演，采纳其他教师和专家意见进行修正与改进，最终形成课前教师语言策略的预设内容。

二、优化课中语言策略实施行动

从“下沉”到“上浮”不断螺旋上升的“U 型”深度学习过程，是教师语言策略正式

实施的全过程。本书通过问题探究，发现小学语文教师课堂教学中语言策略的使用效果欠佳，难以引发学生具有高阶思维的表现。鉴于此，小学语文教师应走出传统语文教学的桎梏，结合语文学科特点和教学实际，为学生精准讲授搭建理解支架，联系生活帮助迁移运用，加强互动对话强化沟通交流，从而使学生的包括文本理解能力、人际沟通能力和评价能力在内的高阶思维得到真正提升，达到深度学习的目的。

（一）精准讲授知识，搭建理解支架

语文是一门综合性较强的学科，知识体系十分庞大，但是小学生的认知加工水平较低，像语言学中的语法、修辞、逻辑等知识点都依赖教师的语言讲授解释和正确示范。对此，要促进学生有效理解文本知识，使其探究知识背后存在的联系等具有挑战性的深度学习内容，需要教师在语言策略上做到精准讲授，为学生搭建稳定的理解支架，具体包括在讲授内容、表达形式、时间安排上做到精准。

首先，讲授内容精准。精准的授课内容是语文教师实施语言策略的基本要求，也是促进学生深度学习的重要前提，因为内容如果存在偏差，则容易使深度学习的过程中断或是停滞。讲授内容精准不仅要求准确讲解知识点，更要保证教育方向的正确，即坚持“求真”和“向善”两个基本点。“求真”要求语文教师在实施语言策略时追求真理，实事求是，对客观事物能够形成正确而全面的认识，符合课文内容，提炼出核心问题与知识，清晰准确地阐述学习知识点，为学生理解能力建设准确而稳定的“支架底座”，避免对学生造成错误示范，影响学生深度学习中对材料的加工。“向善”要求语文教师的语言策略目的出自“善”，蕴含关爱、尊重、公正之心，一切为了学生的整体发展。因为从教育伦理学角度上讲，“善”乃是教育伦理的本性，而教师的语言策略实施行动作为教学活动的具体实践，必然需要符合教育伦理的固有本性。因此，教师讲授的内容要符合社会主义核心价值观，让学生理解讲授语言中蕴含的社会大德、社会公德与个人品德，并在善意的内容中掌握符合社会主义核心价值观的文化知识内容，从而在“善”的内容中自觉养成良好的道德品质，激发崇德向善、热爱祖国等积极情感。这也符合深度学习中关于能力与品质的学习目标。

其次，表达形式精准。这要求教师切实提升个人整体口头语言表达能力，包括在语速上能根据教学内容与学生学习情况进行调整与改变。例如，当讲解重难点时，语速尽量平缓，避免学生跟不上节奏，当学生注意力较差、学习疲惫时，可适当转变语速引起学生注意；在语音上吐字清晰、发音准确，讲解时要有意识地减少使用过多口头禅，如“嗯”“啊”“这个”“那个”等，避免使语言表达含糊不清；在语用上追求语言的丰富性，表达方式可以生动多样，通俗易懂。总之要符合语法规范、语音规范、修辞规范。例如，课堂观察中有位教师在对《只有一个地球》这堂课进行导入和讲解时运用的语言是这样的：“同学们，在前面课程的学习中，我们跟随古代诗人的脚步，眺望波涛滚滚的黄河，或是欣赏美丽如画的江南景致，或是饱览潺潺流水环绕绿野的田园风光，感受了祖国山河的壮丽与秀美，又感受到了人与自然的和谐与美好……”从这位教师的语言讲授中可以看出，该教师语言储备丰富，备课语言充分，语言表达形式准确而多样。她运用了多个写作词语进行排比，朗朗上口，将风景画面娓娓道来，既为学生勾勒出了祖国大好河川之美，也展示出了语文语言之美。

最后，时间安排精准。对于小学生语文深度学习而言，教师在每个阶段的时间安排对学生学习加工与学习反思有密切关系。以师生交流互动环节为例，如果时间过短，会流于形式，时间过长可能会导致学生学习激情过于高涨或衰退，破坏教师语言策略的完整性。因此，教师要精准把控时间，必要时可以进行计时试讲，并且结合语言策略预设的内容进行安排和修正，逐渐掌握合适的时间节点和语言节奏。综上，精准的讲授内容、表达形式和时间安排，可以为学生理解知识提供坚实的学习支架。

（二）熟知小学生成长规律，做好课堂教学语言预设

教师在课前对课堂教学内容的预设是必不可少的，其预设的内容也各不相同，教师在课前所做的预设需要根据学生的不同心理状态，设计不同的教学内容。幼儿阶段的儿童往往是依附于游戏、观察周围事物等各种活动来进行学习，到了小学阶段，学习活动成为学生学习的主导，并成为一种独立的活动。小学阶段的学生学习自制力较差、情绪变化明显、认知水平不高，随时需要教师的监督和指导。尤其是小学生的学习动机、学习态度、学习兴趣在一定程度上需要教师来进行干预，因此教师要充分把握小学阶段学生的心理发展，合理安排教学，从而起到事半功倍的效果。

1. 了解小学生的认知发展规律

注意是心理活动对一定对象的指向和集中。注意能促进许多任务的认知加工，如抓取玩具、击打棒球或者累加数字。与成年人一样，儿童一次只能对有限数量的信息加以注意。他们以不同的方式分配自己的注意。对于初入学的小学生来说，其无意注意已经得到了迅速的发展，有意注意正处于逐渐形成的阶段。低年级的学生在面对某件比较复杂的事物或者难以引起他们兴趣的事物时，往往很难保持长时间的注意。不同的年龄阶段，其注意力维持的时间长短也有所不同。随着年龄的增加，其注意的稳定性也不断增强。一般而言，7～10岁儿童能持续注意的时间在20分钟左右，10～12岁儿童能持续注意的时间在25分钟左右，而12岁以上儿童能持续注意的时间在30分钟左右。由此看来，大部分小学生的注意力持续时间在30分钟以内。如果在教师的讲课内容过于无聊的情况下，学生的注意力持续时间便会缩短。因此，教师在教学过程中要适时地运用一些小技巧来吸引学生的注意力，如在讲解课文内容时可以根据文章的情感适时变换自己的表情，讲到高兴的地方就笑逐颜开，讲到悲伤的地方就愁容满面，讲到愤怒的地方就满脸怒气等。多变的表情可以让学生犹如身临其境，真切感受文章中所流露出来的情感。

在记忆力方面，低年级的学生依然以无意记忆为主导，如能够记住一些有趣的笑话却不能记住教师上课讲到的内容，其记忆的方法也是以机械记忆为主。因此，面对低年级的

学生，教师要有耐心，多采用有趣的教学方法。对于较难的内容，教师可以编写一些容易记忆又具有吸引力的口诀教给学生。高年级学生的有意记忆得到了较好的发展，并且记忆方法由机械记忆开始转向意义记忆，面对高年级的学生，教师可以进行适时的重复来强调教学的重难点内容，帮助学生进行理解，从而帮助学生进行记忆。

小学生的想象力奇特，经常会有出乎意料的想法。在低年级学生的头脑中，现实和想象之间往往没有明显的界限，他们经常会将两者混淆，说一些与事实不相符的事情，但在成人看来也许是“说谎”。因此，教师在课堂上遇到学生奇特的想象时，不要急于斥责，要对学生加以适当的夸赞、合理的引导。教师要充分利用学生的想象进行课堂教学，如引导学生根据课文内容展开一定的想象，进行绘画、编故事等，也许能够达到意想不到的效果。但是教师要注意对学生的想象加以引导，以防学生漫无边际的空想。

2. 了解小学生的言语发展状况

由于学习的需要，小学生更多需要用逻辑性和连贯性更高的独白语来进行讲话，在学习过程中，其独白语也在不断发展。然而在现实中，小学阶段的学生往往会出现口语表达能力退化的现象，如说话变得单调无趣、语无伦次、没有感情等，这是小学生口语发展时必会经历的阶段。这时候需要教师给予正确的指导，给学生做出良好的示范。例如，在进行课堂教学活动时，运用生动形象、幽默风趣的语言进行讲课；给学生一定的范例，让学生进行模仿，并给予学生一定的评价；等等。另外，小学阶段正是学生发音的完善阶段，因此教师可以引导学生区分一些易混的发音，如“r”和“l”、“sh”和“s”等；小学生的词汇量开始增加，语法知识逐渐完善，因此教师要正确运用字音字词，利用多方面的词汇以及合理的语法知识创造一堂语言丰富多彩的语文课。

从八九岁开始，小学生的书面语言快速发展。一方面，小学生的识字量开始快速增长，在这一阶段，他们出现了回生现象，即“学得快，忘得也快”。这就要求教师在课堂教学活动中进行必要的重复来加深学生的记忆，也可以设计一些能够引起学生学习兴趣的教学活动来进行识字教学。教师通过一定的教学方法，在一定程度上可以降低识字的回生现象。另一方面，小学生的写作水平也在不断提高，由写作的口述阶段经过过渡阶段，进而发展到了独立写作阶段。不论是在哪个阶段，教师都要对学生进行正确合理的引导。

在准备阶段，连贯而流畅的口头叙述对于写作而言很重要，因此教师在教学活动中必须能够流畅自然地用口语表达自己的思想，并引导学生将要书写的内容用口头语言表达出来，教师要做出简单的示范，切忌用成人化的语言进行表达，尽量使用儿童化的语言。所谓儿童化的语言，就是教师根据儿童的心理发展特点和思维发展水平，有针对性地将课堂教学语言进行个性化处理，形成便于儿童理解的语言。

在过渡阶段，教师要对学生进行耐心的指导，对于学生的书写内容，教师不能站在自己的立场上去评价，要根据小学生的能力发展给予其及时、合适的评价，指出学生的优缺点，告诉学生改进的方法，让学生能够轻松学习。学生书面语的快速发展，也要求教师在课堂上使用的书面语工整美观、结构清晰、合理流畅。

3. 了解小学生的个性发展状况

（1）自我意识的发展。自我意识是指个体自己所意识到的各种身心状况，包括全部心理活动的过程和内容，它是一个人对自己以及自己与客观世界的关系的一种意识。在小学阶段，学生的自我意识不断发展。下面从自我概念、自我体验、自我评价三个方面来探讨小学生自我意识的发展。

所谓自我概念，就是个人对自己各方面觉知的总和，包括个人对自己性格、能力、志趣的了解，个人与他人和环境的关系，以及对生活的评价等。随着年龄的增加，学生的自我概念从具体描述发展到抽象描述，抽象描述包括对自己的爱好、情感、对学习的态度等的描述，虽然学生的自我概念有所发展，但是仍带有一定的具体性和绝对性，因此教师在课堂教学活动中要利用教学语言，向学生传达正确的价值观、良好的学习态度、稳定的情绪状态等内容，让学生在教师的教学中接受潜移默化的教育。

自我体验是自我意识在情感方面的表现。自尊心、自信心是自我体验的具体内容。自我体验发生在四岁左右，在小学阶段会有较大的发展。小学生自我体验与自我评价的发展具有很高的一致性。自我体验的发展与自我认识和自我评价的发展密切相关。随着小学生理性认识的增加，他们的自我体验也逐步深刻。因此，教师应在课堂教学活动中，使用肯定、赞美、表扬、鼓励、宽容的语言，将尊重和期望传递给学生，这样才能激发学生的自尊心和自信心。

小学生的自我评价能力随着年龄的增长逐步发展，由外部的制约过渡到内部道德认识的制约，由注重行为的结果过渡到注重行为的动机，由注重行为的后果过渡到注重行为后果的性质，自我评价独立性增强。由于小学阶段的学生自我评价能力在一定程度上落后于对他人的评价能力，因此教师必须在教学过程中加以正确的引导，在教学中做好示范，在对学生进行评价时，指明学生的优点并对其进行鼓励，告诉学生需要改正的地方并帮助学生制定改正缺点的措施。

（2）社会认知的发展。社会认知是指个体对他人、自我、社会关系、社会规则等社会性客体和社会现象及其关系的感知、理解的心理活动。随着年龄的增长，学生的社会认知能力也在不断提高。小学生社会交往中存在的关系主要包括家庭关系、同伴关系、师生关系，下面主要对师生关系方面进行论述。

师生关系是儿童生活中较为重要的一种人际关系，师生关系是学生在学校环境中与他们的教师所建立的认知、情感、行为等方面的联系。由于小学阶段的学生向师性比较明显，因此教师在课堂上对学生的态度和期望对学生的发展有重要的影响。罗森塔尔效应实验便很好地验证了这一点。罗森塔尔等人在一所小学进行了一次“预测未来发展的测验”，之后将一份具有较高发展潜力的学生名单交给了教师，而实际上这只是随机抽取的一份名单。一段时间之后，罗森塔尔等人再次回到这个学校进行测验，发现之前名单上学生的成绩明显提高，他们对学习的态度和积极性也有了较好的变化。这一研究引起了教育者对期望教育的探讨。

由此看来，教师对学生的期望在一定程度上影响着学生的发展。教师对学生的期望主要通过教师的教学语言进行传递。在教学口语方面，主要体现在对学生的评价方式上。面对高期望值的学生，教师往往会说“快点，这个题你是可以做对的”，而面对低期望值的学生，教师则会说“慢慢来，我知道你可能需要更多的时间”“你学习成绩好，你要好好帮助这些功课慢的学生”等，虽然表面上看来教师很好地保护了成绩相对较低的学生的自尊心，并给他们特殊的关怀，但这也在无形中向学生传递着“我成绩不好，能力低下”以及“我是优秀的学生，比他们能力强”等信息。在教学体态语方面，面对高期望值的学生，教师会不自觉地给予一定的关怀，热情饱满、面带微笑地与他们进行谈话，而对低期望值的学生则缺乏微笑，还会微微皱眉。教师身上这些微小的动作在学生看来尤为重要，并代表着教师内心的真正看法。因此，面对教师的不同期望，优秀的学生更加优秀，而较差的学生没有进步，甚至有可能丧失学习的信心。

（三）语言联系生活，帮助迁移转化

如果能联系生活创设良好深度学习情境，则能够帮助学生激活旧知，触发深度学习，也能帮助学生在“下沉”过程中联想、推理、建构，最终达成迁移转化的产出性学习效果。因此，教师需要注重语言策略的迁移性，通过语言联系生活，帮助学生在语文深度学习中迁移转化。

首先，教师可以充分利用学生生活经验。学生对学习的热情在一定程度上取决于其对学习内容的已有感受和兴趣，而且深度学习不同于一般学习，如果学生在学习过程中对所学内容已有部分经验，知道得越多，就学得越快、学得越好。对于教师来说，虽然语言策略方式多种多样，形式多变，如故事讲解、谜语竞猜、悬念设置等，但核心要求是不变的，即要以学生生活经验为关键。这就要求教师能够将知识“还原”到生活中和学生经验中，创设良好课堂教学情境让学生体验有关课文内容的发生背景或是知识使用情境等，也就是“还原”学生已有生活经验促进学生知识与思维“下沉”，从而建立知识与经验的内在关联，达到从“经验”到“新经验”的效果。例如，课堂观察中有教师讲授《鸟的天堂》这一课文时，使用的导入语言是这样的。

教师：人们常说“上有天堂，下有苏杭”，那么这句话是什么意思呢？请你来说一下。

学生：就是说苏州和杭州跟天堂一样美丽。

教师：回答得很好。苏杭风景如画，美得跟神仙住的地方一样，那么鸟的天堂是怎样的呢？同学们，看到这张图，请用一个词或者一句话形容一下你的感受。

学生：图片中绿意盎然，让我感受到生机勃勃。

学生：图中是一棵参天大树，树干特别粗壮，树周围有很多小鸟，让我感受到很欢乐。

……

教师：是啊，同学们形容得真美啊！今天我们就跟着巴金去看一看“鸟的天堂”究竟是什么样的吧。

示例中，该教师先以脍炙人口的“上有天堂，下有苏杭”引起学生对“天堂”的初识，并先后出示苏杭和课文插图，然后让学生用简单的词语形容看到图片后的感受，学生在表达了自己的感受后，教师只是简单地回应了一句“真美啊！”，接着就引出了课文主题。令人惊讶的是，对于“天堂”这一集美好于一身的代表，这位教师没有用过多的华丽辞藻和优美语句去形容，而是让学生直接表达个人初步感受，做出基本判断。其实这是因为“天堂”是美丽的形容词，较为抽象，学生了解不深，如果用过多复杂词语进行解释反而会超出学生生活经历或已有认知水平，难以达到导入语的目的，反而会降低学生的学习兴趣。可见教师语言策略要以学生生活经验为基准，让学生深度学习不是从头开始，而是从经验开始，可以有效迁移旧知到学习新知过渡。

其次，教师要注重启发诱导。教师语言策略的根本目的不是灌输知识，而是启发学生生成智慧，使其进行深度学习，并能够自觉主动地完成化知成识、转识成智的学习，最终用于生活，服务生活。这要求教师在使用有限且准确的讲授语言策略的基础上，注重使用引导性的语言，鼓励学生尝试将所掌握的知识与自己在实践生活中已有的认知经验相结合，并用于解决真实生活问题，而不是自己“越俎代庖”“一手包办”。这样的语言策略可以发挥“四两拨千斤”的效果，使学生在新的学习生活中举一反三，联想迁移，高阶思维得到充分运用。例如，教师可以通过适时的补充和必要的联系启发学生思考学习，包括对教材中的词汇、语句进行生活化的补充和解释说明，将一些较为复杂和专业的概念、定义化繁为简，用生活中的例子或趣事、故事、谜语等帮助学生更好地领悟学习重难点。以在课堂观察中某位教师所讲授的《慈母情深》片段为例，教师在教授关于“从哪些地方体会到慈母情深？”这一重难点时，是这样讲解点拨的。

教师：请大家默读第 6 至第 19 自然段，边读边想课文中的场景，并勾画、批注让你感触深的地方，再想一想哪个地方让你感受到了慈母情深？给大家五分钟静静地读完，静静地走进第一个场景。

教师：好！请你说。

学生：我找的地方是第七自然段的开头“空间非常低矮，低矮得使人感到压抑。不足二百平方米的厂房，四壁潮湿颓败。”大家想一想，大约 200 平方米的厂房，要装七八十个女人，加缝纫机，还有一大堆箱子……

教师：（教师打断进行补充）大家知道 200 平方米有多大吗？相当于我们这个教室的两个半，大家想象一下。

学生：像我们教室的话，班上有 52 个同学，过道都十分拥挤。而文中母亲工作的工厂，跟我们两个半教室那么大，加上装的东西实在太多了，所以每个人能占的空间非常小，就那么一点点。所以，空间非常低矮，低矮得使人压抑，感觉往上看看不到天空，感觉待在监狱一样的小牢房里。母亲在这个恶劣的环境下为了供作者上学辛苦工作，我感受到了母爱情深。

从教学片段中可以看到，教师在学生进行回答时及时抓住“200平方米”这一抽象数据，以教室为参照物进行补充说明，让学生直观感受与进一步理解文中母亲工作环境的“小、热、吵”，从而带领学生理解文中母亲工作环境恶劣，使学生了解侧面烘托母爱伟大的写作手法。这一及时的语言策略点拨与启发，帮助学生从多个方面分析和掌握课文中有关词句的意思和感情色彩，并加强了学生知识学习的迁移和情感的共鸣。

最后，教师语言策略在联系生活帮助学生迁移转化时，语言表达形式应丰富多样。教师可综合使用情感抒发式、激励升华式、引申铺垫式等语言策略，做到在知识理解上拓展学生学习范围，在情感上感染与激励学生。这能有效引导学生将理解之后的知识不断“现实化”，用内化的“个体知识”创造性地解决现实问题，达到课虽尽而意无穷的效果，为学生真正将所学知识与思想方法进行反思升华与迁移应用提供语言支持。需要注意的是，无论形式或内容如何改变，教师在联系生活帮助学生迁移运用时，教学语言必须实事求是，不能脱离课文或词句的本意进行主观臆断或随意发挥，要遵循前一条讲授语言精准的要求，在尊重课文原意的基础上尽量采用丰富的语言形式，展现个人语言魅力。

（四）加强对话互动，强化沟通交流

只有教师发生变化，真正把学生看作主动发展的主人，真正与学生共同投入教学，互动对话，才能促进学生生命成长，教师也获得智慧成长。对于为促进学生深度学习实施语言策略的语文教师而言，关键是认识互动对话之生命存在，通过加强对话互动，引导学生在沟通交流中高效合作、解决问题、评价反思与创造产品。

针对师生交往互动存在的问题，教师在语言策略上首先应加强对话方式的创新性，而这一语言策略可集中表现在教师的提问上。在深度学习中，恰当而具有新意的提问，相当于启发学生高阶思维能力、活跃课堂氛围、提高教学效果的助推剂，可以最大限度地引导学生对语文所学知识进行探究分析、综合评价、反思迁移等。因此，教师要依据深度学习目标和知识重难点设置合适的问题难度阶梯，使学生能够在一定范围内辩论回答，有更多思辨空间；在提炼“核心问题”的基础上设置“大问题串”，将知识问题化或问题知识化，驱动学生积极思考；以开放式问题为主，多使用“是什么”“为什么”这样的半开放或全开放的提问句式，或是多使用逆向设问、正反设问等激疑设问方式。以这样具有创新性的提问语言策略与学生对话，拓宽问题范围，延伸课本内容，营造活跃的课堂氛围，让学生有疑问、有思考、有参与，从而锻炼学生的思维方式。教师还应提升追问策略，如果教师片面追求提问频次，不考虑之后学生思考问题和解决问题的可操作性，则提问效果会大打折扣。因此，教师要注意追问的语气和频次，给予学生一定的思考时间，达到追问驱动学生积极思考的目的，并尽可能与反馈语搭配使用，避免造成“有回答无反馈”的频繁互动假象。

其次，教师要注重对话语言的针对性。师生间的有效互动必定是有来有往的，如果对话内容缺少针对性，则易造成学生疲软或思维认识的错位。于是，这一策略可以通过使用具有针对性的反馈语言来有效实施。具体方式可使用“肯定态度＋具体内容”式进行反馈，这里列举课堂观察中教师所运用的部分反馈语言作为示例：“你真棒，还会用到之前学过的内容。”“你能不能就一个地方说具体，说详细，不要一口吃个胖子。”“这位同学在预习的时候能自觉阅读，并能够借助工具书理解词语的意思，能够帮助理解课文，这样的预习很有必要。”“是的，非常好。他会联系生活，他看到过，在工地里，在老家里，听到那个嘈杂的机器声音，那个轰鸣的声音，让人一刻都待不住，只想逃离。”教师还可使用“回音”结构，即“逻辑连接词＋指示代词＋认知动词＋改述了的学生的观点”句式对学生进行反馈。这样的反馈语言结构不仅让对话具有内容的针对性，还可以让学生在沟通交流中再次获得说话机会，并使其根据教师有针对性和指导性的反馈语进行再次思考，做出自我批判与评价，提出新的思路方法和设计方案，进行优化与调整，以此达到理解能力、沟通能力以及评价能力的高阶思维发展。例如，“所以你认为，‘我’连续喊了三次母亲是因为工厂太吵了，母亲听不见是吗？”“因此你觉得，母亲生怕‘我’因为同事的指责而不买书，所以大声回答是对同事的反驳和对‘我’读书的支持，是这样吗？”

三、加强课后语言策略的反思与调节

教师对自己的教学语言进行反思和调节是小学语文教师促进学生深度学习过程中语言策略水平不断提升的必要环节，不可或缺。它能够加深教师对教材的认识、加工与处理；提升教师的分析和判断水平、逻辑思考能力；能促进教师对学生和对周围事物的主动认识和感知；实现从教教材到教学科，形成自己独特的语文教学风格，为学生深度学习提供科学而艺术的语言支持，有效解决教师课后语言策略难以提升的问题。具体包括全面反思教师语言策略实践内容和善于利用调节与改进方法、工具。

（一）全面反思教师语言策略实践内容

语文教师对自己教学语言的自我反思，绝不能看作对教学语言的简单控制或是输出到输入的机械过程。恰恰相反，这是一个综合的、动态的过程，涉及教师的知、情、意、行等综合要素和语文复杂而庞大的知识网络。因此，教师需要全面反思教师语言策略实践内容，从通过语言来反思转变为通过反思提升语言。

首先，教师可结合工作实际与促进学生深度学习的具体教学目标，拟定语言策略自我反思目录，其内容需要包括“五个看”：一看语言目标的达成度，即个人所设计的语言方案与策略是否完成了教师语言策略实施前的拟定计划，是否达到了深度学习的性质与标准，是否站在学生的立场满足其高阶思维能力发展的需要；二看语言内容适切度，即言说的内容与安排的教学内容是否符合深度学习需要，能否促进学生一般及超越一般的发展；三看语言运用的灵活度，即是否能够灵活运用各种语言策略方法，是否能够面对生成性问题发挥语言机智，是否能够运用语言巧妙化解突发事件；四看语言效果的活跃度，即在语言教学下学生是否处在积极的学习状态之中，学生能否完成基本教学任务并且进一步迁移和产出，师生交互与合作是否融洽；五看语言结果的有效度，即是否能够促进学生深度学习能力，包括思维能力、沟通能力、评价能力的提高，学生是否能做出较高水平的回答。

其次，教师需要在结合上述五点反思内容的基础上，在实际教学中进一步反思与优化，从而保证自身语言策略反思的全面性与正确性。具体而言，语文教师可以在授课后依据自己授课内容灵活制订当堂反思目录，然后依次简要记录，形成一个问题清单，为之后使用调节和改进工具提供参考内容。同时，在反思目录涉及的基本内容之外，教师也需要对自己的整体语言特征有所关注。例如，认真回想、反思自己语言输出时发音是否正确，字词搭配与组合是否恰当，语法使用是否正确，自己输出的语言究竟是否符合语言的基本规则和教师口语规范要求等。

（二）善于利用调节与改进方法、工具

《论语·卫灵公》中，子曰："工欲善其事，必先利其器。"在拟定自我反思目录并明晰其要求和内容后，教师要善于运用调节方法和工具来辅助语言策略的提升，争取在课后反思中不断改进自己的语言策略水平，为学生的深度学习提供更科学的支持。根据教师访谈中教师个人所需的方法并结合教学工作实际，本书主要提出三类调节与改进方法、工具供教师使用。

一是个人日记或教学视频记录。教师可以通过写日记进行反思与自我追问，内容可以包括与学生、同事等人的对话和自己深度的感触等。撰写过程中，教师可以根据教学中本身语言策略问题，结合教学实际情况进行详细、真实的描述，同时认真思考，尽可能多地提出语言策略改进的教学建议。在条件允许的情况下，教师可以通过录播等方式对重要专题实践活动的教学过程进行全程录像与跟踪，后期整理存档，或是通过留存的音像资料进行语言策略回顾与反思。在这个过程中，教师可参照对课堂案例进行视频分析所设计的编码表，制作"促进小学生深度学习的语文教师语言策略课后反思表"等明细表，以此更有针对性地观察评价并诊断语言策略存在的问题。

二是教师间的教研听课、经验分享会等。教师对课堂上的语言策略的自我认知具有较强主观性，所以仅是个人的回忆性的反思总结，会有认识不到的失误存在。因此，教师可以通过不定期的教研听课评课、经验分享交流会等途径进行全面反思。而与其他教师进行互相观摩评课，吸取别人经验时，可参照研究中涉及的课堂观察分析编码表内容或是拟定的课后反思目录拟定自己的听课评课表，然后对照发现自己语言策略上的不足并进行改进优化。

三是建立学生意见簿或进行问卷调查。教师语言策略归根到底是为了学生的深度学习，学生才是语言策略实施下的当事人，他们的意见与感受对教师进行语言策略评估与优化具有重要作用。为鼓励学生对深度学习中的收获、体验心得以及建议表达真实想法，教师可以利用匿名形式，使学生通过邮箱、短信等多种渠道表达，教师再将其整理归纳，提取有效信息，了解语言策略效果，进而调整语言策略。

参考文献

[1] 蔡小玉 . 走向深度学习的小古文教学 [J]. 中小学班主任，2021（12）：27–29.
[2] 陈荣贵 . 深度学习视域下低年级识字教学的实践研究 [J]. 当代家庭教育，2022（25）：239–242.
[3] 陈盈旭 . 基于核心素养导向的小学语文教学设计改革探究 [J]. 读与写：上旬，2022（11）：76–78.
[4] 杜宝治 . 基于深度学习的小学语文低年级多元识字教学策略 [J]. 福建基础教育研究，2021（3）：61–63.
[5] 付海英 . 小学语文学科核心素养的培养探究 [J]. 中国教育学刊，2019（增刊 1）：34–36.
[6] 付金练 . 优化小学语文识字教学的策略探究 [J]. 作文成功之路（中），2016（7）：45.
[7] 高佩玲 . 搭支架促进小学生文言文深度学习的有效策略 [J]. 华人时刊（校长），2021（10）：56–57.
[8] 郭敏，国微 . 深度学习视域下小学识字写字教学路径的优化 [J]. 现代中小学教育，2021，37（8）：35–38.
[9] 何倩倩 . 小学语文学科核心素养的培育研究 [J]. 世纪之星（初中版），2021（26）：164–165.
[10] 林兰香 . 小学语文学科核心素养有效落实之策略研究 [J]. 考试周刊，2021（9）：202.
[11] 何庆元 . 基于核心素养小学语文课堂有效教学探索 [J]. 环球慈善，2020（1）：150.
[12] 黄云英 . 基于核心素养的小学语文课堂教学设计 [J]. 新课程教学（电子版），2020（18）：34–35.
[13] 金姝娟 . 指向深度学习的古诗词教学 [J]. 小学语文教师，2019（9）：38–41.
[14] 李云慧 . 基于深度学习的小学语文阅读教学分析 [J]. 新课程（中），2019（5）：45.
[15] 李中敏 . 基于深度学习的小学语文古诗词教学策略研究 [J]. 文存阅刊，2020（44）：131.
[16] 林铃 ."深度学习"的小学语文古诗教学策略探究 [J]. 当代家庭教育，2020（19）：1–2.
[17] 刘彩艳 . 小学语文学科"核心素养"的内涵及其实现路径探讨 [J]. 教育界，2022（4）：98–100.
[18] 刘婷婷 . 基于核心素养下的小学语文课堂教学设计研究 [J]. 小学生作文辅导（上旬），2020（6）：30.
[19] 刘晓晨 . 浅谈指向深度学习的小学古诗词教学 [J]. 中文科技期刊数据库（全文版）教育科学，2021（9）：101.
[20] 刘璇 . 基于核心素养背景下小学语文学科教学策略的研究 [J]. 中文科技期刊数据库（全

文版）教育科学，2022（5）：25-27.
[21] 陆莎莎 . 基于核心素养下的小学语文课堂教学设计的研究 [J]. 爱情婚姻家庭：中旬，2020（11）：107.
[22] 陆兴红 . 核心素养视野下的小学语文教学研究 [J]. 名师在线（中英文），2022（25）：28-30.
[23] 马晓芳 . 小学语文学科核心素养有效落实之策略研究 [J]. 考试周刊，2021（33）：33-34.
[24] 马雅君 . 以核心素养为导向的小学语文学科教育教学策略研究 [J]. 课外语文，2017（24）：74-75.
[25] 茅琳 . 以“诗”启“智”，让深度学习真正发生 [J]. 教师，2022（20）：27-29.
[26] 农永艳 . 小学语文学科核心素养的内涵及实施途径 [J]. 中国科技期刊数据库科研，2022（6）：76-79.
[27] 潘鸣 . 基于深度学习的小学古诗词教学 [J]. 教育界，2022（16）：83-85.
[28] 乔路路 . 小学语文学科核心素养的内涵及培养路径探析 [J]. 文学少年，2021（3）：1.
[29] 任琴 . 指向核心素养的小学语文课堂教学设计 [J]. 小学时代，2019（17）：68-69.
[30] 唐滔 . 深度学习视域下的小学语文阅读教学策略 [J]. 求知导刊，2021（35）：47-48.
[31] 万国兵 . 小学生语文核心素养培养策略研究 [J]. 文渊（中学版），2019（8）：306.
[32] 王华美 . 深度学习视域下的文言文教学设计 [J]. 教育科学论坛，2022（8）：46-50.
[33] 王吉 . 小学语文学科核心素养的培养探究 [J]. 文学少年，2021（35）：1.
[34] 王娟娟 . 分层教学，高效识字：小学语文低年级识字教学探析 [J]. 文渊（中学版），2019（6）：242.
[35] 王志清 . 核心素养下小学语文课堂教学设计的研究 [J]. 散文百家，2021（5）：21-22.
[36] 徐凯 . 浅谈通过“深度学习”激发学生识字兴趣 [J]. 新一代：理论版，2021（5）：190.
[37] 徐培林 . 基于深度学习的小学高年级古诗教学 [J]. 中华活页文选（传统文化教学与研究），2020（28）：6.
[38] 徐蓉 . 基于核心素养下的小学语文课堂教学设计的研究 [J]. 文理导航·教育研究与实践，2019（8）：46.
[39] 杨春柳 . 让深度学习在小古文教学中发生 [J]. 中小学教学研究，2020（3）：35-37.
[40] 张春玲 . 基于核心素养下的小学语文课堂教学设计的研究 [J]. 中文科技期刊数据库（文摘版）教育，2022（10）：56-59.
[41] 张丽丽，李广 . 小学语文深度学习教学案例分析 [J]. 中小学教师培训，2020（3）：41-43.
[42] 张少娟 . 基于深度学习的小学语文阅读教学策略分析 [J]. 语文课内外，2022（27）：64-66.
[43] 赵莉 . 新课改背景下小学语文识字写字教学方法 [J]. 世纪之星（小学版），2021（30）：

99–100.

[44] 郑芬 . 深度学习的小学语文课堂提问策略研究 [J]. 国家通用语言文字教学与研究，2021（7）：135.

[45] 周永丽 . 基于深度学习视角的小学语文阅读教学探究 [J]. 文学少年，2021（36）：59.

[46] 庄浩伟 . 搭支架促进小学高年级文言文深度学习的有效策略 [J]. 华夏教师，2022（9）：48–50.

[47] 张志 . 核心素养视角下小学古诗词深度学习资源设计研究 [D]. 石家庄：河北师范大学，2019.